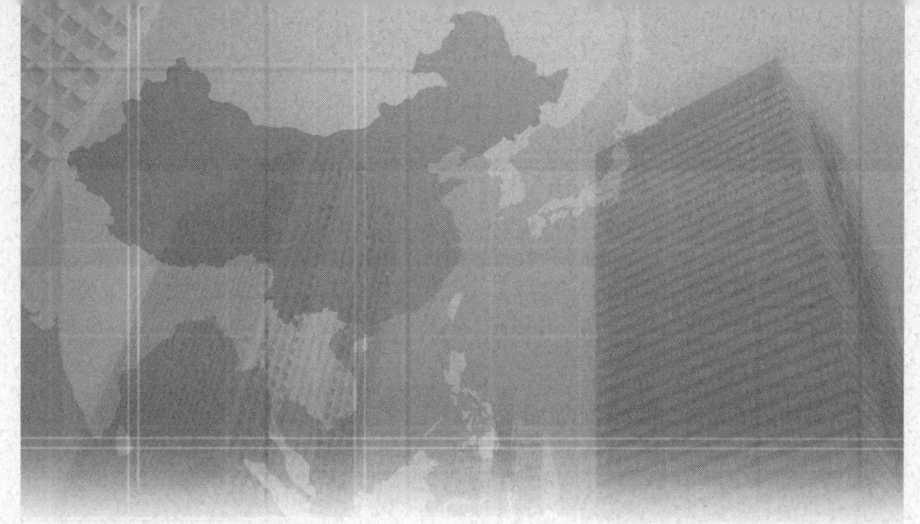

中国の
経済発展と制度変化

厳 成男 著

京都大学学術出版会

プリミエ・コレクションの創刊にあたって

　「プリミエ」とは，初演を意味するフランス語の「première」に由来した「初めて主役を演じる」を意味する英語です。本コレクションのタイトルには，初々しい若い知性のデビュー作という意味が込められています。

　いわゆる大学院重点化によって博士学位取得者を増強する計画が始まってから十数年になります。学界，産業界，政界，官界さらには国際機関等に博士学位取得者が歓迎される時代がやがて到来するという当初の見通しは，国内外の諸状況もあって未だ実現せず，そのため，長期の研鑽を積みながら厳しい日々を送っている若手研究者も少なくありません。

　しかしながら，多くの優秀な人材を学界に迎えたことで学術研究は新しい活況を呈し，領域によっては，既存の研究には見られなかった潑剌とした視点や方法が，若い人々によってもたらされています。そうした優れた業績を広く公開することは，学界のみならず，歴史の転換点にある 21 世紀の社会全体にとっても，未来を拓く大きな資産になることは間違いありません。

　このたび，京都大学では，常にフロンティアに挑戦することで我が国の教育・研究において誉れある幾多の成果をもたらしてきた百有余年の歴史の上に，若手研究者の優れた業績を世に出すための支援制度を設けることに致しました。本コレクションの各巻は，いずれもこの制度のもとに刊行されるモノグラフです。ここでデビューした研究者は，我が国のみならず，国際的な学界において，将来につながる学術研究のリーダーとして活躍が期待される人たちです。関係者，読者の方々ともども，このコレクションが健やかに成長していくことを見守っていきたいと祈念します。

第 25 代　京都大学総長　松本　紘

目　次

序　章　中国経済の発展とその調整メカニズム ……………………………… 1
　　　1　はじめに　1
　　　2　本書の課題　3
　　　3　本書が依拠する諸理論　11
　　　4　本章の構成と内容　16

第Ⅰ部　1990 年代以降の中国における経済成長の実証分析

第 1 章　経済発展戦略と輸出主導型成長体制 ……………………………… 21
　　　1　はじめに　21
　　　2　経済発展戦略の転換　22
　　　3　中国における輸出主導型成長の実態　25
　　　4　産業構造と輸出製品構造の高度化　35
　　　5　結　論　51

第 2 章　賃労働関係の変化と輸出主導型成長 ……………………………… 57
　　　1　はじめに　57
　　　2　制度的補完性の視点から見る中国の制度変化　58
　　　3　賃労働関係の変化と輸出主導型成長　64
　　　4　結　論　81

第 3 章　1990 年代以降の成長体制 ………………………………………… 83
　　　1　はじめに　83
　　　2　二部門成長モデルと累積的因果連関構図　85
　　　3　需要レジームの定式化と推計　90
　　　4　生産性レジームの定式化と推計　101
　　　5　結　論　106

第Ⅱ部　中国における産業発展と近隣アジア諸国への影響

第4章　輸出主導型成長と東アジア諸経済への連関効果 …………… 111
  1　はじめに　111
  2　貿易動向から見た中国とアジア諸国の相互関係　113
  3　連関効果分析　123
  4　結　論　136

第5章　中国の産業発展と韓国製造業の空洞化 ………………………… 139
  1　はじめに　139
  2　産業空洞化の定義　141
  3　韓国の製造業空洞化に対する中国の影響　147
  4　雇用調整に対する中国の影響　157
  5　結　論　162

第6章　繊維産業の発展と日本繊維産業の空洞化 ……………………… 165
  1　はじめに　165
  2　1990年代の日本の繊維産業　167
  3　大阪繊維産業の動向　174
  4　繊維産業における日中分業体制の構築　185
  5　結　論　189

第7章　自動車産業の発展と日韓自動車産業への連関効果 ………… 191
  1　はじめに　191
  2　中国における自動車産業の発展　193
  3　日韓自動車産業に対する連関効果　199
  4　連関効果の変化に伴う日韓自動車産業に対する影響の比較　206
  5　結　論　213

目次 v

第Ⅲ部　中国における経済成長と持続可能な発展

第 8 章　労働市場の柔軟性と安全性の変化 …………………………… 217
  1　はじめに　217
  2　なぜフレキシキュリティなのか　219
  3　中国の労働市場における柔軟性と安全性の変化　230
  4　フレキシキュリティと成長体制の転換　242
  5　結　論　244

第 9 章　輸出主導型成長から内需主導型成長へ ……………………… 247
  1　はじめに　247
  2　消費中心の内需主導型成長体制の構築に向けて　248
  3　成長から持続可能な発展へ　258
  4　結　論　265

終　章　中国経済発展のレギュラシオン理論 ………………………… 267
  1　はじめに　267
  2　中国経済発展のレギュラシオン　268
  3　新しい市場経済システムの誕生か　277
  4　結びにかえて　283

あとがき　287
初出一覧　291
参考文献　292
索　引　301

序　章

中国経済の発展と
その調整メカニズム

1　はじめに

　1990年代以降の中国経済は世界に類を見ない高度成長と発展を遂げた。人類の長い歴史の中で，はじめて社会主義市場経済というシステムを構築し，今日のさまざまな世界経済システムを一層多様化させた。2008年以降のサブプライムローン問題を発端とする世界金融危機により，中国経済も甚大な影響を受けたが，国家による迅速かつ包括的な政策的支援により世界に先だって回復してきた。とりわけ，その間における中国の輸出主導型成長を支えてきた輸出需要が，世界同時不況の中で急速に減少したが，総額4兆元の財政拡大策による内需促進策が奏功し，2010年の実質GDPの成長率は10％を超える見通しとなった。

　また，中国経済の規模は2010年にも日本を抜き，アメリカに次ぐ世界第二位になると予測され，最近では「チャイナ・アズ・ナンバーワン」という声も聞こえるようになった。もちろん，それは中国が現在のような経済成長を今後も維持していくことを前提にしているが，20年以上におよぶ年率10％前後の高い経済成長により，中国経済が近隣アジア諸国，および世界経済全体に及ぼす影響は日々大きくなっている。今回のような世界同時不況の中で，中国における国内需要の拡大策による波及を受けて，アジア諸国の経済が世界に先だって復活の兆候がみられるのもその一つの証拠であろう。

本書では，中国における輸出産業の発展が，マクロ経済成長，雇用拡大，労働生産性上昇，産業構造の高度化，および制度変化に及ぼす影響を重視し，1990年代以降の経済成長体制[1]を輸出主導型成長として規定している。この中国の輸出主導型成長は，東南沿海部における労働集約的産業の発展によって牽引されてきたが，その発展には日本と韓国を中心とする近隣アジア諸経済からの資本流入と，それに伴う先進的技術とノウハウの導入が大きく寄与してきた。最近における海外直接投資（Foreign Direct Investment: FDI）の多くは，巨大な中国国内市場でのシェア獲得を目指している。しかし，膨大な労働力人口の存在に基づく低い賃金コストは，依然として労働集約型産業や労働集約的工程が中国に集中する重要な原動力となっており，中国の国際貿易における比較優位構造は，これからも長期間にわたり維持されると予測される。

　しかし，これまでの中国における輸出主導型成長の持続可能性には限界が多い。特に，国家的調整に基づく低い賃金コストと相対的に低く設定された為替レートに大きく依存してきた輸出主導型成長は，国内における労働生産性上昇の成果を海外に漏出させ，その分，中国国民への分配を低下させている。この輸出主導型成長がもつ固有の限界に加え，下記のような国内的，国際的な要因により，現在のような輸出主導型成長は限界に近づいている。

　国内的な限界要因としては，次の2点が挙げられる。第1に，輸出に占める労働集約型製品や外資系企業の割合が高いことで，輸出製品構造や産業構造の高度化が妨げられる可能性がある。第2に，海外直接投資や輸出産業の多くは東南沿海部に集積し，地域間の経済格差を拡大させている。また，国際的な限界要因としては，中国からの輸出の増加が，貿易相手国において貿易赤字を累積させることや一部産業の空洞化を引き起こす可能性がある。よって，アメリカ，EU，および日本からの人民元レートの切上げ圧力が日々増加している。

　本書では，まず，上記のような中国における輸出主導型成長体制の実態（特徴，変容，インパクト）を実証的に分析する。さらに成長体制と密接に関わる

---

[1] 成長体制については，本章3.1節を参照。

国内制度の変化との間に見られる相互促進的な補完関係について，レギュラシオン理論の分析枠組みを参考にしながら理論的に説明する．具体的には，次節で述べる三つの課題の解明を目指す．

2　本書の課題

2.1　中国の成長体制における国家的調整の役割

バブル崩壊後の日本経済の改革をめぐる議論は「市場対国家」という枠組みに支配されてきたが[2]，中国経済に関する最近の議論においても同じような傾向が見られる[3]．すなわち，計画経済時代のような国家による「統一的な支配」が影を潜め，国家の役割が低下し，他方で市場メカニズムが活性化し，市場の役割が拡大したことが，現在の中国における高い経済パフォーマンスをもたらしたとの議論が主流をなしている．これは一見すると正しい見解にみえる．一方で，社会主義市場経済システムがまだ完成されておらず（その完成形についての共通認識は存在しない），依然として過渡期にあるがゆえに，市場による完全な支配ではなく，国家による支配も必要であるという見解もある．これもまた正しい見解にみえる．

しかし，これらの「市場対国家」という枠組みだけで中国における経済発展のプロセスを解明するには，あまりにも多くの限界をもち，多数の捉えきれない現実問題が残される．例えば，既存の国有企業に対する改革は主に，「国有企業の株式会社化」を通じて行われているが，国家による支配を維持するために，国が大量の「非流動株」を所有している[4]．国有企業の株式会

---

2) より具体的には，「小さな政府か大きな政府か」や「構造改革か景気対策か」などの政策論争が行われてきた．詳しくは，宇仁（2009, i～iv）を参照せよ．
3) 中国の経済学界における「市場対国家」の代表的な議論である「新自由主義者VS新左派」の対立的な論争に関しては，関（2007，終章）が詳しく説明している．
4) 中国における上場企業の株式には，国が所有している国有株，国有企業もしくは公的法人が所有している法人株，株式市場において一般投資家によって売買される流通株，という三種類がある．その内，国有株と法人株は，市場での売却が許されていない（正

表 0-1　経済調整の分類

調整単位	調整のタイプ		
	市場的調整	制度的調整	国家的調整
企業単位の調整		企業単位のコーディネーション/ヒエラルキー	国民経済の根幹に関わる国有セクターに対する管理
社会単位の調整	市場	社会単位のコーディネーション/規制	成長戦略の策定，漸進的な制度改革

注：宇仁（2009）は，制度的調整を，協議・妥協ベースか権力・命令ベースかによって，さらに細分化している。国家は主に「社会単位での規制」という制度的調整を行う主体として捉えられている。
出所：宇仁（2009，表1-1）を参考に作成。

社化の過程でみられたレントシーキングなどの弊害は別にして，これらの国有企業の市場における行動を左右する所有権問題は，市場対国家の枠組みだけでは理解できない。また，金融制度の改革は主に，「国有商業銀行化」を通じて行われているが，中国における四大商業銀行（いずれも香港か，アメリカの証券市場に上場している）が，完全に市場メカニズムに沿った私的利潤の追求目的で運営されていないことは，中国についてわずかでも知識を持つ者ならばだれもが知っている。

もともと，経済調整のメカニズムには市場，国家以外にもいくつかのメカニズムがある。具体的には企業（ヒエラルキー），ネットワーク，コミュニティ，アソシエーションなどの制度・組織が，現代資本主義における有力かつ効果的な調整メカニズムとして存在している。本書では，表0-1で示すように，経済調整のメカニズムを，市場的調整，制度的調整，国家的調整という三つのタイプに分類する。

本書の第Ⅰ部で明らかにするが，中国における経済発展戦略や制度の変化は，国家による調整（計画と改革）に大きく依存している。1992年から始まった社会主義市場経済システムへの転換と共に推進された「均衡離脱的発展」戦略も，市場メカニズムの役割を拡大すべく行われたさまざまな制度改

確には「しばらく停止」されている）非流通株である。発行済み株式の約三分の二を占める非流通株の存在が，株式市場における価格形成やコーポレート・ガバナンスなどにマイナスの影響を及ぼしていることから，非流通株改革（2005年から）が行われ，政府はもち株の放出価格，数量，タイミングなどを勘案しながら，徐々に放出している。

革も，すべて中国共産党政府の強いリーダーシップと管理の下で行われてきた。すなわち，中国における社会主義市場経済システムの構築過程は，国家が上から主導したものである。

しかし，本書で定義する「国家的調整」は，資本主義経済において主として「市場の失敗」や「外部不経済」を回避するために行われる国家による規制とは本質的に異なっている。また，本書で定義する「国家的調整」は，社会主義計画経済における国家による経済の集権的管理とも異なっている。近年の中国では，国家による経済の規制や管理は，国民経済の根幹に関する部分を除いては縮小されつつあり，他方，市場的調整と，規制以外の制度的調整の役割が計画経済時代に比べると大きく拡大されている。中国の経済調整に関して重要なのは次のことがらである。社会主義市場経済システムの構築に伴い，どの分野でどの程度市場的調整や制度的調整を拡大するかを決定する権限をもっぱら国家が有している。つまり諸制度の変化，すなわち調整様式の変容そのものが，もっぱら国家によって調整されている。このような調整を本書では「国家的調整」とよぶ。

もちろん，先進資本主義国においても国家が諸制度の変化プロセスに広く関与することはいうまでもない。たとえば社会保障制度改革，金融制度改革や税制改革などの制度改革案は，政府が立案することが多い。また，財政政策の決定権限は政府が有しており，中央銀行が決定する金融政策に対しても政府は大きな影響力を持っている。しかし，これらの先進資本主義諸国における制度改革案や政策案は，多かれ少なかれ国内の諸勢力の要求を反映するかたちで立案されるものであり，その承認については，議会における複数政党間での議論を中心として国民的議論を経なければならない。その過程で多くの修正が行われることもある。つまり先進資本主義国における諸制度の変化は，国家が関与するとはいえ，もっぱら国家が決定するものではなく，基本的には諸勢力の間での協議・妥協によって決定されるものである。この点で，先進資本主義国における制度変化プロセスへの国家の関与は，中国の国家的調整とは本質的に異なっていると言える。

図0-1は，1990年代以降の中国における経済発展と制度変化に関わる国家的調整の内容をまとめたものである。中国における国家的調整が，社会主

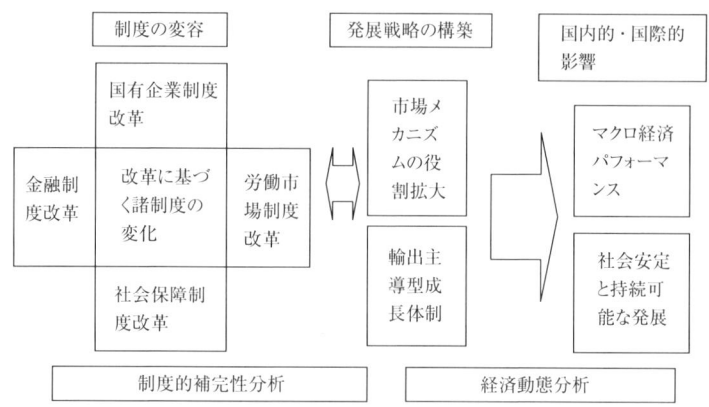

図 0-1 中国の成長体制と国家的調整に関する本書の分析枠組み
出所：筆者作成。

義市場経済システムの構築と輸出主導型成長体制の構築に関わる多くの側面をカバーしていることが分かる。言うまでもなく，図 0-1 に示した中国の改革開放政策と制度改革，および輸出産業の発展という諸テーマは，多くの中国経済に関する書籍や研究の中で議論されてきたものであり，読者にはなじみ深いものであろう。本書では，これらの中国の経済発展にまつわる諸テーマの間に存在するつながりの分析に重点を置いている。各テーマ別の章建てによる説明ではなく，社会主義市場経済システムの構築に向けた諸制度間の制度的補完性，および制度変容と成長体制間の相互促進的，相互規定的な関係に焦点をあてて，これらの諸テーマを説明している。

　なかでも，1990 年代以降の中国における輸出主導型成長体制の構築と密接に関わっている賃労働関係の変化を明らかにするために，レギュラシオン理論を参考にしながら，中国における労働市場制度改革に伴う雇用制度，賃金制度，および技能・熟練形成システムの変化を分析する。1990 年代以降の社会主義市場経済システムの構築過程で変容した賃労働関係は，中国における国家的調整メカニズムの性質，構造，および役割がもっとも集約されていると言える。とりわけ，これまでの国家による統一的な計画管理から，市場，制度，および国家，という三つの調整メカニズムの有機的な結合への移行がみられる。そして，国家的調整を通じた意図的な市場的調整と制度的調

整の役割拡大，という三つの調整メカニズム間のヒエラルキー的構図もみられる。賃労働関係の領域における調整メカニズムの変容に関する考察は，中国の他の領域における国家的調整に関する詳細な分析にも応用できる。

上記のような，1990年代以降の中国における国家的調整のメカニズムを，賃労働関係の変容と輸出主導型成長体制との間の相互依存的，相互促進的な関係の中で説明することが，本書の第一の課題である。

2.2 中国の輸出主導型成長体制のインパクト

本書の第二の課題は，上記のような国家的調整メカニズムによって規定された中国の輸出主導型成長体制の国内的，国際的インパクトを明らかにすることである。

1990年代以降の中国における輸出主導型成長体制は，第一に外資依存度が高い，第二に労働集約的な製品，産業および工程への依存度が高い，第三に資本財と中間財の輸入と完成品の輸出に便利な東南沿海部に集積した輸出産業の発展によって牽引されている，という三つの基本的な特徴を持つ。これらの基本的な特徴は，中国が有する比較優位に基づく世界経済，特に近隣アジア諸経済との分業構造と深く関係している。とりわけ，豊富な労働力の存在を背景とする低賃金は，先進国における賃金コストの増加により価格競争力を失った労働集約的産業や工程の中国への移転をもたらしたのである。

当初は，「日本や韓国から技術集約的な資本財と核となる中間財を輸入し，中国における安い賃金労働を使って加工組立し，本国に逆輸入するか，第三国に向けて輸出する」という形式が中心であった。しかし，最近では中国国内における資本と技術の蓄積によって，中国国内企業の製品開発力および国際競争力が高まったことを背景に，中国国内市場および世界市場における本土企業と外資系企業の競争はますます激しさを増している。本書の第Ⅱ部で明らかにするが，これらの競争関係は，繊維産業のような労働集約型産業から電気機械，自動車などの資本・技術集約型産業にまで拡大している。このような，中国と近隣アジア諸経済間の分業構造の形成，産業間と産業内貿易の拡大，および競争関係の深化は，中国経済とアジア諸経済の相互依存と相

互影響をますます強化させている。

　本書では，中国経済の発展による近隣アジア諸国の経済に対する影響に関して，直接的な影響と間接的な影響の両方について詳細に分析している。とりわけ，産業移転や貿易の拡大が，相手国の産業構造の調整（生産，貿易，雇用などの変化）に及ぼす直接的な影響を考察すると同時に，産業連関効果の分析による間接的な影響も考察している。一方で，中国の輸出主導型成長体制と産業発展の実態に関する分析では，近隣アジア諸経済が中国に及ぼす直接的，間接的な影響を詳細に分析しており，中国と近隣アジア諸経済間の相互依存的，相互促進的な関係を説明している。

　特に，本書における中国の経済発展による国際的波及効果の分析は，『アジア国際産業連関表』を利用していることから，日本，韓国，台湾，ASEAN五カ国（インドネシア，マレーシア，タイ，フィリピン，シンガポール）の他に，中国で生産された輸出品の最終消費地としての性格が強いアメリカも分析対象に含まれている。しかし，第4章で詳しく説明しているように，中国の経済発展にもっとも深く関わり，中国経済発展の波及効果がもっとも大きい国は日本である。また，波及効果が90年代を通じてもっとも急速に拡大しているのが韓国である。したがって，本書における中国経済発展の国際的インパクトに関する分析の多くは，日本と韓国を中心に行われている。

2.3　輸出主導型成長体制から消費中心の内需主導型成長体制への転換

　冒頭でも言及したように，中国における輸出主導型成長体制は多くの限界性をはらんでいる。特に，これまでの輸出産業の成長を促進してきた為替レートの国家的調整は，中国と世界各国間の貿易摩擦を増大させており，世界からの激しい非難を受けている。また，輸出産業が集積している東南沿海地域と内陸地域間の経済発展の格差は拡大されつつあるが，それは国内の地域間，産業間における成長成果の波及効果が限定的であることに由来している。1970年代末に始まった改革開放政策による経済発展の初期段階において作用したような，人口の大部分が高成長の恩恵を享受できるメカニズムは，90年代以降の輸出主導型成長体制の深化過程で徐々に枯渇してしまっ

た。

　結果，中国における輸出主導型成長を支える輸出産業や外資系企業が集積している東南沿海地域と内陸地域との成長や発展における格差が徐々に拡大した。2008年の東部地域における一人当たり実質GDPは，中部地域の約2.5倍，西部地域の約2.9倍であった（1990年では，それぞれ2.2倍，2.5倍であった）[5]。そして，一人当たり実質GDPが一番高い上海市と一番低い貴州省の格差は，1990年の11.5倍から2008年の15倍に拡大している（戴二彪2010）。

　そして，図0-2は，改革開放以降の中国における都市部と農村部の一人当たり可処分所得における格差の推移を表したものである。改革開放の初期においては，農村部の人々も経済発展の成果を享受することができ，都市と農村の格差は低下していた。しかし，90年代以降において，都市部住民の所得増加率が農村部のそれを著しく上回ることになり，都市と農村の格差は徐々に拡大していた。そして，2000年代半ば以降における「社会主義新農村建設」[6]の方針に基づく農村部に対する傾斜的な財政支援拡大政策により，格差の拡大幅は低下しているように見える。しかし，中国における都市と農村の格差は，一番小さかった1985年の1.86倍から2007年の3.33倍までに拡大している[7]。

　経済成長とその成果分配における市場的調整メカニズムの役割拡大が，国内における様々な格差が拡大した原因であることから，国家的調整メカニズムの必要性が強調される。さらに，この国家的調整の役割は，市場的調整の

---

5) 本書における東部地域は，遼寧，河北，北京，天津，山東，江蘇，上海，浙江，福建，広東，海南などの11省・市を，中部地域は，黒龍江，吉林，山西，河南，安徽，江西，湖北，湖南などの8省を指し，その他の12省・市は，西部地域としている。

6)「社会主義新農村」という概念は1990年代のはじめに提起されていたが，それが政府の重要な政策課題となってきたのは2000年代の半ば以降である。2005年10月の中国共産党第16期第5回中央会議で採択された，第11次五カ年規画（2006-2010年）において「社会主義新農村建設」が重要な課題として設定された。それ以降，「三農（農業，農村，農民）問題」の解決に向けて，近代的農業の発展と農村住民の生活質の改善に関わる様々な政策が打ち出されている。

7) 2008年における格差の縮小には，世界金融危機の影響をより多く受けた都市部（特に，輸出産業が集積している東部沿海地域）の所得低下による影響も含まれているので，中国における都市と農村の格差が縮小に向かっているとは断言できない。

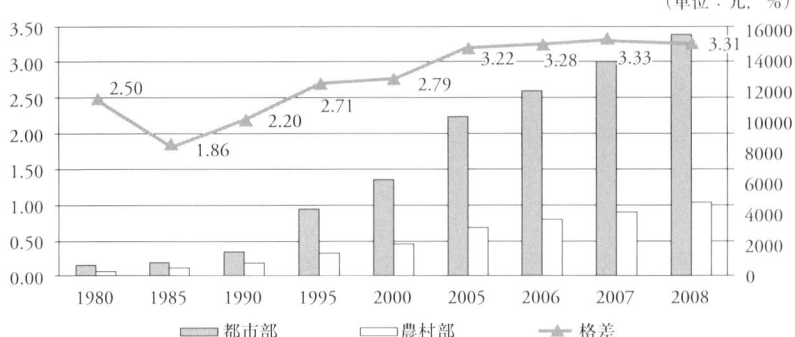

図 0-2　都市と農村住民の一人当たり年間可処分所得の推移と格差
出所：中国国家統計局『中国統計年鑑』2009 年版に基づいて作成。

結果に対する事後的な調整だけではなく，市場的調整メカニズム，そのものに対する調整を含めている点に，中国の国家的調整メカニズムの特徴がある。すなわち，輸出主導型成長をサポートするために制度改革を推進するというこれまでの国家的調整の役割は，輸出主導型成長に代わる新しい成長体制 ── 消費中心の内需主導型成長体制 ── への転換を推進するという新たな役割に移行すると予測される。

実際，2000 年代半ば以降，中国政府は輸出依存度の高い経済成長体制の修正を試みてきたが，現在のところ，輸出主導型成長から内需主導型成長への転換は達成されていない。2008 年以降の世界金融危機による輸出需要の急速な低下は中国の輸出産業部門に大きな打撃を与え，それを補うべく行われた拡張的財政，金融政策が国内消費，投資需要の拡大をもたらし，マクロ的総需要の回復を支えた。2009 年後半以降では，国内におけるインフレ傾向や不動産バブルの再燃がみられ，金融緩和に対する修正が行われている。とりわけ，今回の世界金融危機への対応においても，政府による国家的調整は至るところでみられているが，それが究極的に成長体制の転換をもたらすか否かを評価するには，少し時間が必要であろう。

そして，これらの中国における輸出主導型成長の限界要因は，単なる経済成長の阻害要因だけではない。近年の胡錦涛指導部は，科学的な発展観に基

づく「調和の取れた社会（中国語：和諧社会）」の構築や「持続可能な発展（中国語：可持続発展）」を新たな社会発展戦略として打ち出している[8]。とりわけ，地域間格差を修正すべく各地域の均衡発展と都市と農村の均衡発展の達成，経済優先と社会軽視の発展戦略の見直し，資源節約型の循環型社会の構築を通じた人間と自然の「調和のとれた社会」の構築を目指しているのである。しかし，上記のような輸出主導型成長に内在するさまざまな問題は，「成長（Growth）」から「持続可能な発展（Sustainable Development）」へ，という現代社会におけるパラダイムの転換に関しても，大きな障害になりうる。

　中国における輸出主導型成長の限界を明らかにし，輸出主導型成長から消費中心の内需主導型成長への転換の必要性，およびその過程における国家的調整のメカニズムについて，「持続可能な発展」の視点に基づいて議論することが，本書の第三の課題である。

3　本書が依拠する諸理論

3.1　レギュラシオン理論

　本書の分析は，基本的に経済成長体制と制度変化に関するレギュラシオン理論の枠組みに依存している。レギュラシオン理論において，成長体制は，資本主義経済における成長と危機，その時間的・空間的な可変性と多様性を

---

[8] 2003年に起きたSARS（新型肺炎）の予防，治療に関する全国会議（2003年7月）において，胡錦涛主席は講演の中ではじめて，「調和のとれた発展と全面的な発展，持続可能な発展という発展観を強調し，堅持するべきである」と指摘し，「調和社会」と「持続可能な発展」という新しい社会経済システムの発展理念が打ち出された。そして，中国共産党第16期第3回中央会議（2003年10月）において，「人を基本とし，全面的かつ調和のとれた持続可能な発展観を堅持し，経済社会と人類の全面的な発展を促進する」，「統一された都市と農村の発展，経済社会の発展，人類と自然が調和する発展，国内発展と対外開放の要求に適した改革と発展を促進する」という施政方針が決定された。

分析する際の中心的な概念である。簡単に言うと，成長体制（growth regime）は，資本蓄積の中長期的な発展を可能にする社会的・経済的規則性の総体としての蓄積体制（accumulation regime）と，この社会的・経済的規則性を支える制度諸形態からなる調整様式（mode of regulation）の結合体である。蓄積体制の骨格をなすのは，「需要レジーム」とよばれる労働生産性上昇から需要成長に至る経路と，「生産性レジーム」とよばれる需要成長から労働生産性上昇に至る経路である。この二つの経路の「好循環」によって成長がもたらされる。逆に危機は「悪循環」によってもたらされる。この二つの経路の状態は諸制度の影響を受ける。需要レジームは主として賃金制度など所得分配に関わる諸制度と，消費，投資および輸出需要に関わる諸制度によって影響される。生産性レジームは，新技術の導入や動学的収穫逓増効果をもたらす技術的諸要因に加えて，雇用制度などによって影響される。また，レギュラシオン理論において，制度の形成は，諸勢力間のコンフリクトを通じた合意形成によって説明される。この「制度的妥協」が安定していることが，調整様式が蓄積体制を支え「好循環」を実現するための前提である。しかし，諸勢力による妥協の問い直しが始まり，コンフリクトが激化すると，成長体制が崩壊する。そして，危機の中で新たな制度的妥協が模索される。

本書では，1990年代以降現在までの中国における成長体制あるいは蓄積体制を「輸出主導型成長体制」と規定し，調整様式の基軸を「国家的調整」と規定している。本書全体はレギュラシオン理論に基づいているが，とくに実証分析においては以下に述べる四つの理論も活用している。

3.2　経済発展戦略論

第一は，開発経済論の「先駆者」的理論であり，後進国の経済発展戦略として最も有効な戦略とされる，「不均整成長と成長拠点の理論」（Hirschman, 1958）である。

1992年以降の中国における東南沿海部の労働集約型産業の発展に代表される輸出主導型成長体制の理論的基礎となった「先富論」と「段階的発展戦略」は，中国版「不均整成長と成長拠点」戦略であったと考えられる。その

戦略の下，東南沿海部と労働集約型輸出産業が成長拠点として優先的に発展された。労働力が豊富である比較優位を生かし，輸出と輸入に便利な東南沿海部において，海外から直接投資を積極的に受け入れながら，労働集約型輸出産業の発展を促進し，その経済発展の成果を内陸やその他の産業へ波及させていく発展戦略は，途上国である中国の発展段階と資源賦存条件に適う経済発展戦略であった。しかし，輸出主導型成長体制が有する成長体制としての限界性や中国の輸出主導型成長体制が内包する独自の諸問題は，中国における持続的経済成長を阻害している。

3.3 制度的補完性理論

第二は，制度変化に関する「制度的補完性」アプローチである。

一般的に，ある領域における制度の存在やその特定形態が，別の領域の制度の存在，機能，効率性を強化するとき，制度的補完性が存在するという。代表的な制度的補完性分析は，諸制度を不変かつ所与として，既存の諸制度間の制度的補完性に関する考察を通じた，経済システムの国際比較分析である。その焦点は，既存の制度的補完性が企業の経営戦略やマクロ経済パフォーマンスに及ぼす影響であり，静学的分析が主流であった。しかし，本書では，「ある一つの経済システムは，一組の補完的な諸制度によって特徴づけられるので，ある制度の変化の及ぼす影響はもともとの制度領域を超えて，補完関係にある別の領域にある制度の変化をもたらす可能性がある」という制度の変化に関する制度的補完性アプローチの中心的仮説に注目しながら，中国における賃労働関係（主に，雇用制度，賃金制度および労働者の技能形成システム）の変化と輸出主導型成長体制の関係を考察する。

制度的補完性をめぐる議論は，「比較制度分析」，「資本主義多様性分析」，および「レギュラシオン理論」などによって展開されているが，本書の分析が特に依拠しているのは，制度的補完性を議論する際に，諸制度間の階層性を強調するレギュラシオン理論である。なぜならば，中国における制度変化は，主に国家主導の制度改革の結果として現われており，諸制度の階層性の最上位に位置している国家・政治システムの役割が強調されなければならな

いからである．さらに，輸出主導型成長体制の発端となった開発戦略としての「沿海地域経済発展戦略」は，海外資源と市場の有効活用（中国語：両頭在外）を目指すと同時に，農業・農村からの労働力の移動を通じた就業構造の調整を強く意識していた．

つまり，中国における輸出主導型成長体制は，当初では低賃金に基づく労働集約型輸出産業の発展を目標としており，そのためには国内における賃労働関係の側面における制度改革が必要不可欠となっていた．そして，輸出産業の発展に牽引され年率10%近くの経済成長が維持されるなか，絶えず変化する産業構造，輸出製品構造は，従来の賃労働関係側面における諸制度の変化を促している．また，現在も変化しつつある賃労働関係は，2001年のWTOへの加盟以降，中国政府が目指す産業構造，輸出製品構造のさらなる高度化や消費中心の内需主導型成長体制への転換において，もっとも重要な制度形態であると考えられる．

3.4　国際産業連関分析論

第三は，『アジア国際産業連関表』を使った中国とアジア諸国・地域間の「連関効果」分析である．

連関効果は，ハーシュマンにおける「不均整成長と成長拠点」理論の中心的命題でもある（Hirschman, 1958）．つまり，「成長拠点」を優先的に発展させ，その発展の成果を後進地域，産業へ波及させることで，不均整成長から均整成長へ，後進国から先進国への転換が可能であるという．本書では，このような「成長拠点」から後進地域，産業への波及効果を考察するのみならず，国際投資や国際貿易を通じて発生する国際的波及効果の考察も行う．

国際資本移動や国際貿易の拡大による影響には，資本や貿易の量的変化の計算に基づく直接影響の分析と連関効果の計算に基づく間接的影響の分析がある．本書は，中国の輸出主導型成長による国内的，国際的影響を，貿易額の拡大による直接影響と後方連関効果と前方連関効果の推計に基づく間接的影響の両方を考察する．第4章でも言及するが，これまでの国際産業連関表を使った連関効果分析の多くは，産業中分類（33部門表）に基づいた大まか

な分析が中心であった。本書では，アジア国際産業連関表の細分類表（1990年，95年は78部門表，2000年は76部門表）に基づいて，より詳細な分析を試みる。とりわけ，各産業や部門が持つ技術特性や当該産業における技術的到達水準の違いにより，中国の輸出主導型成長の国内・国際連関効果の構図が，産業間および産業内の各部門間で大きく異なっていることを明らかにする。

現在のところ，『アジア国際産業連関表』が2000年までしか公表されていないため，本書のアジア国際産業連関表に基づく連関効果の分析では，2000年以降の連関効果の値を正確に計算することはできなかった。ただし，連関効果の変化をもたらす国際貿易（例えば，自動車産業では自動車部品貿易）の推移から，連関効果の変容を推測することはできた。

3.5 持続可能発展論

第四は，「成長」から「持続可能な発展」へのパラダイムの転換を主張する持続可能な発展に関する諸研究である。

デイリーによれば，持続可能な発展とは，環境的持続可能性を前提とし，経済的持続可能性を一つの手段とし，社会的持続可能性を最終目的・目標としながら，この三つの側面が均衡している「定常状態」(Stationary state) である (Daly 1996, 2008)。このような環境的持続可能性，経済的持続可能性を維持しつつ，社会的持続可能性を最終目的・目標とする持続可能な発展の考え方は，中国における輸出主導型成長体制から消費中心の内需主導型成長体制への転換に関する本書の主張と重なる部分がある。特に，消費中心の内需主導型成長体制への転換条件として，雇用，教育，および社会保障の側面における諸制度への公平かつ自由なアクセスは，経済成長主義から人間発展への転換における重要な条件でもある。とりわけ，人間の自由 (Sen, 2001) や一人当たりの福祉 (well-being) の向上 (Dusgupta, 2001) こそが，発展の指標となり，目標となるのである。

現在，世界は成長（量的拡大）から発展（質的改善）への転換点に直面している。本書では，中国の輸出主導型成長体制における限界の分析と，消費中

心の内需主導型成長体制の構築に向けた諸施策に関する考察を通じて，依然として環境的持続可能性に関する議論が中心となっている持続可能な発展の研究に，経済的持続可能性，社会的持続可能性の側面から加わることを目指している。

4　本書の構成と内容

　本書における中国の経済発展と制度変化に関する理論的，実証的分析は，以下のような3部，10章から構成されている。

　第Ⅰ部では，1990年代以降の中国における経済成長体制に関する実証分析を行う。

　第1章「経済発展戦略と輸出主導型成長体制」では，中国の社会主義市場経済システムの構築過程における，経済発展戦略としての輸出主導型成長体制について詳しく説明する。経済発展戦略としての「均衡離脱的発展」が，鄧小平が提唱した「先富論」によって推進され，東南沿海部の労働集約型輸出産業が「成長拠点」となり，1990年代以降の中国における輸出主導型成長をもたらした経緯，基本的特徴，および実態を明らかにする。

　第2章「賃労働関係の変化と輸出主導型成長」では，これまでの輸出主導型成長を支えてきた国内制度改革について，制度的補完性の視点からアプローチする。特に，輸出主導型成長の原動力となった賃労働関係における変化が，国家的調整によって規定されながら，輸出産業の発展を促してきたことを詳しく説明する。

　第3章「1990年代以降の成長体制」では，労働生産性上昇と需要成長との相互規定関係を描いた，カルドアの「累積的因果連関」という考えをベースに，1990年代における中国の経済成長メカニズムを明らかにする。ここでは，海外から資本財と中間財を輸入し，国内において安い賃金労働を利用して組立を行い，完成品は海外に輸出するという成長メカニズムが，労働生産性の上昇による需要成長の促進（需要レジーム）と需要の成長による労働生産性上昇の促進（生産性レジーム）の両方において限界を持っていることを説

明する。

　第Ⅱ部では，上記のような中国における経済発展が近隣アジア諸経済に与える影響を『アジア国際産業連関表』に基づいて検討する。

　第4章「輸出主導型成長と東アジア諸経済への連関効果」では，中国における輸出主導型成長による国内的，国際的波及効果の実態を明らかにする。具体的に，『アジア国際産業連関表』(1990年，95年，2000年)の細分類表から，1990年代の中国における輸出主導型成長を代表する四つの産業(繊維，一般機械，電気機械，そして輸送機械)の16部門を取り上げ，アメリカを含む内生10カ国・地域に対する後方連関効果と前方連関効果を測定する。さらに，1990年代の10年間における変化に基づいて，中国経済と東アジア諸経済の国際リンケージが拡大されつつあることを説明する。

　第5章「中国の産業発展と韓国製造業の空洞化」では，韓国の製造業による中国への海外直接投資の段階的な推移を，Product Life Cycle論に基づいて捉え，それに伴う韓国製造業の空洞化に対する中国の影響を明らかにする。さらに，製造業の海外移転に伴う韓国国内労働需要の構造的変化に焦点を当て，中国の産業発展が，韓国の労働集約型産業だけではなく，資本・技術集約型産業における雇用調整に対しても影響を拡大しつつあることを説明する。

　第6章「繊維産業の発展と日本繊維産業の空洞化」では，中国における繊維産業の発展が日本の繊維産業に与える影響を明らかにし，中国の影響で空洞化が進んでいる日本の繊維産業が，どのように中国と付き合っていくべきかについて検討する。さらに，日本有数の繊維産業の集積地である大阪への影響に焦点を当て，空洞化が進む日本繊維産業の実態を地域の雇用や中小零細企業における変容から説明する。

　第7章「自動車産業の発展と日韓自動車産業への連関効果」では，「外資提携」を中心に急速に成長する中国自動車産業の発展が，日本と韓国の自動車産業に対する影響を比較分析する。特に，日本と韓国の大手完成車メーカーによる大規模な中国進出は，共に2000年代以降であるが，両国自動車産業による技術供与や部品輸出，さらに部品メーカーの中国現地生産など，中国自動車産業の発展に関わってきた歴史の違いによって，両国に対する影響が

大きく異なっていることを説明する。

　第Ⅲ部では，輸出主導型成長から消費中心の内需主導型成長への転換条件を考察し，その転換が「成長」から「持続可能な発展」へ，というパラダイムの転換に貢献することを説明する。

　第8章「労働市場の柔軟性と安全性の変化」では，労働市場における「安全性の向上を欠いた柔軟性の一方的拡大」の実態について説明する。現在の輸出主導型成長から消費中心の内需主導型成長体制への転換において，国内消費需要の拡大は必須であるが，近年の労働市場におけるさまざまな変化は，勤労者の消費マインドを冷やし，将来不安に対する備えとしての貯蓄を増加させている。今後の労働市場制度改革の方向として，柔軟性と安全性の同時拡大を達成できるフレキシキュリティの構築が必要であることを提示している。

　第9章「輸出主導型成長から消費中心の内需主導型成長へ」では，輸出主導型成長から消費中心の内需主導型成長への転換における重要な課題を取り上げこれらの課題の解決と中国における「持続可能な発展」戦略との関係を明らかにする。特に，「環境的持続可能性」，「経済的持続可能性」，および「社会的持続可能性」という三つの側面の中で，輸出主導型成長から消費中心の内需主導型成長への転換が，経済的持続可能性のみならず，環境的持続可能性と社会的持続可能性の達成にも必要であることを説明する。

　終章の「中国経済発展のレギュラシオン理論」は，本書のまとめである。これまでに行った中国の経済発展と制度変化に関する実証分析とそのインプリケーションをレギュラシオン理論の枠組みに基づいて整理する。さらに，国家的調整に大きく依存しながら変容する中国の社会主義市場経済システムが，既存の資本主義多様性分析における様々な類型に収斂することなく，独自の発展経路を辿っていくことを強調する。最後に，本書の残された課題について述べる。

第Ⅰ部

1990年代以降の中国における経済成長の実証分析

第1章

経済発展戦略と輸出主導型成長体制

1 はじめに

　1990年代以降の中国における急速な経済成長は世界を驚かすものであった。この間，中国は年率10％以上の成長を続けており，世界のGDP総額に占める中国の割合は1990年の1.8％から2000年の3.7％（世界第6位）に上昇した。そして，2001年11月のWTO加盟を契機に成長のスピードはさらに高まり，その後の5年間におけるGDPの年平均成長率は12％に達し，2006年の世界全体に占める割合は5.5％（世界第4位）となった。このような経済成長は，1992年からの社会主義市場経済システムの構築に伴う経済発展戦略の転換と，輸出主導型成長体制の構築に伴う世界経済システムへの統合によるところが多い。

　最近，『日本経済新聞』などのメディアや経済学書籍において，中国の輸出主導型成長に対する指摘や論述をよく目にするようになったが，それを成長体制として詳細に分析し，体系的に説明した研究は，今のところまだない。さらに，国家主導のインフラ建設を中心とした国内投資拡大の伸びが，中国のマクロ需要形成に及ぼす影響が強調され，中国はしばしば投資主導型成長体制として位置づけられることも多い。しかし，1990年代以降の中国における最終需要の伸びを支え，労働生産性上昇や産業構造の高度化を牽引しているのは，東南沿海部を中心に急成長する輸出産業の発展である。

本章の目的は，1990年代以降の中国における輸出主導型成長の実態を検討することである．特に，最終需要，労働生産性上昇，および産業構造の高度化に対する輸出部門の牽引作用を明らかにすることにより，1990年代以降の中国のマクロ経済成長が輸出産業部門の発展に大きく依存していることを説明する．

本章の2ではまず，1990年代における経済発展戦略の転換を概括し，3では中国における輸出主導型成長の定義と特徴，および実態を詳しく説明する．そして，4では輸出主導型成長に伴う産業構造と輸出製品構造の変化を考察し，最後の5では，本章の結論をまとめる．

2　経済発展戦略の転換

1992年以降の中国における社会主義市場経済システムの構築は，鄧小平の「南巡講話」によって理念化され，1993年11月の中国共産党第13期第3回中央会議にて採択された「社会主義市場経済システムの構築に関するいくつかの問題に対する中共中央の決定」において明文化され，その後実施に移される．同「決定」では，国有企業制度から，金融制度，労働市場制度，社会保障制度，などの国内における制度領域に関する改革の方向が提示されていると同時に，対外開放政策のさらなる推進による東南沿海部や輸出産業の優先的発展を促進することが強調された．

東南沿海部地域や労働集約型輸出産業の優先的発展戦略は，鄧小平の「南巡講話」における「先富論」[1]によって方向づけられたが，その理念に基づき，推進されてきた中国の「段階的発展論」は，ハーシュマンの後進国における「均衡離脱的経済発展戦略」[2]と非常に似ている．つまり，「経済発展の条件が比較的整っている東南沿海部地域において，国際比較優位を持つ労働

---

1)「先富論」は，1992年の南巡講話によって国内外で広く知られるようになったが，鄧小平が初めて先富論を提起したのは，1985年10月にアメリカの大手企業代表団と会見したときであるとされる．

2) Hirschman, A. O. (1958) に基づく．

集約型輸出産業を優先的発展させ，それを「成長拠点」とし，発展の成果を徐々に内陸部やその他の産業へ波及させる」という段階的発展論は，中国版「不均整成長と成長拠点」戦略であったと考えられる[3]。

開発戦略としてのハーシュマンの「均衡離脱的発展戦略」は，ヌルクセ（Narkse 1953）など[4]の「均整成長戦略」への反論からはじまっているが，中国においては，改革開放が行われる1978年までの平均主義理念に基づく均衡発展戦略に対する批判，修正から，先富論の理念に基づく段階的発展論が推進され，それ以降の中国の経済発展に大きく影響を及ぼす発展戦略となった[5]。

---

3) 1978年以降の中国における改革開放は，一貫して試験と修正を繰り返しながら前進する漸進的なプロセスを辿った。国内改革と対外開放の両方において，まず一部の企業，制度，地域において実験的に改革，開放を行い，その過程で露呈する新しい問題を修正しながら，改革の成果を全体に広めていく漸進的，段階的移行が行われた。たとえば，国有企業の改革においては，まず，経営請負制度の導入による経営権の企業への移譲（1980年代）からはじめ，国民経済の根幹にかかわらない中小国有企業の所有権を民間へ移転－「抓大放小」（90年代半ば），そして1999年以降では，株式会社化を通じた大手国有企業や国有商業銀行の所有権構造の改革が，今も進行中である。また，対外開放においては，「経済特区（深せんなどの4都市：1980年）―沿海開放都市（大連などの14都市：84年）―経済開放地区（長江デルタなどの5地区：85年，海南島：88年）―四沿戦略（沿海，沿辺，沿江，沿路：90年代半ば）― WTO加入（2001年11月）」といった漸進的開放戦略が採られた（ここでの改革事項や時期区分については，呉敬璉（2007）を参考にしている）。

4) Nurkse, R. (1953) *Problems of Capital Formation in Underdeveloped Countries*, Oxford University Press（土屋六郎訳『後進諸国の資本形成』厳松堂，1955年）以外に，Paul Rosenstein-Rodan（1943），Tibor Scitovsky（1954），W. A. Lewis（1954）などが，均整成長理論を主張していた（Hirschman, 1958, pp. 50-54）。

5) 開発経済学における理論的進化は，中国の社会主義市場経済システムの構築に向けた，前例のない試験の歩みに絶えず影響してきた。実際，中国における改革過程を見てみると，本章で取り上げるハーシュマンやヌルクセなどの「先駆者」の理論以外にも，政府介入と輸入代替工業化を批判し，市場，価格メカニズムの役割と自由貿易の促進を唱えた「新古典派」的アプローチも，後の低開発の原因を制度の失敗に求める「新制度学派」的アプローチも，ともに影響を及ぼしており，中国の経済改革は，開発理論の大きな実験場になっていると言っても過言ではない。そして，中国の経済発展戦略に関する研究においても，多くの研究は，上記の三つの戦略を同時に述べるものが一般的であるが，どちらを強調しているかによって分類すると，渡辺利夫（1996）は第

1988年1月，当時の中国共産党総書記であった趙紫陽が「沿海地域経済発展戦略」[6]を表明するが，それは当時の欧米先進国や日本，NIEsにおける賃金コストの急増や為替レートの変動に伴う産業構造調整，多国籍企業による海外進出の急拡大の時期と重なる。経済発展戦略は海外直接投資の積極的な導入に転換され，東南沿海部の労働集約型輸出産業は急速に成長した。この成長は，1990年代以降の中国における輸出主導型成長体制の発端となった。

　上記のような経済発展戦略の下，1990年代以降の中国輸出産業は急激に拡大（年率20％以上の上昇）され，2000年の輸出額は2492億ドル（世界全体に占める割合は4％），2006年では9689億ドル（同8.7％）となり，中国はドイツとアメリカに次ぐ世界第3位の輸出国となった。結果，輸出がGDPに対する比率は急増し，実質値で計算すると1990年の18％から2000年では26％へ，さらに2006年では52％までに拡大し，中国経済成長の最大の牽引力となっている。

　そして，このような輸出額の拡大は，輸出に占める労働集約型加工貿易の割合が高いゆえに，海外からの資本財や中間財の輸入を急増させ，2000年の輸入額2251億ドル（同3.7％），2006年では7915億ドル（同7％）となり，中国はアメリカに次ぐ世界第2位の輸入国となった[7]。近年では，急速な経済成長と対外貿易の拡大による世界，及び周辺のアジア諸経済に対する影響が日々大きくなり，中国経済は名実ともに「世界経済成長のエンジン」となった[8]。

　　一分類，中兼和津次（1999），呉敬璉（2007）などが第二分類，そして，青木昌彦（1997），Qian, Ying-yi（1995，2003）などの制度経済学グループが第三の分類に属していると言える。
6)「沿海地域経済発展戦略」の理論的基礎となったのは，当時の国家計画委員会経済研究所の『国際大循環経済発展戦略に関する構想』（王健，1987年）であった。
7) この節におけるGDP，国際貿易のデータは，United Nations Databaseに基づいている。
8) 2006年の世界の経済成長に対する中国の寄与率（世界のGDP増加額に占める中国の増加額の割合）は，14.5％となり，アメリカ（22.8％）に次いで第2位となった。成長率に換算すると，世界のGDP成長率3.8％の内，中国の寄与率が0.55％となる。これはEUの0.51％より大きく，日本の0.3％を大きく上回っている（中国国家統計局報

一方，アメリカの対中国貿易赤字の累積，日本などの先進国の多国籍企業による中国への生産シフト，世界の市場を席巻する中国製の低価格製品など，中国の経済成長にまつわる諸問題は，「為替操作」，「デフレ輸出国」，「産業空洞化」，「資源価格高騰」，「CO_2の大量放出による環境破壊」などのネガティブな事柄に結びつき，批判の的にもなっている。

すなわち，国家の輸出産業の優先的発展戦略のもと，急速に成長する輸出産業が中国の経済成長に及ぼす影響がますます大きくなり，マクロ経済成長を牽引する役割を果たすようになった。次節では，その実態を詳しく説明する。

3　中国における輸出主導型成長の実態

3.1　1990年代以降の中国の輸出主導型成長体制

表 1-1 は，1990 年以降の中国におけるマクロ経済のパフォーマンスを示したものである。中国経済は 1990 年以降急速な成長が続いているが，三つの期間におけるマクロ経済のパフォーマンスには大きな違いがあった。特に，90 年代の後半（1996-2000 年）では，国内における「不足経済」から「過剰経済」への転換が，マクロ的引き締め政策，金融制度改革による銀行部門の「貸し渋り」，雇用・賃金制度改革による雇用安定性の低下をもたらし，国内投資成長率と消費成長率は著しく低下した。

しかし，輸出需要はアジア通貨危機にも関わらず年率 15％の成長を続け，総需要を下支えした。2000 年以降では，国内における一連の景気刺激策や海外経済情勢の安定，および WTO への加盟に伴う海外直接投資の回復によって投資需要（8％ポイント）と輸出需要（9％ポイント）の成長率は上昇したが，消費需要の成長率は依然低迷している。結果，GDP 成長に対する輸出の寄与度も徐々に上昇している。図 1-1 に示しているとおり，GDP 成長に

告：2008 年 11 月 17 日）。

表 1-1　1990 年代以降のマクロ経済パフォーマンス　　（単位：％）

	1990-1995 年	1995-2000 年	2000-2005 年
GDP 成長率	12	9	10
投資需要成長率	18	5	13
消費需要成長率	11	8	7
輸出需要成長率	14	15	24
失業率	3.4	7.6	5.4
消費デフレータ変化率	13.1	1.9	1.4

注：1. GDP，投資，消費，輸出の成長率は実質値，変化率は期間平均値である。
　　2. 失業者数の計算では，都市部登録失業者数に一時帰休者，およびレイオフ労働者数を加算した。
出所：The World Bank Database，中国国家統計局『中国統計年鑑』各年版，中国労働と社会保障部『労働と社会保障事業発展統計広報』各年版に基づいて作成。

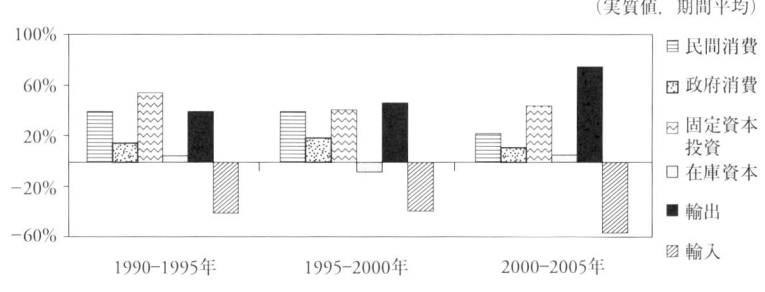

図 1-1　GDP 成長率に対する需要項目別寄与度の変化
出所：The World Bank Database に基づいて作成。

対する国内消費の寄与度が徐々に低下し，投資の寄与度は 90 年代後半では低下したが，2000 年代前半では上昇している。一方，輸出の寄与度は，1990 年代前半の 20％から後半では 40％。そして 2000 年代前半では約 80％までに上昇しており，経済全体の成長を牽引している。

　一般的な GDP 成長率の需要項目別寄与度計算では，純輸出（輸出総額－輸入総額）のみが計算されることが多い[9]。しかし，本書では中国における輸

---

9) 例えば，Lin and Li（2003）の中国における輸出成長が GDP 成長に対する寄与度の計算が挙げられる。それによると，1990 年代中国の GDP の輸出弾力性は 0.105 であり，1990 年代の 10 年間における輸出の寄与度は約 10％であった。ただし，90 年代後半における輸出の寄与度が前半より大きく上昇しており，輸出の GDP 成長に対する重要性

出成長の経済全体に対する影響をはっきり説明するために，輸出と輸入の寄与度を分けて計算している。これからの各章で詳しく説明しているが，中国は，海外から生産拡大に必要な機械設備などの資本財と技術集約度が高い部品などの中間財を輸入し，アパレルや雑貨製品や機械製品などの最終製品を輸出する傾向が強い。もちろん，次節で説明しているように，中国における輸出製品構造は大きく変化しているが，高度化していく輸出製品構造を支えるために必要な技術集約的資本財，中間財の輸入も，輸出拡大とともに増加している。

　たとえば，電子・通信機器産業は，90年代を通じてもっとも大きく成長し，現在では中国の最大産業部門となり，輸出に占める割合も一番大きいが，その発展に必要なソフトウェアや集積回路などの核心技術の80％は輸入に依存している。さらに，先端機械設備などの資本財は，光ファイバーの製造機械の100％，集積回路製造機械の85％，石油化工設備の80％，乗用車生産設備，デジタル工作機械，印刷機械，紡織機械などの70％が輸入に依存している[10]。このような機械設備と技術集約的中間財の輸入は，中国の輸出主導型成長体制が，OEM生産や加工貿易を中心としていることにもとづく。しかし，一方では現段階の中国において生産できないものが多く，中国における産業構造や輸出製品構造の高度化に大きく貢献している点も看過すべきではない。

　すなわち，低賃金コストを比較優位とし，労働集約型産業，労働集約的加工組立工程を中心に急速に拡大している中国の輸出は，マクロ的需要拡大をもたらしているのみならず，技術集約的な資本財，中間財の輸入を促進し，投資拡大や技術水準の向上をもたらしている（輸出を通じた豊富な外貨獲得が，輸入拡大の条件であることは言うまでもない）。したがって，中国における輸出拡大がマクロ経済成長に及ぼす貢献度は，一般的な純輸出の貢献度を計

　がますます大きくなっていることも指摘している。

[10] ここで取り上げたデータは，中央政策研究室と国家開発銀行による共同研究プロジェクトの研究成果報告書――『我が国の対外貿易の発展が国内，および海外の経済に対する影響とその対策に関する研究』（中国語：『我国外貿発展対国内外経済的影響与対策研究』，陸元ほか編 2007），184-185 ページに基づいている。

表 1-2　1992-2002 年の最終需要部門別変化率　　(年率, %)

	消費財	非住宅投資財	輸出財
最終需要実質成長率	9.9	11.8	21.3
労働生産性上昇率	10	8.4	18.4

注：労働生産性上昇率は，次のような手続きで産出した。産業連関表のレオンチェフ逆行列と産業別労働投入係数を乗じて，各商品 1 単位を生産するのに直接的，間接的に必要な労働量，すなわちパシネッティのいう「垂直的統合労働投入係数」を算出する (Pasinetti, 1973)。この値の低下率を各商品の労働生産性上昇率とする。そして，消費財，非住宅投資財，輸出財という単位での労働生産性上昇率は，次のようにして求めた。たとえば，消費支出を構成する諸商品の構成比で加重して商品別垂直的統合労働投入係数の平均値を求め，これを消費財の垂直的統合労働係数とし，この値の低下率を消費財の労働生産性上昇率とする。労働者数に関しては，中国では投入産出表に対応した産業部門別の雇用表 (122 部門表) が作成されていないため，各部門内部の就業者の賃金が同じであるという仮定のもと，投入産出表の各部門の雇用者報酬額を，公表されている部門別就業者の平均賃金データ (『中国統計年鑑』) で割る方法で計算した。
出所：中国統計局『中国投入産出表』1992 年，2002 年，『中国統計年鑑』各年版に基づいて作成。

算する研究で示される寄与度のみならず，さらに強調されなければならない。

そして，表 1-2 は，1990 年代の中国における国内財部門と輸出財部門の最終需要成長率と生産性上昇率の比較である。この間，輸出は 90 年代を通じて年平均 20％を超えるスピードで増加しており，国内消費財 (9.9％) や非住宅投資財 (11.8％) の年平均成長率を大きく上回っていた。結果的に，最終需要総額に占める割合では，消費財の比率は年々低下し (年率 1.7％ポイント低下)，非住宅投資財はほぼ横ばい (年率 0.2％ポイント増加) したのに対し，輸出財は大幅に拡大した (年率 9.7％ポイント増加)。2002 年以降も輸出の拡大傾向は続き，2005 年の輸出額は 7620 億ドルとなり，対 GDP 比率は 2002 年の 22％から 34％へ拡大した。

さらに，労働生産性上昇率を比較すると，輸出財の年平均上昇率は 18％超と高く，消費財の 1.8 倍，非住宅投資財の 2.2 倍になっている。輸出主導型成長とは，論者によって異なるが，一般的に，輸出の実質成長率が GDP の実質成長率を顕著に上回っている場合を指す。例えば，宇仁ほか (2003) は，輸出の実質成長率が実質 GDP 成長率の 1.5 倍，輸出が GDP に占める割合が 10％以上であることを判断基準とした[11]。この基準に従うと，90 年代の

---

11) 宇仁・宋・梁 (2003)。

中国における輸出の実質成長率はGDP成長率の2倍に達し，GDPに占める輸出の割合は，1990年から2005年までの15年間の平均が21％（中国統計年鑑2007）と大きい。

それに加えて，輸出財部門の労働生産性は，国内財生産部門の労働生産性上昇率の約2倍であり，輸出産業の6割を占める外資系企業の雇用拡大効果も大きい[12]。そして，輸出産業が集中した東南沿海部の経済発展のスピードが内陸部地域を大きく上回り，中国全体の発展を牽引している。このように，中国における輸出産業の発展が，需要成長，労働生産性上昇，雇用拡大，および産業構造の高度化（4節で，さらに詳しく説明する）などに対する影響が大きく，マクロ経済全体の成長を牽引していることから，1990年代以降の中国における経済成長体制を輸出主導型成長として規定することができる[13]。

3.2　中国の輸出主導型成長体制の基本的特徴

中国の輸出主導型成長は，国家による輸出振興型産業政策と外資優遇策，政策的に低く設定された為替レートのもと，海外から直接投資を積極的に受け入れ，加工貿易を中心に周辺のアジア諸国から資本財と中間財を輸入し，国内の豊富かつ低廉な労働力を使って製品化し輸出する，という形で，日本，NIEs，ASEAN，アメリカとの相互連関を拡大してきた。その輸出主導型成長体制の特徴をまとめると主に以下の三つがある。

第一に，海外直接投資に大きく依存している。一般的に，海外直接投資は

[12) 2005年末，外資系企業の雇用者数は1245万人であり，都市部就業者全体に占める割合は4.6％と，まだ高くはない。しかし，1990〜2005年間の都市部就業者構成の変化をみると，国有企業部門は年率3％で低下し，集団企業部門が同10％で低下しているのに対し，外資系企業の雇用は，年率20％の増加となっている。国有企業改革や雇用制度改革に伴い，国有・集団企業の雇用者数が急激に低下するなか，外資系企業が雇用を拡大したことは，経済的な効果のみならず，社会的効果も大きい。

13) 輸出主導型成長の定義に関しては詳述していないが，中国の輸出主導型成長に関しては，Lawrence (1996)，篠原 (2003)，関 (2005)，Uni (2007)，トラン (2007) などが論じている。

経済成長に必要な資金をもたらすのみならず，先進的な機械設備や経営管理方式を導入するので，投資の受入国から見ると，先進国からの技術移転と管理ノウハウを習得する国際的な技術移転のチャネルとなる。さらに海外直接投資は，受入国の競争の激化，人的資本の発展，コーポレートガバナンスの改善をもたらし，法や制度の整備を促す潜在的役割を果たす[14]。特に，中国に流入した海外直接投資は，加工貿易中心の投資が多くを占め，加工組立に必要な生産設備と核心的な中間財は本国から輸入する。そして，本国と同じような先進的管理ノウハウを駆使し，中国の低賃金労働者を輸入した機械・設備に基づく生産ラインに組み入れる。表 1-2 において，中国の輸出財部門の労働生産性上昇率が国内財のそれの約 2 倍であることを示したが，それは輸入する資本財や中間財に体化された FDI 投資国の先進的技術と，経営管理ノウハウの移転によるところが大きいと考えられる[15]。

中国向けの海外直接投資は，1992 年を境に年平均 14% の成長を見せており，2005 年では GDP の約 3% を占める 603 億ドルまでに上昇した（実行ベース）。表 1-3 は中国における主な FDI 投資国・地域[16]であるが，90 年代の前半では，ASEAN 諸国をはじめ，すべての国と地域からの FDI が急激に増加した。

しかし，90 年代の後半においては，97 年のアジア通貨危機の影響を受け，東アジア諸国・地域からの対中国投資が停滞する。代わってヨーロッパとア

---

[14] 経済成長に関して FDI が果たす重要な役割については，広く認められているが，それの経済成長に対する直接効果に関しては，懐疑的な主張も多い。例えば，FDI は経済成長の「原因」ではなく，経済成長の「結果」であるという主張や，FDI が経済成長に寄与するためには，受入国のインフラ，教育水準，市場開放度などの条件に依存する，などの議論がある。しかし，FDI が受入国の知識や生産技術等の基礎的な能力を高め，「間接的」に経済成長を高めていることは多くの研究によって証明されている。これらの議論の詳しくは，尾崎（2006）を参照せよ。

[15] 中国における FDI の直接的，間接的効果に対しては，大橋（2003），呉（2007）が詳しく説明している。

[16] 表 1-3 で取り上げた 11 カ国・地域は，FDI の額の大きさからではなく，後のアジア国際産業連関表の枠組みに基づいて分析を進めるに必要な国，地域である。その他に，対中 FDI 額が大きい地域には，英国領バージン諸島，ケイマン諸島などがあるが，これらはタックス・ヘイブンであり，経由地にすぎない。

表1-3 対中国の主なFDI投資国・地域　　　（単位：100万ドル）

	1990年	1995年	2000年	2005年
ASEAN5	61	2626	2837	2937
台湾	222	3165	2297	2152
韓国	—	1047	1490	5168
日本	503	3212	2916	6530
アメリカ	456	3084	4384	3061
ヨーロッパ	151	2259	4765	5643
香港・マカオ	1913	20625	15847	18549
FDI合計	3487	37806	40715	60325

注：1. 香港・マカオの合計に占めるマカオの割合は、全期間を通じて2~3%である。
　　2. ASEAN5は、インドネシア、マレーシア、フィリピン、シンガポール、タイである。
出所：中国国家統計局編『中国統計年鑑』各年版に基づいて作成。

表1-4 中国の対外貿易の推移　　　（単位：億ドル）

	輸出総額	輸入総額	その内加工貿易の割合		その内外資系企業の割合	
			輸出	輸入	輸出	輸入
1990年	620.9	533.5	41%	35%	13%	23%
1995年	1487.8	1320.8	50%	44%	32%	48%
2000年	2492.0	2250.9	55%	41%	48%	52%
2005年	7619.5	6599.6	55%	42%	58%	59%

出所：中国国家統計局編『中国統計年鑑』各年版に基づいて作成。

　メリカからの投資が増加し、中国のFDI受入総額は微増ながらも拡大した。そして、2000年以降は、東アジア地域からの投資が再び拡大し、アメリカからの投資が低下した。中でも韓国と日本からのFDIがもっとも急激に増加したが、これは中国が世界的な生産集積地になるにつれて、日韓の企業による生産・輸出拠点の中国移転が進んだ結果であると考えられる。
　第二に、労働集約型加工貿易が中心である。近年、中国の急速な経済成長に伴う国内市場の拡大が、海外直接投資の一つの重要な原因となっているが、豊富かつ良質ながら廉価な労働力の存在は依然、海外企業が中国へ生産拠点

を移転する最も重要な要因である[17]。

　中国における輸出主導型産業の大半は，日本，NIEsが賃金上昇により競争力を失った労働集約型産業であり，労働者に対する教育水準や技術水準の要求が相対的に低かった。それが，改革開放以降の農業における労働生産性上昇と政府の労働力移動制限の緩和を受けた，農村余剰労働力の大量の都市部進出とあいまって，低賃金労働に基づく労働集約型輸出産業の急速な発展をもたらしたのである。そして，上記のような海外直接投資が，輸出・輸入に便利な海に面した東南沿海部に集中していること，資本財と中間財を輸入し，加工組立を行い，完成品を輸出するという加工貿易が貿易全体に占める割合が大きいことから，労働集約型加工貿易が輸出主導型産業の中心であったことを窺い知ることができる。

　結果，90年代以降中国へ集積したのは，いわゆるスマイルカーブ[18]において付加価値が最も低い部分に当たる製造組立部分であり，付加価値が高い製品開発や核心部品の生産などの川上工程と販売やアフターサービスなどの川下工程は，依然先進国にある外資系企業本社などが掌握している。そのもっとも代表的な例が，1990年代以降急速に成長し，現在は中国の最大輸出産

---

17) 2008年はじめには，中国の華南地域（広東，福建）における，出稼ぎ労働者の不足が賃金コストの上昇をもたらしているとの報道が多くなされた。しかし，もっとも不足している労働者は単純加工組立作業に最適とされる，手先が器用な若年（16歳～34歳）女性労働者である。その原因は，中国における人口構成の変化（30年以上続いた一人っ子政策の影響），サービス業の発展による若年女性の職業選択幅の拡大などが考えられる。加えて，加工組立産業発展の先発地域である広東，福建における出稼ぎ労働者の賃金水準，労働条件が上海などの後発地域より劣悪であり，出稼ぎ労働者に対する魅力が低下したことなどの影響が大きく，中国における出稼ぎ労働者の不足が深刻であると結論づけるのは早計である。そして，賃金上昇に関しては，労働市場における需給関係の影響もあるが，政府の政策的な関与（最低賃金水準の上昇，社会保障費用の積立など）によるところも大きい。

18) スマイルカーブとは，横軸（左が上流，右が下流）にもの作りの業務プロセスを，縦軸に付加価値または収益率をとった，曲線である。横軸の左端に製品企画，研究開発を置き，中央部に製造，組立を置き，右端に販売やアフターサービスを置くと，各業務プロセスの付加価値または収益率は，中央部が低く，両端が高い，笑顔の時の口の形に似たグラフになっていることからこの名前が付いた。台湾のAcer社の創設者であるスタン・シー氏が，パソコン製造過程での付加価値の特徴を述べたことに由来する。

業となっている電子・通信機器産業である。電子・通信機器産業は，2007年における中国の高新技術産業部門[19]（輸出入総額の約3割，工業製品輸出入の4割を占める）輸出の95%，輸入の90%を占めているが，その輸出に占める加工貿易と外資系企業の割合は共に8割以上となっている。

第三に，海外直接投資は東南沿海部に集積され，地域格差の拡大をもたらしている。

1990年から2005年までの15年間，中国は累計6052億ドル（実行ベース）の海外直接投資を受け入れたが，その約9割は，東南沿海部に集中していた。それには，産業・生活インフラ条件と比較的質の高い労働力の存在に加え，政府の沿海地域発展戦略[20]に基づく各種外資優遇措置と，歴史的・地理的な要因が強く影響している[21]。これらの海外直接投資は，東南沿海部の労働集約型輸出産業発展の主役となり，東南沿海部の高い経済発展をもたらす大きな要因となった。しかし，このような輸出主導型成長が，中・西部地域に対する波及効果は限定的であり[22]，1990年代以降中国の地域間格差は拡大し続けた。東南沿海部と西部地域間の一人当たりGDPの格差は，1990年の1.8倍から2000年の2.3倍へ上昇し，さらに2005年では2.5倍にまで上昇した。

上記のような海外直接投資への依存度が高く，労働集約的加工貿易が中心である，そして輸出産業の東南沿海部への集積が国内地域間格差の拡大をも

---

19) ここで言う高新技術産業部門には，電子・通信技術，生命科学技術，航空航天技術，光電技術，生物技術，新材料・素材技術などが含まれる（中国科学技術部ウェブサイト）。

20) 沿海地域経済発展戦略は，第7次5カ年計画期間（1986-1990年）中の1988年に提起されたが，89年の国内動乱によって，一時停滞する。そして，1992年以降の市場経済体制への転換に伴い，本格的にスタートする。中国における外向型経済発展政策に関しては，大橋（2003）が詳しく述べている。

21) 海外華人の祖籍が集中していた広東省（2000年の省別FDI受け入れ順位1位），福建省（同3位），日本と韓国に近い山東省（同5位），遼寧省（同6位）などが，その例である。

22) 日置（2004）の推計によると，沿海地域経済発展の波及効果（最終需要誘発生産額・産出乗数を計算）のうち，内陸地域へ波及するのは約10%程度である。さらに西部地域への波及は2～3%だけあり，ほとんど波及効果がない。

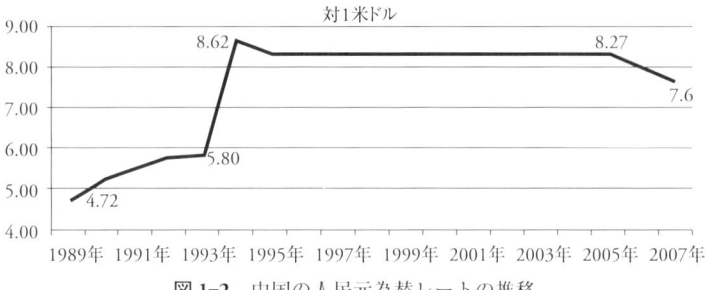

図1-2 中国の人民元為替レートの推移

対1米ドル
1989年: 4.72
1993年: 5.80
1994年: 8.62
2005年: 8.27
2007年: 7.6

注：人民元レートは年平均値である。
出所：中国国家統計局『中国統計年鑑』2008年版に基づいて作成。

たらしている，などの三つの基本的特徴以外に，中国の輸出主導型成長は，政策的に低く設定された為替レートと賃金上昇における国家的調整の影響（第2章参照）を大きく受けている。

図1-2は，1990年代以降の中国における人民元対アメリカドルレートの推移である。1994年に，中国政府は，国内の深刻な外貨不足による「公定為替レート」と「市場レート」の乖離を修正し，輸出を促進するため，大幅な人民元レートの切り下げを行った（5.8元から8.7元へ，30％以上の切り下げ）。その後は，行き過ぎた人民元安を調整するために小幅な人民元切り上げが行われたが，1997年に8.27元/1ドルになってからは，2005年7月に「通貨バスケット制」へ移行するまで，ほぼ「ドルペッグ制」の固定レートであった[23]。

このような過小評価された「事実上の固定相場」は輸出財の低い国際価格につながり，中国の輸出製品の価格競争力を高めるので輸出促進効果がある反面，国内の労働生産性上昇の成果は海外へ漏出していく。そして，低賃金コストを比較優位とする産業構造，輸出製品構造の下での経済発展は，賃金上昇を通じた国民所得の増加を妨げ，資本・技術集約的産業への投資インセンティブを抑制する。結果的に，中国国内における産業構造の高度化や最終

---

[23] 中国の人民元レートの調整は，単に中央銀行（中国人民銀行）の決定によって行われることはなく，国務院の許可を経て実行されることから，中国の人民元レートの調整は，高度な政治的決定であると言われている（伊藤隆敏「中国人民元改革と東アジア」『日本経済新聞』2005.7.29.）。

消費需要の拡大を制約し,持続的な経済成長を阻害する可能性がある。

さらに,国際的側面から見ても,現在の中国における輸出主導型成長体制は限界に近づいている。中国のような大国における輸出の急成長は貿易相手国における貿易赤字を累積させ,場合によっては産業空洞化を引き起こす恐れもある。実際に,アメリカや日本などから厳しい批判を受けており,国際的な人民元の切り上げ圧力が増大している[24]。そして,輸出額がGDPの半分以上を占めるまでに上昇していることは,中国の経済成長が国際市場変動の影響を受けやすくしている。昨今の世界金融危機に伴う同時不況の衝撃は,東南沿海部の輸出企業を直撃し,前例のない発展を遂げていた中国の輸出産業は,いまや前例のない倒産や失業ラッシュに見舞われている。

以上述べたように,中国の輸出主導型成長体制はさまざまな国内的,国際的要因の制約を受け,持続可能性に乏しい成長体制である。すなわち,現在のような成長体制がこのまま維持されると,中国のさらなる経済成長は阻害される可能性が高い。輸出主導型成長体制に代わる新しい成長体制を構築する必要性が日増しに増加している。

次節では,1990年代以降の中国における輸出主導型成長に伴う産業構造,輸出製品構造の変化を詳しく説明する。

4　産業構造と輸出製品構造の高度化

1990年代以降の中国におけるマクロ経済のパフォーマンスについては,前節で詳しく説明しているが,このような急速な経済成長,輸出拡大に伴い中国の産業構造と輸出製品構造も大きく変化している。この節では,まず中国全体の産業構造と輸出製品構造の変化を説明し,その後国内産業構造の変化と輸出製品構造の変化を比較する。

---

24) このような国際的圧力の下,2005年7月,中国政府は人民元の事実上の対ドル固定相場制から通貨バスケット制への移行を発表し,政府の許容範囲内で為替レートの浮動を宣言した。それから2008年12月まで,中国の人民元レートはアメリカドルに対し,約18％上昇している。

産業構造，輸出製品構造の高度化を実現するためには，国家・政府による資本・技術集約的産業の育成，促進政策による資金および優遇政策の傾斜的な投入，外資誘致における選別（奨励，制限，淘汰）の強化など，国家的調整の役割が重要である。中国政府は，2001年のWTOへ加盟する際に認められた市場開放の猶予期限[25]が近づくなか，「第11次5カ年規画（2006-2010年）」がはじまる2006年以降，政府による国内産業構造，輸出製品構造のさらなる高度化（中国語：産業結構昇級）に向けた政策措置を次々と打ち出してきた[26]。

　経済成長と産業構造の趨勢的変化は，一般的にペティ＝クラーク法則と呼ばれ，経済成長に伴って労働力の構成比は第1次産業で減少し，第2次産業，第3次産業で増加する傾向がある。そして，第2次産業における産業構造が，軽工業から重化学工業へ，さらに知識（技術）集約型産業へ変化し，これとあわせて第3次産業の比重が拡大していくことが，一般的な「産業構造の高度化」のイメージであろう。

　しかし，このペティ＝クラークの経験則は，第2次産業の時系列分析では一般化ができないし，国々の経済発展の前提条件が異なるために当てはまらない場合がある（鶴田・伊藤 2001）。つまり，一国における産業構造の変化は，需要構造の変化，生産要素の賦存状況の変化，技術の変化など，多くの要因に影響されるので，各要因の変化，若しくは賦存状況の如何によっては，さらに各国における制度的要因の役割もあり，国および時代によっては一般則と異なる可能性がある。そして，「産業構造の高度化」という言葉もよく使われているが，今のところ明確に概念化されたことはなく，その意味についてもいろいろな解釈がある。

　鶴田・伊藤（2001）は，日本における「産業構造の高度化」の意味を，昭

---

25) 国内産業に対する開放期限は，建設，道路輸送業などが最短3年，製造業が3〜5年，金融・保険，流通産業が5年，電気・通信，鉄道輸送，観光業などが最長6年（2007年12月11日まで）となっている。

26) 具体的には，2005年11月の国務院常務委員会会議において決定された「産業構造の調整を促進するための暫定的な規定」（国務院発［2005］40号，2005年12月から実施）と外資利用に関する国家発展改革委員会の『外資利用第11次5カ年計画（2006-2010）』（2006年11月9日公布）が基本指針となっている。

和39年度の『通商白書』に示されていた産業政策における見方（重化学工業化＝高度化）に基づいて説明している[27]。そして、『通商白書』に基づく二つの判断基準（需要面での所得弾力性が高い産業の伸長，供給面での生産性上昇率が高い産業ないし技術の発展）をもって，日本における産業構造の高度化過程が，60年代では重化学工業化，70年代の知識集約型産業の発展（重厚長大型から軽薄短小型への転換），さらに80年代以降の知的労働（単純労働と区別される）の重要度の上昇，第3次産業の発展とサービス産業化へと進行してきたことを説明している。

近年，中国においても「産業構造の高度化」という概念が流行している。すなわち，先進国と比べ，中国の産業構造には「低級」（レベルが低い，付加価値が低い）な産業があまりに多いため，ハイテク産業を大いに発展させ，「高級」産業を増加させることによって，「低級」産業を淘汰し，産業構造を高度化しなければならない，ということを様々な論者が主張している[28]。現在のところ，中国においても「産業構造の高度化」が明確に概念化されていないが，鶴田・伊藤（2001）にならって，2005年の中国国務院の「産業構造の調整を促進するための暫定規定」に基づいて，その意味を示すことにしよう。

> 「本規定の制定目的：科学発展観を全面的に実施し，マクロ経済調整を改善，強化し，社会的な投資を指導し，産業構造の高度化を促進する（第1章，第1条）。産業構造の調整目標：産業構造の高度化を推進し，第1次，第2次および第3次産業の健全な協調のある発展を促進し，農業を基礎，高新技術（ハイテク）産業を先導，基礎産業と製造業を支柱とし，サービス産業を全面的に発展させる局面を形成する。そして，資源節約，グリーン，安全的な発展を堅持し，持続可能な発展を実現する（第1章，第2条）。」

---

27) 鶴田・伊藤（2001）『日本の産業構造』，148ページ。
28) 樊鋼（2002）「産業構造の充実化を目指せ」（『中国経済新論』，2002年9月9日掲載）。樊鋼氏は，中国が直面している雇用問題解決の重要性や経済発展レベルから，中国が目指すべきものは，産業構造の高度化ではなく，産業構造の充実化であると主張している。

中国における「産業構造の高度化」の定義も非常に包括的で，曖昧な部分が多く，前述した産業構造の高度化の一般的イメージとあまり変わらない。

以上のような「産業構造の高度化」に関する一般的説明と，それの中国における捉え方などを勘案し，本書では，最終需要構造に占める第1次産業の割合の低下と第2次，第3次産業の割合の増加，および機械製造業，高新技術（ハイテク）産業の比重の増加，そして，このような最終需要構造の変化に伴う雇用の変化を，中国における産業構造の高度化とみなす。そして，「輸出製品構造の高度化」とは，輸出需要に占める機械製品，高新技術製品の比重の増加をさす。

4.1 産業構造変化と輸出製品構造変化の比較

表1-5は，中国における名目GDPと就業者総数の産業別割合の推移である。GDPに占める第1次産業の割合は1990年の27％（就業者総数に占める割合は60％）から，2000年の15％（同50％）へ，さらに2005年では13％（同45％）へ持続的に低下している。一方，第3次産業の割合は1990年の32％（同19％）から，2000年の39％（同27％）へ，さらに2005年では40％（同31％）へ持続的に上昇した。そして，第2次産業の割合は1990年の41％（同21％）から，95年の47％（同23％）へ増加したが，その後は2005年では48％（同24％）となっており，GDPに占める割合は安定している。雇用においても同様に，第2次産業の割合は95年以降安定している。ほぼ，ペティ＝クラーク一般則通りの産業構造の変化がみられると言える。

さらに，図1-3に示した第2次産業の付加価値総額に占める産業別割合の変化を見てみると，一部の例外はあるが，鉱業と軽工業の割合の傾向的低下と重化学工業の割合の傾向的増加がみられる。特に，90年代の10年間では割合が低下していた化学産業，鉄鋼業と一般機械産業も2000年以降は上昇に転じ，通信・情報機器部門の全体に占める割合が著しく伸びた。中国の高新技術産業の約8割を占める電子・通信機器部門の割合の増加は，産業全体に占めるハイテク産業の比重の増加を意味し，重化学工業化とハイテク化が進んでいることがわかる。そして，このような産業構造の変化は，後の図

第 1 章　経済発展戦略と輸出主導型成長体制 | 39

表 1-5　名目 GDP と就業者数合計に占める産業別割合の変化

(単位：億元，万人)

	名目 GDP						就業者数					
	第一次産業		第二次産業		第三次産業		第一次産業		第二次産業		第三次産業	
1990 年	5017	27%	7717	41%	5933	32%	34044	60%	12142	21%	10554	19%
1995 年	12020	20%	28679	47%	20094	33%	33003	53%	14349	23%	15036	24%
2000 年	14716	15%	45556	46%	38924	39%	35575	50%	16009	23%	19566	27%
2005 年	23070	13%	87047	48%	72968	40%	33970	45%	18084	24%	23771	31%

出所：中国国家統計局『中国統計年鑑』各年版に基づいて作成。

1-7 で示している鉱工業の産業別就業者数の変化からも確認でき（90 年代の 10 年間で，電気機械産業をはじめとする機械産業の就業者数の増加が大きい），中国における産業構造は徐々に高度化していると言える。

そして，図 1-4 と図 1-5 は，90 年代における中国の国内最終需要（消費と投資）と輸出需要の品目別構成を示したものである。まず，国内最終需要の品目別構成をみると，90 年代の全期間中では，軽工業部門の割合の低下と機械を中心とする重化学工業製品の割合の増加が確認できる。しかし，90 年代を前半と後半に分けてみると，1992 年から 1997 年の間（以下，90 年代の前半と呼ぶ）では，食品やアパレル・革製品・繊維既成品および木材・家具などの軽工業製品の割合が大きく増加し，化学製品，一般機械や通信・情報機器などの割合は，若干ではあるが低下した。しかし，1997 年から 2002 年の間（以下，90 年代後半と呼ぶ）では，軽工業製品の割合が大きく低下し，機械製品の割合が大きく増加した。特に，IT 産業の急速な発展により，通信・情報機器の割合が著しく増加した。つまり，国内産業構造の高度化は，90 年代後半において大きく進んだことを示している。

次に，図 1-5 の輸出需要の品目別構成の変化を見てみると，国内最終需要の品目別構成と同じく，軽工業製品部門の割合の低下と機械工業，特に電気機械工業部門の割合の増加が確認できる。ただし，輸出製品構造の変化のほうが，国内産業構造の変化より明確な傾向を示しており，90 年代を通じて軽工業製品の割合の低下，機械を中心とした重化学・加工型製品の割合の増加が見られる。特に，諸製品のなかでも，アパレル・革製品・繊維既製品の割合の低下が大きく，通信・情報機器の割合の増加が大きい。中国におけ

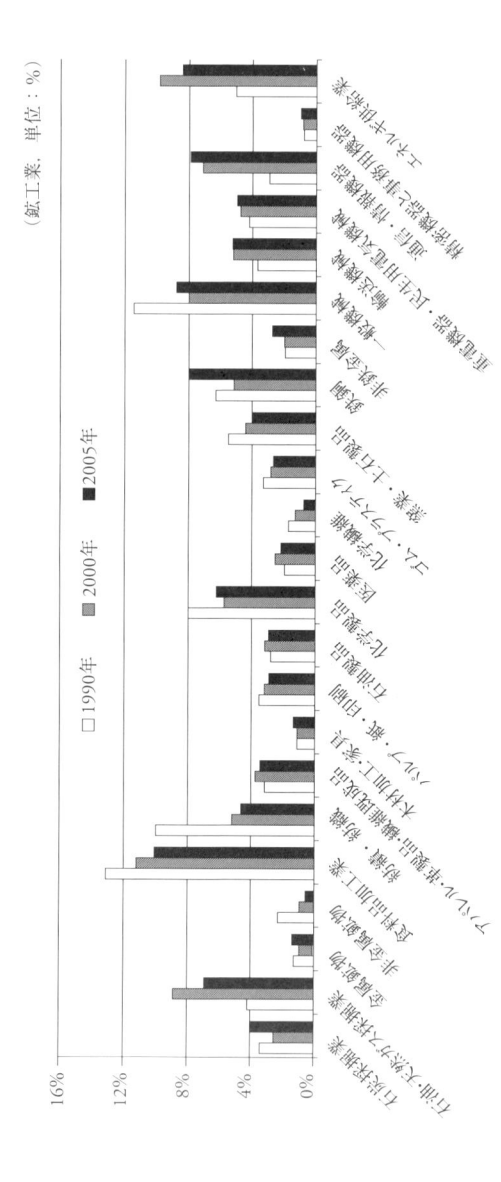

図 1-3 1990 年代以降の付加価値総額の産業別割合の変化

出所：中国国家統計局『中国統計年鑑』各年版に基づいて作成。

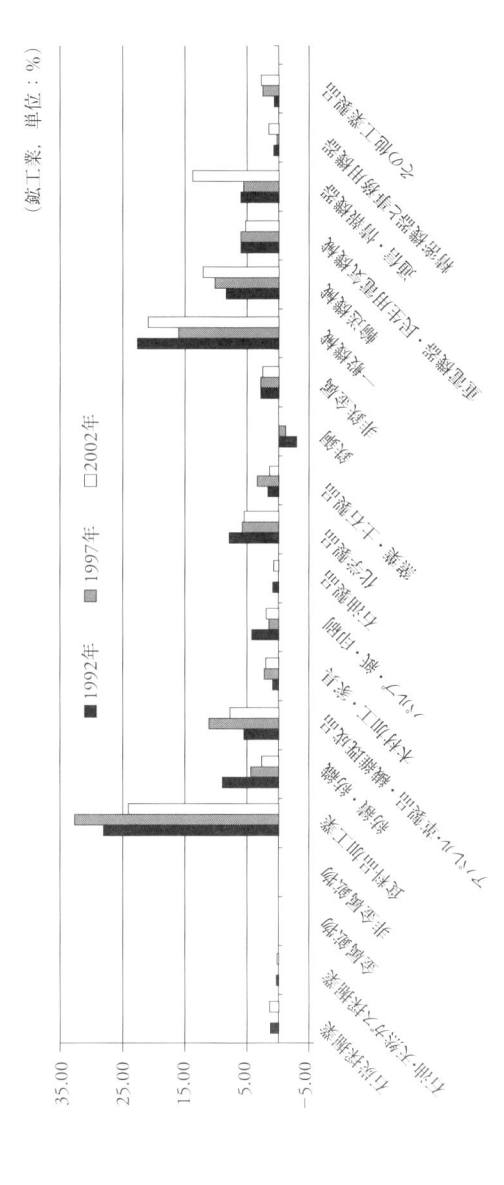

第 1 章　経済発展戦略と輸出主導型成長体制　41

図 1-4　1990 年代における国内最終需要の品目別構成比

出所：中国国家統計局『中国投入産出表』1992 年，1997 年，2002 年に基づいて作成。

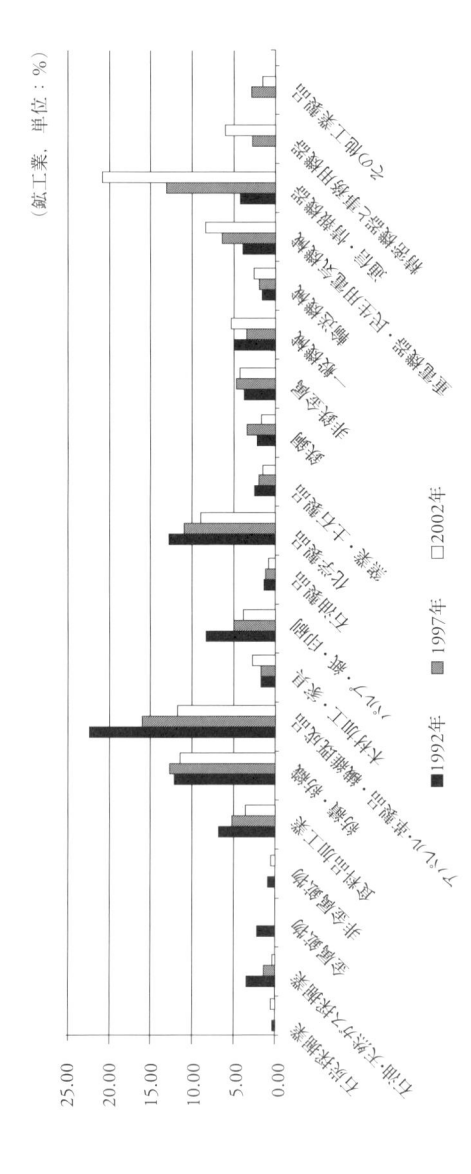

42　第Ⅰ部　1990年代以降の中国における経済成長の実証分析

図1-5　1990年代における輸出額の品目別構成比

出所：中国国家統計局『中国投入産出表』1992年、1997年、2002年に基づいて作成。

る輸出製品構造も高度化が進んでいることがわかる。そして，輸出需要に占める鉱産物や重化学・素材型製品の割合の低下は，国内における中間財としての需要が拡大するなか，政府による資源輸出規制などの影響もあると考えられる。

そして，図1-6は，図1-4と図1-5に示した中国の国内最終需要と輸出需要の品目別構成の変化に対する比較である。

90年代の10年間における各産業部門の割合の変化を計算すると，国内最終需要構造の高度化に比べ，輸出需要構造の高度化の度合いがかなり大きい。つまり，中国の産業構造と輸出製品構造は，90年代を通じて共に高度化しているが，輸出製品構造の高度化が産業構造の高度化を上回るスピードで進んでいることがわかる。

一般的に，一国の産業構造と輸出製品構造の変化は，対外貿易政策と国内産業発展政策の乖離が少なければ，国内産業における比重の大きい部門の輸出比重も大きく，産業構造変化と輸出製品構造の変化における乖離も小さくなる。しかし，前節で説明したような輸出主導型成長体制を反映し，中国の輸出製品構造の高度化と国内産業構造の高度化の間には，大きな乖離が見られる。特に，中国の輸出主導型成長体制は，海外直接投資に大きく依存しており，外資系企業の輸出全体に占める割合が大きい故に，外資系企業が多く参入している電気機械工業，特に通信・情報機器部門の製品が輸出需要に占める割合が大きく増加し，輸出製品構造の高度化を牽引しているように見える。もちろん，各産業部門における外資系企業の割合の増加は，輸出製品構造の高度化のみならず，その産業構造の高度化にも貢献していることは言うまでもない。

上記のような最終需要の品目別構成から確認された産業構造，輸出製品構造の高度化を雇用者数の変化から考察したのが，図1-7である。

まず，産業別の雇用者数の雇用者全体に占める割合の変化を見てみると，90年代前半では軽工業製品部門の割合が大きく伸びたのに対して，重化学工業部門では割合が低下した部門が目立つ。これは，90年代前半までの中国の輸出製品が，アパレルや革製品，木材・家具などの軽工業加工製品が中心であったことと一致する。しかし，90年代後半では，機械製造部門の雇

図1-6 1990年代の産業構造変化と輸出製品構造変化の比較

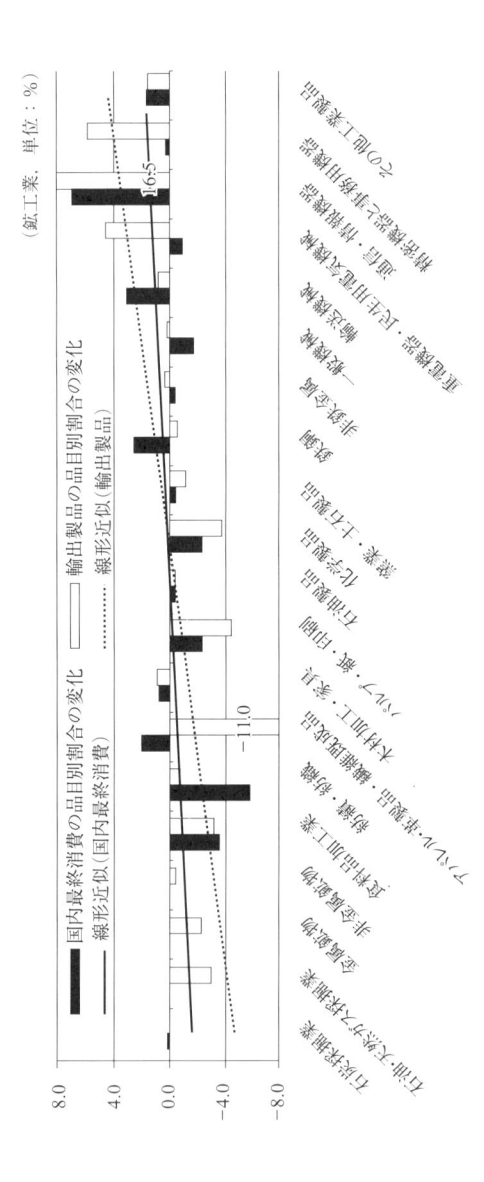

出所：中国国家統計局『中国投入産出表』1992年，2002年に基づき計算

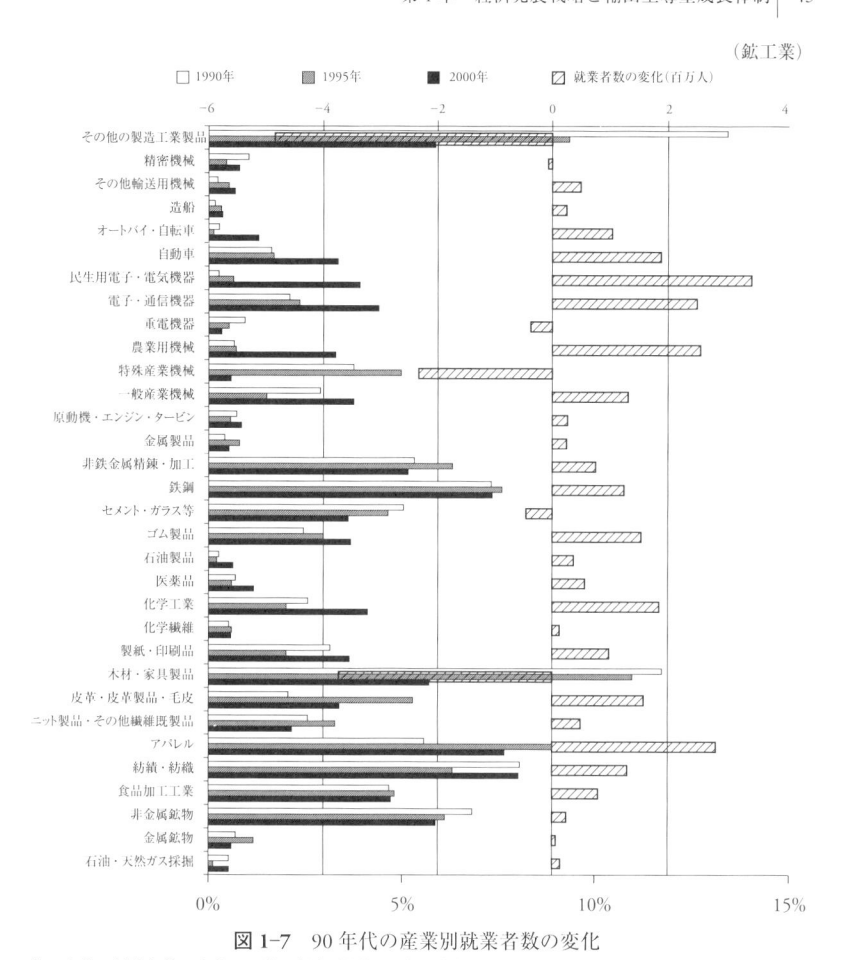

第1章　経済発展戦略と輸出主導型成長体制　45

(鉱工業)

図1-7　90年代の産業別就業者数の変化

注：上段が従業者数の変化，下段が割合（単位：％）の変化である。
出所：宇仁（2008），元のデータはアジア経済研究所『アジア国際産業連関表』1990年，1995年，2000年に基づいて作成。

用者数が全体に占める割合が大きく増加した。

　一方，90年代の前半において割合が大きく増加していた軽工業加工品製造部門の割合は低下した。なかでも，アパレル，革製品，木材・家具部門の低下が著しい。一方，一般産業機械，農業用機械，電子・通信機器，民生用電気機械，自動車などの重化学・加工型産業部門における割合は大きく増加した。このことは，90年代における中国の輸出製品構造の変化と合致して

表 1-6　電子・通信機器産業部門の輸出，輸入構造の推移（単位：億ドル，％）

	年	1998	1999	2000	2001	2002	2003	2004	2005	2006	2007
電子・通信機器	輸出額	137	173	270	362	545	919	1362	1771	2249	2796
	シェア	68	70	73	78	80	83	82	81	80	80
	輸入額	114	149	206	236	279	403	507	603	707	781
	シェア	39	40	39	37	34	34	31	30	29	27
電子部品関連	輸出額	33	46	63	62	82	124	199	266	389	506
	シェア	16	19	17	13	12	11	12	12	14	15
	輸入額	123	160	249	299	432	650	946	1176	1498	1798
	シェア	42	43	47	47	52	54	59	59	61	63

注：輸出額，輸入額のシェアは，高新技術産業全体に占める割合である。
出所：中国科学技術部ウェブサイト，『中国高新技術産業統計』に基づいて作成。

おり，輸出産業における製品構造の変化が，中国の産業構造の変化に対する影響の大きさが窺える。

　そして，90年代の10年間における就業者数の増減数を見ると，第2次産業全体における雇用者数が上昇しているが，なかでも，電気機械部門を中心とした機械製造業における就業者数の増加が大きい。また，図1-6に示されたような輸出製品構造の高度化が産業構造の高度化より進んでいることを反映し，輸出全体に占める割合の高いアパレル，電子・通信機器，民生用電気機械の就業者数の増加が大きくなっている。

　このような中国における産業構造の変化，特に輸出製品構造の変化が，海外直接投資に基づく加工貿易中心の輸出主導型成長体制の影響を大きく受けていることを，明瞭に説明している例が，電子・通信機器産業である。表1-6は，電子・通信機器部門の最近10年間の輸出，輸入の推移である。

　2007年における電子・通信機器部門の輸出は，中国の輸出全体の3割近く，工業製品輸出全体の4割近くを占める中国最大の輸出産業部門であるが，ここ10年間で輸出の急増に伴い，輸入額も大きく増加していることがわかる。さらに，最終財と中間財に分けて見ると，加工組立を経た最終財（上段の電子・通信機器）では輸出が輸入の3.6倍であり，加工貿易のために輸入される中間財（下段の電子部品関連）では，輸入が輸出の3.6倍となっている。結果，最終財の輸出が全体に占める割合は，10年間で12％ポイント上昇したのに対し，輸入は12％ポイント低下している。そして，中間財では，輸入割合

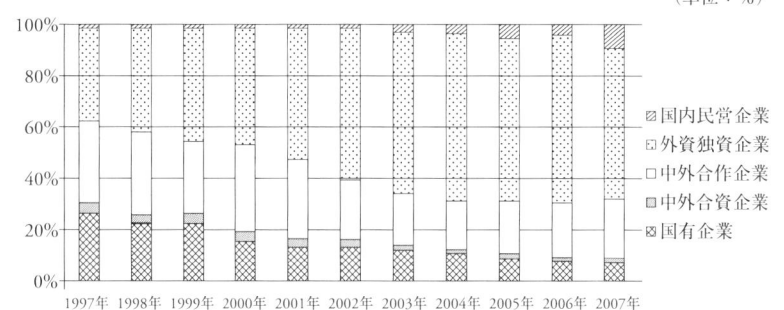

図 1-8　中国高新技術産業の輸出に占める企業形態別割合の推移
出所：中国科学技術部ウェブサイト，『中国高新技術産業統計』に基づいて作成。

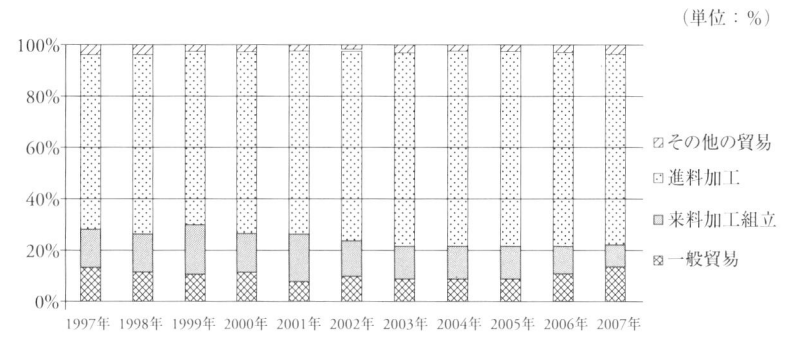

図 1-9　中国の高新技術産業の輸出に占める貿易形態別割合の推移
出所：中国科学技術部ウェブサイト，『中国高新技術産業統計』に基づいて作成。

が21％ポイント増加，輸出割合は1％ポイント低下している。

そして，図1-8と図1-9は，中国の高新技術産業の輸出（その9割を電子・通信産業が占めている）における企業形態別割合の変化，および貿易形態別割合の変化を示している。

まず，図1-8の高新技術産業の輸出に占める企業形態別割合からは，外資系企業（中外合作，中外合資，外資独資）の割合が大きく拡大していることがわかる。特に，外資独資企業の割合の上昇が大きく，2007年現在では約6割を占めている。そして，国有企業の割合は持続的に低下している一方，近年ではレノボー（中国名：聯想）などに代表されるような，国内民営企業による輸出割合も徐々に拡大しつつある。

そして，図 1-9 の高新技術産業の貿易形態別輸出の変化を見てみると，加工貿易（進料加工と来料加工組立）[29]の割合が占める割合が一貫して約 9 割を占めていることがわかる。さらに，加工貿易の内部においては，原材料や中間財のすべてを海外から輸入している進料加工の割合が著しく増加し，海外からの輸入と一部の国内原材料，中間材を使用している来料加工組立の割合は大きく低下している。

これには，中国の加工貿易税制における，二つの形態の加工貿易に対する差別的な税金優遇措置の影響が大きい。つまり，加工貿易に対する税金優遇措置として中国政府は「輸出還付税（出口退税）」制を採っており，原材料，中間財を全部輸入し，加工組立を行う進料加工貿易の場合，その輸入関税は完成品の輸出時に加工貿易企業に還付されるが，来料加工の場合，国内で調達した中間財部分が国内の生産，流通過程で発生した増殖税などは，還付税の対象にならないので外資系企業のみならず，国内企業にも海外から比較的質の高い中間財を輸入するインセンティブを与えている。

さらに，技術や経営管理レベルなどにおける格差により，中国国内における中間財の生産コストは，一般的に先進国の多国籍企業に比べて高いとされる（陸元ほか 2007）。その上，特に機械産業においては，現在の中国の技術水準では生産ができず，海外からの輸入に依存せざるを得ない中間財が多いことも，海外からの輸入拡大をもたらす大きな原因であると思われる。

総じていうと，1990 年代以降，中国の産業構造と輸出製品構造は絶えず高度化しているが，その過程に大きな影響を及ぼしているのが，海外からの直接投資に伴う技術集約的機械設備や中間財の輸入の拡大である。そして，図 1-8 における国内民営企業による高新技術製品の輸出が拡大していることや，図 1-9 における高新技術製品輸出に占める一般貿易の割合が，2002 年以降徐々に拡大していることなどからも推測できるが，国内企業の技術力，輸出競争力も徐々に拡大している。

このように，90 年代以降の中国の機械産業内部の産業構造は，輸出の拡

---

[29] 進料加工（Processing with imported materials）は，その加工組立に必要な中間財のすべてを海外からの輸入に依存し，来料加工組立（Processing with supplied materials）は，一部中間財を国内調達によってまかなっている。

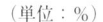

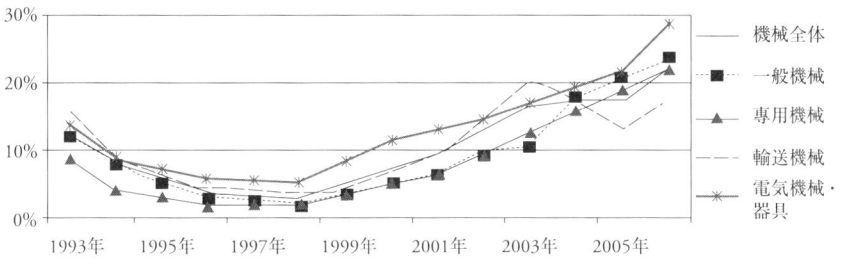

第1章　経済発展戦略と輸出主導型成長体制 | 49

図1-10　機械産業の利潤率の推移

注：1998年からは国有企業全体と比較的規模の大きい企業（売上高が500万元以上）の統計である。
出所：中国機械工業協会『中国機械工業年鑑』各年版に基づいて作成。

大に牽引される形で高度化が進んだ。図1-10に示しているように，中国の機械産業の付加価値率が上昇したことから，利潤率は1997年以降急速に回復している。もちろん，このような利潤率の急速な回復には，97年以降の国有企業改革による国有企業部門の余剰労働力の排出により企業の効率が向上した影響も含まれるし，輸出需要の拡大に伴う生産規模拡大による規模の経済性効果も含まれる。

4.2　中国の輸出産業の比較優位構造

これまで，1990年代以降の中国における産業構造変化と輸出製品構造が徐々に高度化しており，企業部門の利潤率も1997年頃を底に回復していることを説明した。ここでは，このような産業構造，輸出製品構造の変化に伴う中国の輸出製品の国際競争力はどのように変化しているのかを，国際貿易指数の変化に基づいて説明する。

表1-7は，90年代以降の中国における主な輸出産業である，繊維産業，一般機械産業，電気機械産業の輸出全体に占める割合の変化と貿易特化指数の推移である。まず，輸出額をみると，繊維産業の割合が1992年の29％から2002年の18％，さらに2006年では14％までに低下している。一方，一般機械産業の割合は5％から19％へ，電気機械産業の割合は11％から23％へ大きく拡大しており，ここでも中国の輸出製品構造の高度化が進んでいる

表1-7 産業別輸出額（シェア）と貿易特化指数　　　　　（単位：億ドル）

年＼産業	輸出額（シェア）				貿易特化指数			
	1992年	1997年	2002年	2006年	1992年	1997年	2002年	2006年
繊維産業	248(29%)	935(24%)	966(18%)	2645(14%)	0.421	0.5049	0.5568	0.6637
一般機械	43(5%)	305(8%)	837(16%)	3528(19%)	−0.686	−0.185	−0.004	0.217
電気機械	96(11%)	514(13%)	1073(20%)	4302(23%)	−0.14	0.1355	−0.049	−0.029

注：1. 貿易特化指数＝（輸出額−輸入額）÷（輸出額＋輸入額）
　　2. 貿易統計では，電子・通信機器産業のコンピュータなどは一般機械産業に分類され，半導体，集積回路などの電子部品は電気機械に分類されている。
　　3. 世界銀行が推計した，輸出と輸入デフレータを使って実質値を計算している。
出所：中国海関『中国海関統計』各年版に基づいて作成。

ことを確認できる。

しかし，一国の輸出製品の国際競争力を示す貿易特化指数においては，繊維産業の貿易特化指数が大きく，強い国際競争力を示している以外，機械産業の貿易特化指数はまだ小さいか，マイナスである。一般機械産業の貿易特化指数は，2002年まではマイナスであり，国際競争力が弱かったが，2006年ではプラスに転じており，輸出競争力が強まった。そして，電気機械産業は1997年ではプラスであったが，それ以降はマイナスとなっており，前項で説明したように，加工貿易を中心とする輸出の増加は，それを上回る輸入の増加をもたらしていることを示している。

そして，これらの三つの産業に対するもっと細かい商品分類に基づく貿易特化指数を計算してみると，一般的傾向として，川下産業（繊維産業のアパレルやその他繊維既製品，加工組立を経た最終財的機械類）の貿易特化指数が大きいか，プラスである一方，川上産業（繊維産業の化学繊維，綿糸，多くの機械部品，電子部品など）と技術集約度が高い産業部門（エンジン，原動機，工作機械など）の貿易特化指数がマイナスであり，輸入超過となっていることが確認できる（付録1，2，3を参照）。

さらに，貿易特化指数の変化においては，1997年から2002年の間では，貿易特化指数の値が小さくなった部門が多かったが，2002年から2006年の間では，上記の貿易特化指数がマイナスであった部門においても，その値が上昇しており，輸出の拡大が著しい川下産業部門の発展が，それらに資本財

や中間財を供給する川上産業の発展を促す後方連関効果，そして，海外直接投資の持続的増加に伴う技術のスピルオーバーの効果が徐々に現われているように見える。

このように，中国における輸出製品構造は高度化しているのは確かだが，輸出製品の国際競争力を示す貿易特化指数の値からわかるように，中国が強い国際競争力を持っているのは依然，労働集約的産業および技術集約的産業の労働集約的加工組立工程である。つまり，中国の輸出産業の発展は，豊富な労働力の存在に基づく低賃金コストという比較優位に大きく依存している。木村他（2002）などが指摘するように，中国の賃金労働者の教育レベルや熟練度は，中国と同様の経済発展レベルにあるASEAN諸国などに比べると，はるかに高く，地域間経済発展レベルの格差による労働力の移動が続いていることから，中国の低賃金コストの優位は，これからも維持される可能性はある。

5　結　　論

本章では，1990年代以降の中国における経済発展戦略の転換とそれに伴う輸出主導型成長の実態を詳細に考察した。本章における結論を簡単にまとめると，以下の四点が挙げられる。

第一に，1990年代以降の中国における輸出産業の発展が，需要成長，労働生産性上昇，雇用拡大，および産業構造の高度化に対する牽引作用から，中国の経済成長体制を輸出主導型成長として規定することができる。

第二に，1990年代以降における中国の輸出主導型成長は，国家による「均衡離脱的発展」戦略の下で推進され，東南沿海部における労働集約型輸出産業部門は，「成長拠点」としての役割を果たしてきた。

第三に，中国の輸出主導型成長の特徴を簡単にまとめると，外資への依存が高く，労働集約的産業への依存度が高く，東南沿海部に集中している。これらの特徴は，中国が有する「低賃金労働者の無尽な供給可能性」という比較優位によるところが多いが，結果として，中国の輸出主導型成長体制の持

続可能性を制限する可能性をもつ。

　第四に，輸出主導型成長が中国の産業構造の変化に対する影響の表れとして，輸出製品構造の高度化のテンポが国内産業構造の高度化のテンポより高く，輸出産業部門における産業構造の高度化が，中国全体の産業構造の高度化を牽引している。

　しかし，前節で説明したように，現在のような低賃金労働力の存在やその他の国内的要因（輸出産業の優遇政策，政策的に低く設定された為替レートなど）や国際的要因（近隣アジアや先進国における産業構造の調整）に依存してきた輸出主導型成長体制は，多くの限界性をもっており，持続可能性に乏しい成長体制である。このような成長体制から脱却し，新しい成長体制へ転換し，さらに，産業構造，輸出製品構造の持続的な高度化を促すためにも，今までの輸出主導型成長体制を支えてきた「無尽な労働力の存在に基づく低賃金コスト」という比較優位をもたらした賃労働関係の側面における諸制度を改革する必要がある。

付　録

1　繊維産業の貿易特化指数

部門名	貿易特化指数				貿易特化指数の変化		
	1992年	1997年	2002年	2006年	1992–97年	1997–2002年	2002–2006年
人絹糸	○	○	○	○	＋	＋	＋
毛糸	▲	▲	▲	▲	＋	－	＋
綿糸	△	△	△	▲	－	＋	＋
その他植物性繊維・糸	△	△	△	△			
化学繊維（長繊維）	×	×	▲	△	＋	＋	＋
化学繊維（短繊維）	▲	▲	▲	△	＋	－	＋
毛布・縄・網製品	▲	△	▲	△	＋	－	＋
じゅうたん・敷物	○	○	○	○			
タオル・刺繍品・装飾品	▲	△	△	△	＋	＋	＋
工業用繊維製品	×	×	▲	▲	＋	＋	＋
織物・編み物	▲	▲	△	△			
綿織物・ニット製アパレル	○	○	○	○			
化学繊維製アパレル	○	○	○	○	－	＋	＋
その他繊維既成品	○	○	○	○	＋	＋	－
帽子・その付属品	○	○	○	○	＋	＋	＋

注：貿易特化指数が，マイナス0.5以下を×に，マイナス0.5から0までを▲に，0からプラス0.5までを△に，0.5以上を○で示した。なお，＋は貿易特化指数が各期間中で拡大，－は低下したことを表している。
出所：中国海関『中国海関統計』各年版に基づいて作成。

2　一般機械産業の貿易特化指数

	貿易特化指数				貿易特化指数の変化		
	1992年	1997年	2002年	2006年	1992–97年	1997–2002年	2002–2006年
原動機・ボイラー	×	×	×	△	＋	＋	＋
内燃機関・エンジン	×	×	▲	▲	＋	＋	＋
ウォータータービン等	×	×	▲	▲	－	＋	＋
その他原動機	×	×	×	×	＋	－	＋

液体/気体ポンプ・気体圧縮機・風扇	△	△	▲	▲	+	−	+
空調機械	×	△	○	○	+	+	+
加熱, 熱供給機械	×	×	×	▲	+	−	+
冷蔵・冷凍機械	×	▲	△	○	+	+	+
その他熱処理機器	×	×	×	▲	+	+	+
研光機, 伝動式圧力機	×	×	×	×	+	−	−
遠心分離機	×	×	×	▲	+	+	+
食器洗浄機	×	×	×	▲	+	+	+
計量器	△	○	○	○	+	+	+
消火器など粉末噴射機	×	×	▲	△	+	+	+
リフト・クレーン等荷役機械	▲	△	△	△	+	+	+
エレベーター類	×	×	×	▲	+	+	+
建設用機械	×	▲	×	▲	+	−	+
鉱山・鉱物機械	×	▲	▲	△	+	+	+
上記5段の部品	×	▲	▲	△	+	+	+
農業用機械	×	▲	▲	△	+	+	+
食品加工機械	×	×	▲	▲	+	+	+
製紙・製本・印刷機械	×	×	×	×	+	+	+
繊維機械（ミシン以外）	×	×	×	×	+	+	+
家庭用・業務用洗濯機	▲	○	○	○	+	+	+
ミシン類	×	△	△	△	+	−	+
革製品製造機械	×	×	×	▲	+	+	+
金属冶錬・圧延機械	×	×	×	×	+	−	+
金属特殊処理機械	×	×	×	×	+	−	+
金属切, 磨, 钻, 銑等加工機械	×	×	×	×	+	−	+
石材・木材加工機械	×	×	▲	▲	+	+	+
上記3段の部品	×	▲	▲	▲	+	+	−
手携式動力装置	△	○	○	○	+	+	+
溶接機器	×	×	×	▲	+	+	+
コンピュータ以外の事務用機械	○	○	○	○	+	−	+
コンピュータ	▲	○	○	○	+	−	+
コンピュータおよび事務用機械の部品	△	▲	△	△	−	+	+
包装用機械	×	×	×	×	+	+	+

自販機・両替機	×	▲	△	○	+	+	+
ゴム・ビニル製品加工機械	×	×	×	▲	+	+	+
その他独立機能を有する機械	×	×	×	×	+	−	+
金属鋳造用摸具等	×	×	×	▲	+	+	+
蛇口・関連部品	▲	△	△	△	+	+	+
旋盤・伝動部品，付属品	△	△	▲	▲	+	+	+
機械用密封器具	×	×	×	▲	+	+	+
その他の機械部品	▲	▲	▲	▲	+	+	+

注：付録1と同じ。
出所：付録1と同じ。

3　電気機械産業の貿易特化指数

	貿易特化指数				貿易特化指数の変化		
	1992年	1997年	2002年	2006年	1992-97年	1997-2002年	2002-2006年
電動機・発電機	▲	△	△	△	+	−	+
上段の部品	×	▲	▲	▲	+	+	+
変圧器・変成器	△	△	△	△	+		
磁石・電池	△	△	△	△	−		
家庭用電動器具	○	○	○	○	+	+	−
内燃機関電動装置	▲	▲	△	△	+	+	+
車両用照明器具	▲	△	△	△	+	+	+
携帯式照明装置	○	○	○	○	+		
産業用電炉・電子レンジ	×	×	×	×	+		
電気溶接機	×	×	▲	▲	+		
電気湯沸かし器	○	○	○	○	+	+	−
有線電子通信機器	×	△	△	△	+		
録音，音響設備	△	○	○	○	+	+	
音響設備の部品	▲	△	△	△	+	+	
磁気テープ（未録，既録）	△	△	▲	△	+		+
無線情報，通信機器	△	△	△	△	+	−	+
テレビ受信機	○	○	○	○	+		−
上記2段の部品	▲	▲	△	△	+	+	+

道路・港・空港用の電気設備	×	×	×	×	+	−	+
電気防犯機器	△	△	▲	△	+	−	+
電容器・電阻器	▲	▲	▲	×	+	−	−
磁気ディスク	▲	△	▲	▲	+	−	+
開閉装置,配電盤	▲	▲	▲	▲	+	−	+
上段の部品	×	×	×	▲	+	+	+
電気照明器具	○	○	○	△	+	+	−
電子管	×	▲	▲	▲	+	+	+
半導体素子	▲	▲	×	▲	+	−	+
集積回路	×	×	×	×	+	−	+
未分類の独立電気設備・装置	×	▲	▲	▲	+	−	+
電線・ケーブル	▲	△	△	△	+	+	+
磁気電極等	△	△	△	△	+	−	+
各種絶縁子,絶縁部品	▲	△	▲	▲	+	−	+
その他電気機械部品	▲	▲	▲	△	+	+	+

注:付録1と同じ。
出所:付録1と同じ。

第2章

賃労働関係の変化と輸出主導型成長

1 はじめに

　1990年代以降の中国における輸出主導型成長に伴い，産業構造と貿易構造も徐々に高度化してきた。特に，外資系企業の割合が大きい電気機械産業（なかでも，電子・通信機器産業がもっとも代表的である）における変化が著しく，中国全体の産業構造，輸出製品構造の高度化を牽引している。

　このことは，中国における輸出主導型成長体制の基本的特徴である，労働集約的な加工貿易中心の海外直接投資の拡大による影響が大きいことを示している。そして，外資系企業による労働集約的な加工貿易の拡大を可能にしたのは，90年代以降の中国国内における労働市場制度改革に伴う賃労働関係の大きな変化であった。逆に言うと，産業構造と輸出製品構造の持続的な高度化は，それに見合う新しい賃労働関係の形成を促した。すなわち，国内労働市場における労働力の移動を促進する雇用・賃金制度改革，一般的技能形成へシフトする教育システムの変化を通じた賃労働関係の変化とも深く関連している。

　本章の目的は，1990年代以降の中国における輸出主導型成長に対する，国内制度改革の影響を明らかにすることである。特に，産業構造，輸出製品構造の高度化と相互依存的，相互促進的な賃労働関係の変化を制度的補完性の観点から説明する。

本章の2ではまず，中国における制度変化のメカニズムを解明するために，そのベースとなる制度的補完性アプローチを概括する。3では，制度的補完性の視点に基づいて，1990年代以降の雇用・賃金制度の変化と教育・訓練システムの変化を検討し，賃労働関係の変化が輸出主導型成長に対する影響を説明する。最後の4では，本章の結論をまとめる。

2 制度的補完性の視点から見る中国の制度変化

2.1 制度的補完性アプローチ

1990年代の中国における，諸制度改革に伴う様々な変化と経済的達成は，近代経済学の理論に基づいて，企業改革では「現代的所有権制度と契約制度の整備」，製品市場や労働市場における「自由競争原理」の導入，国際貿易における「比較優位に基づく分業体制」の構築など，アカデミックな一つ一つの経済原則の導入によるものとして説明されることが多い。勿論，上述するような諸制度および原則が，中国の社会主義市場経済システムの構築における必要性と影響は否定できないし，中国の経済改革が近代経済学の理論から学び，実践していることは，多くの先行研究において説明された（例えば，Chow 2002，銭 2003，呉 2007 など）。しかし，これらのすべての優れた研究は，さまざまな近代経済学の理論に基づいているが，中国の社会主義市場経済システムの特殊性を指摘している点では一致している。

このような特殊性は，中国経済の後発経済としての初期条件や発展段階から説明されうるし，中国経済システムの社会主義性格および中国共産党の政治，社会経済システムの運営における絶対的優位から説明することもできる。しかし，本章では，中国の社会主義市場経済システムの特殊性を，相互補完関係にある諸制度の改革過程で観察される，制度の経路依存性や補完性から説明するべきであると考える。なぜならば，経済システムというのは，制度的補完関係にある一連の制度によって形成されているものであると理解されるべきであるからである（青木・奥野 1996）。

また，社会は制度諸形態の単純な集合ではなく，それらの特定の組み合わせであり，ある一つの制度の影響を他の制度と独立して考えるべきではないからである (Amable 2003)。当然ながら，制度の変化を考える際にも，諸制度間の補完性を考慮しなければならない。あるエリアにおける制度の存在やその特定形態が，別のエリアの他の制度の存在，機能，効率性を強化するとき，制度的補完性が存在するという[1]。もともと，青木 (1995, 2001) の比較制度分析 (Comparative Institutional Analysis) において提起された制度的補完性概念は，後に資本主義多様性分析やレギュラシオン理論などにおける応用・実証を通じて，その有効性が確認され，制度経済学における重要な概念として認知されるようになった (山田 2007)。

　比較制度分析において説明された，経済システムの差異と多様性を分析するキーファクターとしての「補完性」は，上記の制度的補完性よりもっと広い範囲の概念である。制度を「ゲームのルール」として捉える North (1990) と同じく，比較制度分析でも制度を「ゲームがいかにプレイされるかに関して，集団的に共有された予想の自己維持システムである」(青木 2001) とし，ゲーム理論の意味での均衡として制度を捉えている (Chavance 2007)。

　結果，比較制度分析による補完性概念は，ゲームのプレイヤーたちが，共通の予想に基づいて選択を行う「戦略的補完性 (strategic complementarity)」が先に説明され，後に，経済システムの内部において形成された，均衡として「頑健性」や「普遍性」，そして「複数性」をもつさまざまな制度の間に存在する「制度的補完性 (Institutional Complementarity)」が論じられる。その上で，一つの経済システムに存在する諸制度の間には，制度的補完性が存在するゆえに，その経済システムの強靭さは強められていると指摘する (青木・奥野 1996)。

　また，比較制度分析は，企業組織の構造，雇用システム，コーポレートガバナンス構造，金融システム，そして政治システムの補完性分析に基づいて，資本主義経済システムの多様性を主張したが，その主な対象は，コーポ

---

1) 制度的補完性概念に関しては，青木 (1995, 2001)，青木・奥野 (1996)，Hall and Soskice (2001), Amable (2003), ボワイエ (2004), 宇仁 (2004), Hancke. R, Rhodes. M and Thatcher. A. M, eds. (2007) などにおいて説明されている。

レートガバナンスと金融システム間の補完性分析に基づく日米経済システムの比較であった[2]。

一方，資本主義多様性分析（Hall and Soskice 2001）における制度とは，ある政治経済システムの内部で行為する人々に一連の特有な規範や態度を染みこませる機能を果たす，社会化する機関（socializing agencies）である。つまり，政治経済領域における諸制度は，関連するアクターが，特有な制度の存在により行動が多少とも自動的に予想されるように反応する，制裁とインセンティブのマトリックスとして解釈される（Chavance 2007）。結果，制度的補完性は，ある政治経済が市場的コーディネーションか，非市場的コーディネーションかを規定する基礎的な要素とされる。そして，このような制度的補完性によって，各政治経済システムの中に位置する企業のイノベーションや生産物における比較制度優位がもたらされる[3]。

もっとも，資本主義多様性分析の特徴は，個人，企業，生産者集団，政府など多数のアクターが活動している政治経済領域において，企業を資本主義の決定的アクターと見なす企業中心的政治経済論（firm-centered political economy）である。企業が技術変化や国際競争に直面する主要な調整主体であり，その活動は経済全体のパフォーマンス水準へと集約される（Hall and Soskice 2001）。結果として，制度および諸制度間の制度的補完性は企業が活動する社会的環境として，その行為とパフォーマンスに影響を与える静態的

---

[2] もちろん，青木によって提示された経済システムの多様性は，アメリカモデルと日本モデルだけではない。青木（2001）においては，社会契約的コーポラティズム国家モデルとしてドイツモデルが説明されているし，伝統的アメリカモデルとは違うシリコンバレーモデルも提示されている。

[3] Hall and Soskice（2001）に代表される，資本主義多様性分析においては，現代の資本主義諸経済は，企業の活動を規定する五つの領域，つまり労使関係，職業訓練と教育，コーポレートガバナンス，企業間関係，従業員におけるコーディネート形態の差異から，「自由な市場経済（LME）」と「コーディネートされた市場経済（CME）」に分類される。そして，自由な市場経済は，バイオ・テクノロジー，半導体，ソフトウェア開発のような，ラディカル・イノベーションに適しており，コーディネートされた市場経済は，工作機械や工場設備のような資本財，耐久消費財，動力機，特殊な輸送設備の開発などのような，漸進的イノベーションに適しているとしている。

外部要因として位置づけられている[4]。

2.2　レギュラシオン理論における制度的補完性

上記の二つのアプローチに比べ，レギュラシオン理論における制度の捉え方では，社会的，政治的意味合いがより強調される。ここでの制度は，社会的・分配的コンフリクトをめぐる政治的均衡ないし政治的妥協の産物として存在する（山田 2007）。つまり，あらゆる市場経済において，原点として存在する社会的コンフリクトが，政治領域にまで通じていき，一連の法を生み出し，それが長期的には経済動態に決定的インパクトを及ぼすことになる（ボワイエ 2004）。

レギュラシオン理論における制度分析は，しばしば「五つの制度諸形態」の分析から構成されるが，この五つの制度諸形態の領域の中に見られる，相互依存的な諸制度の総体から国民経済システムを定型化することができる[5]。よって，レギュラシオン理論では，これらの五つの制度諸形態領域における，さまざまな制度的補完性が検証，議論される（例えば，長期雇用（短期雇用）と企業・産業別特殊技能（一般技能）習得と銀行ベースの間接（資本市場ベースの直接）金融システム間の補完性など）。よって，制度的補完性は相異なる諸調整様式の共存を理解するために，そして過去の国民的調整への強い依存を理解するために非常に重要な仮説として位置づけられている（ボワイエ 2004）。

そして，レギュラシオン理論における制度的補完性の捉え方は，制度の階

---

4) これに対し，R. Hancke, M. Rhodes and M. Thatcher, eds. (2007) は，制度の動態的分析や制度的補完性とマクロ的経済動態の関係を考察することで，Hall and Soskice (2001) において展開された資本主義多様性分析に対する，他学派からの批判に答えようとしている。

5) 五つの制度諸形態は，大きくして，賃労働関係，貨幣・金融形態，競争形態，国際体制，国家体制（政治形態）からなるが，制度諸形態領域となると，これらの各制度形態を構成する，下位レベルの制度諸形態を含む。例えば，賃労働関係領域では，労働編成，熟練のヒエラルキー，企業における賃労働者の動員とその配置，直接的・間接的賃金所得の形成，賃労働者の生活様式などが含まれる（Chavance, 2007）。

層性（ヒエラルキー）を強調しているところで，前の二つのアプローチと大きく異なる[6]。制度の補完性は，単に「対等平等」な諸制度の補完関係を意味するのではなく，階層的上位にある制度による下位制度への支配的規定性として，その結果として成立する補完性として理解される。つまり，制度階層性こそが制度的補完性を生み出すのである（山田 2007）。特に，階層性の上位にある制度は，支配的な社会政治勢力の死活に関わる重要な制度であるのが一般的であり，制度階層性に基づいて制度的補完性を議論することは，制度形成・変化における政治的性格を理解するために必要になる（Amable 2003，ボワイエ 2004）。

このようにして，レギュラシオン理論における，制度階層性に基づく制度的補完性がもたらす社会経済システムの多様性分析は，上記の二つのアプローチで示された「二類型」より，さらに多くの類型を検出している。例えば，Amable（2003）は，「社会的イノベーション・生産システム」の概念に基づいて OECD 諸国の実証分析を行い，「市場ベース型」（アメリカ，イギリスなどアングロサクソン諸国），「大陸欧州型」（フランス，ドイツなど），「社会民主主義型」（スウェーデン，ノルウェーなどの北欧諸国），「南欧型」（イタリア，スペイン，ギリシャなど），そして「アジア型」（日本と韓国）という五つの資本主義の類型を提示した。そしてこれは，レギュラシオン学派における──おそらく政治経済学一般における──資本主義多様性論の当面の到達点をなしている（山田 2007）。

2.3　制度的補完性アプローチの中国制度分析への適応

上記のような諸理論が説く制度的補完性の中心的仮説は，「経済システム

---

[6] レギュラシオン理論における制度階層性の序列に関する議論は，フォーディズム時代では，賃労働関係が支配的制度をなし，それと補完関係をなすものとして，競争形態や国際体制が成型されていたことでは一致している。しかし，今日のグローバル時代における階層性の最上位にある制度がなにかをめぐっては，議論が分かれる。例えば，ボワイエは国際体制と競争形態が，アグリエッタは金融体制が，プチは競争形態が，そしてアマーブルや遠山は賃労働関係が階層性の最上位にあると分析している。

は，一組の補完的な諸制度によって特徴つけられるので，ある制度の変化はもともとの制度エリアを越えて，補完関係にある別のエリアにある制度の変化をももたらす」ということである。つまり，局所的な制度変化は制度的補完性があるゆえに，制度的構造の修正は，局所的なものに終わらない(Amable 2003)。その中でも，レギュラシオン理論における制度的補完性は，制度階層性を基礎としており，その制度階層性に基づく制度的補完性議論が，賃労働関係を中心に行われている。

よって，90年代以降の中国における，同じく国家の強力な推進と改革の下で行われた，輸出主導型成長体制とそれを支えた賃労働関係の領域における諸変化の相互関係を解明する上で，レギュラシオン理論は一つの有用な分析道具になる。

中国において制度変化は，しばしば国家レベルでの制度改革によってもたらされる。また，中国におけるほとんどすべての制度変化をもたらす改革の主導者は，明らかに国家（政府）であり，国家体制が中国の制度階層性の頂点にある。制度変化における国家の中心的役割により，中国における制度変化は，比較制度分析のように制度変化を進化ゲーム理論に基づく適応的進化として説明することができない。中国の制度変化をもたらす改革は，国家および政治的リーダーシップによって，ある意図された目標（その最終的目標は明示されていないとしても）に向けて行われているのである。

このような制度変化のプロセスは，レギュラシオン理論が言う，制度変化における階層性構造の役割と政治的なものの役割から説明することができる。つまり，制度変化をもたらす社会諸集団構図のなかで，国家はヒエラルキーの最上位に位置するものとして理解することができる。社会のすべての集団の代表組織としての中国共産党[7]および国家は，制度変化をもたらす全

---

7) 中国の執権政党（中国共産党）が，どのような社会集団を代表しているかを定義するのは難しい。なぜならば，90年代における社会経済システムの変化に伴い，大きく変容しており，中国共産党第16回大会において提出された「三つの代表論」（江沢民，中国共産党第16回大会報告）では，中国共産党はいまや資本家グループも含む，すべての社会階層（それが先進的生産力である限り）の利益を代表する，広範な社会集団の政党として位置づけられているからである。

ての改革を舵取り，その実施における主導権を握っている。

　しかし，国家に主導された総合的・包括的改革であっても，諸制度が有する歴史的な「経路依存性」により，すべてのエリアにおける制度変化が同じ方向に向かって，同じテンポで調和を保ちながら進んでいくとは限らないし，どこかで挫折する可能性さえ十分ありうる（青木1995）。なぜならば，制度的補完性を持っている諸制度の中で，ある一部の制度改革は経済システムの首尾一貫性を損ない，マイナスの効果が生まれる可能性もあるからである。従って，制度改革がプラス効果を生むためには，補完性が存在するすべての制度を同時並行的に変える必要性がある（宇仁2004，ボワイエ2004）。

　このような制度の変化に関する制度的補完性アプローチに基づき，1990年代以降の中国における労働市場制度改革による賃労働関係の変化を分析するにあたり，本章では制度的補完性をもつ，雇用制度，賃金制度および労働者の技能・熟練形成を促す教育訓練システムという，賃労働関係の三つの側面が制度改革によってどのように変化しているのか考察する。すなわち，従来の終身雇用システムと制度的補完性をもっていた，年功序列的な等級賃金制度，企業内および産業内での技能・熟練形成システムがどのように変化しているのか，そして，このような変化に基づく賃労働関係が，90年代以降の産業構造，輸出製品構造の変化にどのように対応しているのか，さらに，政府が進めている産業構造，輸出製品構造のさらなる高度化に適応できるか，などの問題について考察する。

3　賃労働関係の変化と輸出主導型成長

3.1　雇用制度改革と労働力の流動化

　1990年代の国有企業改革に伴い，終身雇用制度は廃止という結末を辿った。特に，97年以降の3年間で約3000万人の公有部門（国有企業，集団企業）の余剰労働力が排出されたことで，期限付き契約雇用形態は非国有企業のみ

ならず，国有企業においても普及するようになった[8]。もちろん，旧計画経済時代からの遺留問題がすべて解決されたわけではないが[9]，終身雇用制度の廃止は，社会において一応受け入れられるようになった。

そして，労働市場へ新規参入する新卒者たちは，従来の「政府が責任を持ち統一的に配属先を決定する（中国語：統包統配）」制度の廃止により，競争的な労働市場において職を探さなければならなくなった。このような雇用制度の改革により，労働力の流動性が拡大され，需給関係のシグナルを発信する労働市場も急速に拡大した[10]。労働者の職業選択，労働力の流動性と企業の雇用，賃金決定における自由度を指標とする労働市場の市場化程度は，改革開放当初の3％から90年代末では70％までに上昇した（劉文君 2004）。

一般的に，労働市場における市場的調整の役割が大きくなることは，「価格調整」の割合が上昇したことを意味し，需給ギャップによって価格（賃金）が変動し，その結果として需給ギャップが解消され，労働力資源の効率的配

---

8) この改革によって排出された余剰労働力を中国語では「下崗工人」と呼んでいるが，本書では「レイオフ労働者」として表記している。しかし，これらのレイオフ労働者は，一般的にアメリカで使われている，選任権とセットとなっているレイオフとは異なる。つまり，中国でのレイオフ労働者は，在籍していた元の企業に戻ることはなく，国家が新設・管理している再就職サービスセンターへ籍を移し，そこから再就職訓練や支援を受けることになっている。そして，アメリカのレイオフとより近い性質の概念として，「一時帰休者」（籍を元の企業に置いたまま，仕事復帰を待つ労働者）という労働者グループが存在するが，そのほとんども漸次的に再就職サービスセンターへ帰結されていた。
9) 国有企業は，1999年末の時点でもなお多くの社会的機能を果していた。例えば，国有企業が抱える小中学校が1.8万カ所あり，生徒数610万人，教職員60万人を抱えている。そして，医療・衛生機関が3700カ所あり，ベッド数は中国医療部門全体の約三分の一を占めていた（塚本 2006）。
10) 一般的に，中国の労働市場は，分断された二つの市場から形成されていると言われている。とりわけ，人材市場（専門学校，大学などの卒業生や専門技能を有する転職者を対象に正規雇用の採用を中心とする，比較的正式な労働市場）とインフォーマルな労働市場（相対的技能レベルが低い，都市部失業者や農村からの労働者を対象にする，非正規雇用者募集を中心とする）である。労働者は，自分の技能レベルに応じて，二つの労働市場において職を探すことになるが，このような分断的労働市場構造は，中国労働者の所得格差をもたらす大きな要因ともなっている。このような分断された労働市場の構造やその弊害については，丸川（2002）が詳しく説明している。

分が行われることになる。しかし，本章での実証が示しているように，中国の賃金上昇に対する労働力の需給ギャップの影響はほとんどない。つまり，中国の労働市場における需給ギャップはあまりにも大きく，賃金の変動によって解消できず，政府の持続的経済成長を通じた雇用創出，再就職訓練の拡大，および自営業の促進，などの労働力需要と供給のマクロ的コントロールに基づく「数量調整」が，労働力需給ギャップを縮小する役割を果たしてきた。

表2-1は，労働力の供給が需要を著しく上回る状況の下，雇用拡大を促進すべく政府が設立，もしくは営業を許可した職業仲介機関における求人数，求職者数および就職者数の推移である。中国の労働市場の全体を説明するものではないが，中国の労働市場における流動性の拡大と労働市場機能が拡大したことを窺い知ることができる。表2-1に示すように，労働市場の規模や流動性は急速に拡大しており，特に2002年以降の増加ぶりが目立つ。

そして，2006年では求人数が求職者数を上回り，労働力の供給が需要を大きく上回っている，という中国労働市場の需給実態とかけ離れた集計結果となっている。その主な原因は，これらの職業仲介機関による職業斡旋の主体が，都市部の新卒者とレイオフ労働者（中国語：下崗工人），登録失業者であり，「農民工」と呼ばれる出稼ぎ労働者はほとんど入っていないからである。さらに，職業や技能レベルにおける需給関係のミスマッチなども多く，実際に就職を果たしているのは約半分程度に止まっている。

さらに，この労働市場に2億人以上とも言われる，都市と農村間，地域間，企業間で頻繁に流動する出稼ぎ労働者[11]を加えると，中国労働市場における流動性が大きく拡大していることがわかるだろう。東南沿海部の輸出産業は，このような供給が需要を大きく上回る労働市場，膨大な出稼ぎ労働者の中で，手先が器用で，長時間労働によく耐え，経営者への抵抗意識が低い若年（16～34歳）女性労働者を選別して雇用してきた。それによって，低賃金によるコストの節約だけではなく，労働生産性の上昇に伴う超過利益も得る

---

11) 中国農業部の報告資料によると，2007年度における出稼ぎ労働者数は，農村を出た労働者が1億2600万人，郷鎮企業に就職している農民が1億5000万人，重複を除き，2億2600万人に達した（2007年度の数字，新華社通信の電子版，2008年8月28日）。

表 2-1　労働市場の発展状況

	職業仲介機構数 （100 社）	求人数 （万人）	求職者数 （万人）	就職者数 （万人）
1995 年	299	1107	1940	1259
2000 年	290	1509	1991	975
2002 年	262	2250	2684	1354
2004 年	339	3565	3582	1838
2006 年	375	4951	4736	2493

注：求職者数と就職者数統計は，レイオフ労働者と再就職者を含む。
出所：『中国統計年鑑』各年版に基づいて作成。

ことができた。

　そして，政府のマクロ的コントロールは，このような労働力の需要の側面における調整だけではなく，農村から都市へ，内陸から沿海部への労働力の秩序ある流動をコントロールすることで，労働力の供給の側面にも及んでいる。たとえば，従来の労働力の自由な移動を厳しく制限していた戸籍制度は大きく変化したが，その規制が緩和されたとはいえ完全になくなってはいないし（特に，北京，上海などの大都市への戸籍移動は未だに厳しく制限されている），戸籍制度に基づく子供の入学に対する制限は，依然として労働力の自由な流動を妨げる大きな要因として働いているのも事実である[12]。このように，供給が需要を大きく上回る中国の労働市場は，政府による様々なマクロ的コントロールによる数量調整の影響の下，一定の秩序を保ちながら拡大していると言える。

　結果的に，1990年代以降の中国における流動的な労働市場は大きく拡大し，第1章で説明したような産業構造，輸出製品構造の変化へ対応してきた。しかし，労働市場における需給関係における基本的な特徴とそれに基づく労働契約における労使間の立場の差異により，中国の雇用システムにおけ

---

12) さらに，社会保障制度における改革のテンポが遅れ，労働者の移動に伴う従来の社会保障費の積立部分の移動が制限されていることなども，労働力の自由な流動を阻碍する大きな要因として働いている。ただし，農業，農村労働者は，もともと社会保障システムに加入していないので，このような社会保障システムの問題とはほぼ無関係である。

る雇用の安定性は大きく低下するようになった。このことは，単に賃金上昇を抑制し，国内消費需要の拡大を制限するだけではなく，労働者個人の技能形成やその家族の教育問題などを通じた労働力の再生産にも影響を及ぼし，結果的にさらなる産業構造，輸出製品構造の高度化と持続可能な経済発展，持続可能な社会発展を制約する可能性があることを意味する。

　つまり，短期的で不安定な雇用関係にある労働者には，技能形成や新知識の習得に投資するインセンティブも経済的余力もなく，産業構造の高度化に対応できず脱落し，社会不安定の要因となる。また，熟練，技能労働者の不足は，産業構造の高度化のスピードを遅らせ，持続的経済発展と産業構造，輸出製品構造の高度化を制限する。

　国有企業改革から約10年後となる2007年に，雇用の安定性を強化すべく，労働契約法が改定され，2008年1月1日から「新雇用契約法」[13]が施行されることになった。

　この新しい雇用契約法の実施は，日本経済新聞（2007年6月29日）が「中国が事実上の終身雇用契約を結ぶように求め，違反した雇用者の賠償金支払いを義務づけた」などと表現されるような，終身雇用制度への回帰ではない[14]。その制定の背景には，中国における雇用契約の締結率が低く，労働契約を結ぶ際に，労働者が不利益を被ることが常態化していることがあった。90年代以降の中国における雇用制度の改革は，労働力の流動性を増加させ，労働市場の拡大をもたらしたが，雇用契約を結ぶにあたり，供給が需

---

13) 中国語の原文は「中華人民共和国労働合同法」（主席令［2007］第65号：6月19日公布，2008年1月1日から実施）である。

14) もっぱら終身雇用契約（雇用期間のない労働契約）を結ぶように求めたのではなく，雇用期間の定めのない雇用契約，雇用期間の定めのある労働契約，及び一定の業務の終了をもって期間とする労働契約の三種類の労働契約のそれぞれにおける定義や労使間の権利と義務を明確にしたものである。久本（1998）が説明した日本の高度成長期に形成されたような「社員化」，「相互信頼的労使関係」の形成を目指していると理解されるべきであろう。ただし，社員化や相互信頼の労使関係の形成において，日本では企業別労働組合の役割に依存したのに対し，中国では国家による政策的指導に依存しているという大きな違いがある。そして，一定の条件の下，法的手続きを経て労働契約を解除することができるとも明記されている（第37条〜41条）。

要を大きく上回る労働市場の構造は，経営者側に有利な労働契約を生みだし，雇用の安定性は著しく低下した。なかには，まともな労働契約さえ結ばない日雇い雇用関係のようなものも多く存在した。

労働条件に関するトラブルや賃金未払いなどの問題が続出している現状に対し，中国政府は労働監査機関など部門の増設と拡充を通じて管理を強化している。2006年の1年間に，労働行政機関の監督の下，1243万件以上の雇用契約が補充締結され，770万人の労働者に対して58億元の未払い賃金が補充支給されていた（中国労働と社会保障事業広報，2006年）。このような雇用契約の不備により労働者の権利が保障されていない状況において，新しい雇用契約法の実施は，侵害されやすい労働者の権利を守り，行き過ぎた雇用の不安定性を修正するものとして，雇用の安定，所得の拡大，熟練の形成などを通じて，更なる産業構造，輸出製品構造の高度化および持続的経済成長に大きな影響を及ぼすと思われる。

3.2　賃金制度改革と賃金決定メカニズム

終身雇用制度から契約雇用制度への移行に伴う労働力流動性の拡大は，従来の終身雇用制度とセットとなって実施されてきた賃金制度における変化をもたらすことになった。すなわち，従来の等級賃金制度が廃止され，成果給（中国語：計件工資），職務給（崗位工資），職能給（技能工資），構造賃金制[15]（結構工資制度）などの多様な賃金制度が企業によって採用されるようになった。これらの賃金制度のなかで，もっとも多く採用されたのが，1990年に登場した労働者の職務内容と職務能力を勘案し決定される「職務職能賃金制度（崗位技能工資制度）」である。

職務職能賃金制度は，構造賃金制の一つであるが，従来の等級賃金制度がボーナス（奨励金）のみが業績連動で，インセンティブ要因であったのに対し，基本給部分が職務内容や技能レベルによって決められることで，労働者の熟練形成，能力向上，昇進努力を促すインセンティブ要因として働くよう

---

15) 基本給＋年功給＋各種手当＋効率給からなる複合賃金制度を指す。

になった[16]。結果，このような賃金制度における変化が，労働力の流動化を促進することになり，雇用制度の変化と賃金制度の変化は，相互促進的に推進されていた。

しかし，前述したように，労働市場における労働者の供給が需要をはるかに上回っている中国において，賃金決定を市場（企業）にゆだねることは，賃金上昇を抑制することにつながる。特に，戸籍制度改革や農業の労働生産性上昇に伴い東南沿海部に流入し，労働集約的な輸出産業の重要な担い手となっている膨大な数の出稼ぎ労働者の存在は，東南沿海部における輸出主導型企業の賃金上昇を妨げる[17]。さらに，中国には経営者から完全に独立した労働組合が存在せず，賃金の団体交渉に関する法規制は近年に制定，実施されたばかりである。とりわけ，賃金決定における労働組合の存在，役割に基づく制度的調整の影響はかなり小さい。

このような状況の下でも，中国の労働者の平均賃金が上昇し続けたのは，主に政府による国家的調整の結果であると考えられる。つまり，中国の賃金決定は，市場的調整（アングロサクソン型諸国）や制度的調整（大陸ヨーロッパや北欧諸国，日本など）の影響は小さく，政府主導による国家的調整に基づいている。これらの市場的調整，制度的調整，国家的調整の各々の影響を考察するために，中国における賃金関数を推計して，その結果を表2-2に示す。

まず，省単位の賃金調整メカニズムを明らかにするために，省別の名目賃金上昇率を被説明変数とし，省別の労働生産性上昇率，求人倍率，消費者物価上昇率を説明変数とする回帰分析を各年毎に行った。その結果を(1)に示す。省別データに基づく賃金関数の推計結果を見ると，定数項はほとんどの年において有意であるが，それ以外の説明変数の係数が有意でない年が目立つ。

省別労働生産性変化率は，国有企業改革が本格的始まった97年を除き，

---

16) しかし，丸川 (2002) は2000年代以降，賃金制度における職務職能賃金制度への収斂傾向は低下しており，賃金制度における多様化（企業別分化）がますます進んでいるという。

17) 関 (2002) は，東南沿海部の加工貿易産業に雇用された労働者の賃金は，90年代の10年間においてほとんど上昇しなかったことを説明している。

第2章　賃労働関係の変化と輸出主導型成長　71

表 2-2　中国の賃金関数

(1)　省別に見た賃金関数　　　　　　　　　　　　　　　　　　　（被説明変数は省別賃金上昇率）

	定数項	省別労働生産性上昇率	省別求人倍率	省別物価上昇率	R^2
1997	−0.05	1.1*	0.03	2*	0.419
1998	0.143*	0.158	−0.004	0.08	0.018
1999	0.071*	0.116*	0.03	1	0.21
2000	0.067*	0.167*	0.035	−0.05	0.211
2001	0.124*	0.062	0.033	1*	0.212
2002	0.094*	0.223	−0.01	−0.8	0.064

(2)　東南沿海部における賃金関数　　　　　　　　　　　　　　　（被説明変数は省別賃金上昇率）

	定数項	省別労働生産性上昇率	省別求人倍率	省別物価上昇率	R^2
97–99	0.105*	0.089	0.004	−0.3	0.09
00–02	0.119*	0.091	0.009	0.01	0.03
97–2002	0.101*	0.096	0.022	−0.23	0.08

(3)　マクロレベルから見た賃金関数（1985年～2002年）　　　　（被説明変数は全国賃金上昇率）

	定数項	全国労働生産性上昇率	全国失業率	全国失業率変化幅	全国物価上昇率	再就職サービスセンターダミー	R^2
1	0.065*	0.278*	−0.009		0.88*	0.07*	0.725
2	0.061*	0.313*	−0.002		0.72*		0.619
3	0.038*	0.217*		−0.008	0.89*	0.04*	0.691
4	0.054*	0.27*		−0.02	0.79*		0.658

注：労働生産性は実質 GDP を正規労働者（職工）数で除した値．失業率は公表失業者数にレイオフ労働者数を加算した値を使用した．再就職センターダミー変数は1998年から1とした．＊は係数が有意であることを示す．R^2 は自由度修正済み決定係数である．
出所：中国国家統計局『中国統計年鑑』1985年～2002年各年版に基づいて作成．

省別賃金に対する影響は非常に小さく，労働生産性上昇率の約一割だけが賃金上昇に反映されているにすぎない．市場的調整の変数としての省別の求人倍率は，省別賃金に対してほとんど影響がない．そして，制度的調整の変数としての省別の物価上昇率は，97年と2001年というインフレの年には賃金への影響が大きいが，他のデフレの年ではほとんど影響が見られなかった．

また，定数項の値はかなり大きく，97年以外の年ではすべて有意である．このことは98年以降，賃金上昇は，省別の要因ではなく，全省に共通して

作用する要因によって決められていたことを示唆する。1997年だけは，省別の労働生産性上昇率と省別の消費者物価上昇率が省別の賃金上昇に強く影響していた。

(2) 表は，輸出主導型成長の担い手である東南沿海部の10省だけを取り出して上記と同じ回帰分析を行った結果である。データの不足を補うため，3年間のデータをプールして回帰分析を行った。この推計結果においても定数項以外のすべての説明変数の係数が有意ではない。(1) 表と同じく，全省に共通する要因が東南沿海部の賃金決定にも強く影響していることが分かる。

そして(3) 表は，全国のデータを用いて時系列(1985～2002年)で推計した賃金関数である。説明変数の組合せを変えて4通りの推計を行った。4通りの推計のいずれにおいても決定係数が比較的高い。全国に共通して作用している要因であるマクロ的労働生産性上昇率，全国の物価上昇率，再就職サービスセンターダミー係数のすべてが有意である。また，失業率，失業率の変化幅は有意ではなく，係数の値も小さい。つまり，失業率は賃金変化に対してほとんど影響しないことがわかる[18]。

結局，表2-2によると，中国の賃金に関して，市場的調整の役割と，省レベルの制度的調整の役割は，インフレ期における賃金の物価スライドを除いてはかなり小さく，主に国家レベルでの制度的調整が強く作用していると言える。とりわけ，労使間の交渉と妥協に基づく生産性インデックス賃金上昇[19] が見られず，企業レベルや，産業レベルでの制度的調整の役割も小さ

---

18) 市場的要因としての求人倍率，失業率などが賃金調整にほとんど影響していないのは，「戸籍制度を基礎にした都市労働市場と農村労働市場の分断」，および「供給が需要を大きく上回る非熟練労働市場と供給が需要を大きく下回る高熟練—人材市場の分断」などの労働市場全体における分断構造が影響している可能性がある。また，公表される失業率は，都市部失業者(政府の人事管理部門に失業登録をしている者のみ)だけに関する統計である。それを補うため，本書ではレイオフ労働者数を加算して計算しているが，それでも労働市場の実態とかなり乖離があることを示している可能性もある。

19) 生産性インデックス賃金とは，労働者がテーラー主義的労働編成(構想と実行の分離)を受け入れる代わりに，生産性上昇益の分配を受ける，という労使妥協に基づく賃金

いことを示唆する。賃金はマクロ的労働生産性上昇率，マクロ的物価上昇率をベースに国家レベルで調整されていると思われる[20]。

　伊藤（1998）においても，同じような結論が得られている。伊藤は90年代の中国賃金構造と賃金上昇の関係に対する分析で，賃金構造における手当・補助金の割合が高い部門（例えば，金融・保険，科学研究，衛生体育・社会福利，教育・文化・芸術，政府機関など）の平均賃金は相対的に上昇し，賃金構造におけるボーナスと超過出来高賃金の割合が高い部門（例えば，製造業，建築業，商業・飲食業など）の平均賃金は相対的に低下したと言う[21]。

　つまり，政策的な裁量によって調整される部分と見なされる手当・補助金の割合が高い部門の賃金上昇が，一般的に生産活動に直接関連した産業における，生産性上昇の成果などの結果と見なされるボーナスと超過出来高賃金の割合が高い部門の賃金上昇を上回ったことは，賃金決定メカニズムにおける政策的裁量，すなわち，国家的調整の役割が大きいことを表している。国家の失業対策として構築された再就職サービスセンターダミーの係数がすべて有意であるのもまた，賃金変化における国家レベルでの制度的調整が市場的調整の作用を制限していることを説明してくれる。

　賃金決定において，国家的調整の果たす役割が大きいことの背景には主に，次のような二つの要因があると考えられる。第一に，近年の単位労働者（中国語：職工）の賃金総額に占める国有部門の割合は低下しているが，同労働者数の割合の低下率に比べると，その幅はかなり小さい。つまり，国有部門

　　決定方式である。この資本・労働間妥協は，フォーディズムという大量生産と大量消費体制を生み出した最も重要な制度的要因であった（フォーディズムに関しては，終章を参照）。
20）表2-2によると，賃金上昇の生産性上昇インデクセーションはわずか1～2割くらいであった。各年の労働生産性上昇率の賃金への影響はこのように小さいが，労働生産性上昇率の長期的平均が，賃金上昇に反映していると解釈することもできる。なぜなら定数項の4～6％という値は労働生産性上昇率の長期的平均である11.9％の一部分として理解できるからである。
21）伊藤（1998）によると，95年の全産業平均賃金と比較して20％以上高い産業は，電力・ガス・水道，金融・保険業，不動産業，交通運輸・通信，科学研究等である。逆に，全産業平均より20％以上低い産業は，農林水産業，商業・飲食業であり，製造業も全産業平均より6％低かった。

の労働者数が単位労働者全体に占める割合は1985年の70％から2004年の25％まで，45％ポイント低下したが，同賃金総額の割合は1985年の76％から2004年の63％まで，13％ポイントしか低下していない。国有部門の賃金は，いまだに単位労働者賃金総額の6割以上を占めており，国家の賃金決定における主導的地位は変わっていない。

　第二の要因は，賃金制度全般において中央と地方の巨大な労働行政部門が指導，管理を行っていることである。その一つの制度的措置が，1997年1月に公布された賃金上昇幅をコントロールする「賃金指導ライン制度」である[22]。各地方政府は，毎年，当地域の経済成長率，物価水準，労働力市場状況等を勘案して賃金総額比率を作成し，労働と社会保障部に提出する。そして，労働と社会保障部の許可を経て，当地域の労働保障行政部門が実施に当たる。各企業の賃金上昇率は，当企業の業績に応じて，政府指導の範囲内で決められる。しかし，「賃金指導ライン制度」が国有セクターに対しては拘束力をもつものの，確実に増加している非国有セクターに対しては大きな役割を果たせない。政府は増加し続ける外資企業，私営企業などにおける賃金を規制する為に，労働市場の賃金水準をコントロールするさまざまな制度を打ち出している[23]。

　このように，中国の賃金決定（上昇）においては国家的調整の役割が大きく，制度的調整の役割はほとんど観察されなかった。先進国で行われている労働組合を通じた団体賃金交渉には，地域別・産業別賃金交渉と企業別賃金交渉があるが，この団体交渉のパターンにおける違いは，賃金交渉パターンと制度的補完性がある雇用制度や労働者の技能形成システムに影響を与え，その国の産業構造や輸出製品構造の変化に大きな影響を及ぼす（Hall and

---

22) 最低賃金水準に関する規定と異なり，職別，産業別賃金の適正水準に関する規定である。原文は，『一部地域における賃金指導ライン制度の試験的導入に関する通知』（中国語：「関于印発『試点地区工資指導線制度試行弁法』的通知」，中国労働と社会保障部発布，1997年1月）である。
23) 例えば，『労働力市場における賃金指導価格の構築に関する通知』（中国労働と社会保障部発布，1999年），『業種別賃金コスト情報の指導制度の構築に関する通知』（中国語：関于建立行業人工成本信息指導制度的通知」，中国労働と社会保障部発布，2004年12月）などがある。

Soskice 2001, Amable 2003)。つまり、地域別・産業別賃金交渉制度は、一般的に長期雇用制度と補完関係にあり、また産業別特殊技能の育成制度と補完関係にある。このような賃労働関係における制度的補完性は、高熟練を要する製品や高品質製品での比較優位をもたらす傾向がある。一方、市場での労働力の需給による賃金決定は、短期雇用制度、一般的技能の育成制度と補完関係にあり、このような制度的補完性は、標準化された製品やハイテク製品での比較優位をもたらす傾向がある。

中国における団体賃金交渉制度は、1996年に試験的に導入され、賃金決定における制度的調整がはじまった。そして、2000年の「団体賃金交渉試行方法」と2005年の「団体賃金交渉の更なる推進に関する通知」などにおいて、明文化され施行されている[24]。その内容を見ると、企業別の労働組合と経営者との賃金交渉を地方の労働行政部門が指導、サポートすることが中心であった。2005年の「通知」では、はじめて小規模企業の集積地域、もしくは同じ産業の集積地域においては地域別、産業別賃金交渉を積極的に行い、地域別、産業別賃金交渉制度を構築することを推進しており、企業別の賃金交渉制度のみならず、地域別・産業別賃金交渉制度の構築もはじまった。

これからも長い間、労働力の供給が需要を上回ることが予測される中国において、制度的調整の手段として団体賃金交渉が拡大すること、そして、このような地域別・産業別団体賃金交渉が、外資系企業や輸出産業が集積している東南沿海部地域で先行的な事例として見られていることは、従来の東南沿海部における低賃金コストが産業構造、輸出製品構造の高度化を妨げていた状況を改善する可能性がある。さらに、団体賃金交渉を通じて生産性上昇に応じて賃金が上昇すると、生産性上昇の成果が労働者に配分されること

---

24) それぞれの原文は、『団体賃金交渉を試験的に導入する方法』(中国語:「工資集体協商試行弁法」、社会保障部令、2000年第9号、11月8日)、『団体賃金交渉をさらに推進することに関する通知』(中国語:「関於進一歩推進工資集体協商工作的通知」、労働部発、2005年第5号、2月22日)である。そして、外資系企業に関しては、1997年の労働部が公布した「外資系企業における団体賃金交渉の指導意見」がある。また、地方政府のものとしては、2008年の上海市政府が公布した「2008年に団体賃金交渉を推進することに関する通知」があるが、それによると、上海市の労働組合を有する非公営企業の約60%において団体賃金交渉を行うことを目標としている。

で，結果的に国内消費需要の拡大につながり，成長体制の転換にも役立つと考えられる。

3.3 労働者の技能形成システムの変化

これまで，雇用制度と賃金制度の改革と実態について考察した。先にも述べたように，これらの二つの制度は，労働者の技能形成システムと密接な関係がある。すなわち，長期雇用，産業別・地域別労働組合の存在と中央集権的団体賃金交渉は，産業別特殊技能などの特別技能形成が中心の教育・職業訓練システムと補完的であり，短期雇用，市場での需給による賃金決定（労働組合の団体賃金交渉能力が限定的，もしくは無い）は，一般的技能形成が中心の教育・訓練システムと補完関係にある[25]。よって，雇用制度，賃金制度における変化は，技能形成システムにおける制度的変化を引き起こす。しかし，このような変化は，個々のエリアで自己完結的に行われることが多く，頑健性をもつ全体的な制度構造にならないこともある。その場合は，さまざまな調整が必要であるが，中国においては国家による改革という形で行われるのである。

表2-3は，中国における各種学校数と在学学生数の推移である。1995年までは，高校レベルでの専門技能形成を中心とする職業高校を通じた職業教育[26]の発展が著しかったが，1995年以降の10年間では，一般的技能形成

---

[25] 日本は，企業別労働組合，OJTによる企業別特殊技能形成システムを有しているが，団体賃金交渉は，「春闘」の形骸化が進んでおり，団体賃金交渉が分散化している。今のところ，日本のおける技能形成システムが変化したとは結論付けられないが，近年の非正規雇用者数の増加を見ると，従来の技能形成システムに属する労働者（コア労働者，若しくは正社員）数が低下しているのは確かであろう。久本（2003）は，近年の日本における雇用形態の多様化や流動性増加が，企業や労働者に及ぼすマイナス影響を縮小させるためには，「多様な雇用から多様な正社員」への転換が必要であるとし，多様な働き方，多様な正社員が存在する日本の将来を描いている。

[26] 本章における職業教育に関する論述は，学校（職業高校，中専，技工学校を含む）中心の中等職業教育であり，企業内訓練を中心とする職業教育や職業訓練センターを中心とする，失業者，レイオフ労働者の再就職をサポートする職業訓練や生涯教育の観点に基づく職業訓練を含まない。

表 2-3　中国における一般教育と職業教育の推移

	学校数（単位：所）				在学学生数（単位：万人）			
	一般教育			職業教育	一般教育			職業教育
	大学	高校	中学	高校・中学	大学	高校	中学	高校・中学
1985 年	1016	17318	75903	8070	170	741	3965	230
1990 年	1075	15678	71953	9164	206	717	3869	295
1995 年	1054	13991	67029	10147	291	713	4658	448
2000 年	1041	14564	62704	8849	556	1201	6168	503
2005 年	1792	16092	61885	6423	1562	2409	6172	626

出所：『中国統計年鑑』2008 年版に基づいて作成。

を中心とする一般高校・大学教育を通じた一般教育の伸びが大きい。

　中国における職業教育のほとんどは，高校生レベルで行われている。図 2-1 は，高校生レベルの教育における職業教育の割合の推移を示している[27]。1995 年を境に，職業専門学校数，学生数の全体に占める割合は，大きく低下し，最近ではピーク時の約半分程度となっていることがわかる。1990 年代以降，終身雇用制度から契約雇用制度への転換，年功序列的な等級賃金制度の廃止と多様な賃金制度の導入を通じた労働力の流動化が進んでいるなか，賃金・雇用制度と強い制度的補完性をもつ労働者の技能形成メカニズムも大きく変化したことを表している。

　雇用促進と社会安定（義務教育を終えた後，すぐ社会に出ることは，若年失業者の増加をもたらし，社会の不安を引き起こす可能性がある）の観点から 80 年代以降推進されてきた，「2000 年までに中等職業教育における生徒数を全体の約半分の水準にする」という職業教育の目標は，市場メカニズムによる衝撃のもと，90 年代の半ばに挫折してしまった（劉文君 2003）。つまり，90 年代の社会主義市場経済システムの構築に伴う学歴社会の形成や，一人っ子政策の実施による親の子供に対する期待値の上昇など，さまざまな変容による影響があるが，なによりも雇用の流動化と不安定性の増加に伴う，労働者の

---
[27] 中国統計年鑑（2007）によると，2006 年の中学生レベルでの職業教育の割合は，約 1％程度であった。

(単位:%)

```
——— 職業専門学校シェア    ……… 職業専門学校生シェア
```

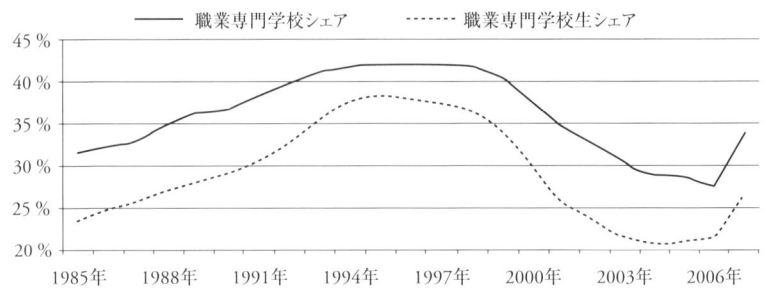

図 2-1 中国における職業教育の変遷

出所:『中国統計年鑑』2008 年版に基づいて作成。

一般的技能形成への投資マインドの変化による影響が大きいと思われる。

とりわけ，労働者個人にとっても，終身雇用制度が廃止され，雇用における不安定性が増しているなか，産業や企業に特有な技能の習得よりは，転職に有利な一般的技能へ投資するインセンティブが強くなり，人々は高校・大学教育による一般的技能の習得を選好するようになった。このような労働者の技能への選好の変化は，中国における教育システムの変容をもたらした。さらに，国有企業改革に伴って企業（もしくは産業＝企業の主管部門）が，付属する専門・技工学校の経営から撤退したこととも相まって，従来の産業別・企業別技能形成システムが後退し，高校や大学教育を通じた一般教育システムへ大きくシフトした。

そして，第 1 章で説明した産業構造，輸出製品構造の変化が，労働力の技能に対する企業側の要求を変化させ，労働力需要における変化をもたらしている。つまり，同じく労働集約型産業であっても，ミシンを回す縫製作業に必要な技能と，組立ロボットを操作する作業に必要な技能は異なる。また，同じく加工組立の単純作業に従事する労働者であっても，玩具を組み立てる作業と，コンピュータを組み立てる作業に必要な知識と技能は異なる。すなわち，産業構造と輸出製品構造の高度化は，高度化に適応できる知識と技能をもつ労働力の需要を拡大させ，中国における教育システムにおける大学教育の拡大に伴う高学歴化をもたらしている。

図 2-2 は，ここ 20 年間の中国における就業者増加数に対する新規大卒者

第2章 賃労働関係の変化と輸出主導型成長 | 79

(単位:%)

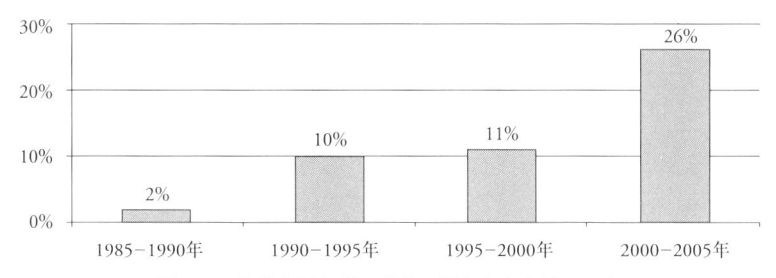

```
30%                                              26%
20%
              10%        11%
10%      2%
 0%
   1985-1990年 1990-1995年 1995-2000年 2000-2005年
```

図 2-2 就業者増加数に対する新規大卒者数の比率
注:大卒者は,四年制大学と大学レベルの専門学校(中国語:大専院校)卒業者の合計。
出所:中国国家統計局『中国統計年鑑』2008年版に基づいて作成。

数の比率を示している。新規大卒者のすべてが職業について,就業者増加数となることにはならないため(特に2000年代以降は大卒者の失業が大きな社会問題となっている),就業者増加数に占める大卒者数の割合として見なすことはできない。ただし,新規雇用の増加に比べて,新規大卒者数の増加のスピードが大きく,社会全体,就業者全体の学歴構成が大きく上昇したことは言えるだろう。

そして,外資系企業においても,輸出規模が拡大するにつれ,企業規模もますます大きくなり,低賃金を目当てにする加工組立製造部門だけが中国に進出していた状況にも大きな変化が現れた。近年ではR&D部門の現地化から,マーケティング部門,さらに本部業務まで中国に移して,厖大な潜在消費市場に企業の未来を賭ける企業も少なくない(木村他2002)。よって,ホワイトカラー・スタッフ要員の需要が急速に増大し,中国の教育システムもこのような需要の拡大と共に急速に変容している。

これまで,中国の労働市場における様々な制度改革に伴う賃労働関係の変化について,雇用関係,賃金決定メカニズム,技能形成システムを中心に,制度的補完性の観点に基づいて説明した。政府による東南沿海部,そして労働集約型輸出産業を「成長の拠点」とする経済発展戦略の下,賃労働関係は,その発展戦略を支えるために,終身・長期雇用制度から契約・短期雇用制度へ移行し,従来の等級賃金制度が多様な賃金制度へ変容した。そして,労働組合を通じた団体賃金交渉も拡大しつつあり,一部産業・地域では生産

性インデックス賃金調整も見られるようになった。さらに，雇用制度と賃金制度と補完性をもち，産業構造，輸出製品構造による労働力の需要変化に対応する形で，中国における労働者の技能形成，教育システムも大きく変容してきた。

これまでの分析と 2000 年代以降の中国政府が掲げる産業構造，輸出製品構造との関係を見てみると，1990 年代以降の産業構造の変化と賃労働関係の変化は，循環的な補完関係を形成しつつあるように思われる。

近年，産業構造の高度化と輸出製品構造の高度化が重要な政策的課題として注目され，それに向けた科学技術振興策や外資政策，貿易政策が打ち出されている。特に，2006 年からの「第 11 次 5 カ年規画」では，自主革新による産業技術の発展を促進し，産業構造の高度化を図る為の政策が多く盛り込まれた。そして，輸出製品構造の高度化，高付加価値化を促す為に，加工貿易における国内加工程度の深化，外資誘致における業種・技術の選別，外資優遇政策の見直しなどに関する政策が設けられた。そして，2007 年 10 月の中国共産党第 17 回大会では，「革新型国家」（中国語：創新型国家）への転換に向けた産業構造の高度化が重要な課題として位置づけられた。

しかし，本章の分析に基づくと，労働力供給が需要を大きく上回る状況下で，雇用を流動化して賃金決定を市場にゆだねると，結果として，雇用は不安定になり，賃金は低水準となり，政府が推進している産業構造，輸出製品構造の高度化を妨げる可能性がある。したがって，現在進行中の労働市場制度改革の中には，新しい産業構造と輸出製品構造の高度化に適応するための一連の変化が含まれている。それは，雇用関係においては，安定性を向上させるべく実施されている 2008 年からの新しい「雇用契約法」であり，賃金制度においては，企業別労働組合を通じた企業別団体賃金交渉だけではなく，東南沿海部を中心に地域別，産業別団体賃金交渉が少しずつ見られるようになったことである。

そして，雇用関係の安定性や生産性インデックス賃金上昇は，労働者の技能形成に対する投資を助長し，労働者全体の学歴構造を高学歴化させる。また，社会人大学（Adult Undergraduates and College）教育における学生数も著しく増加し（2007 年における在学生数が 524 万人であり，10 年前の 272 万人の 2

倍近くに増加した），2004年を底に高校レベルにおける技工学校などの職業学校の学生数も増加に転じている，など教育訓練システムにおいても多くの変化が起きいる。

これらの新しい変化が，中国におけるさらなる産業構造，輸出製品構造の高度化に対する影響に関しては，これからも密接に注目していく必要があると考えられる。

4　結　　論

本章では，1990年代以降の輸出主導型成長と産業構造，輸出製品構造の変化と相互依存，相互促進関係にある賃労働関係の変化を検討した。とりわけ，第1章で説明した90年代以降の中国における輸出主導型成長と産業構造の変化が，それに適応する賃労働関係の変化をもたらし，労働市場制度改革を通じた賃労働関係の変化が，輸出主導型成長と産業構造のさらなる高度化を促す相互促進的な関係を明らかにした。

これらの雇用制度，賃金制度，教育訓練システムなどの賃労働関係における諸変化は，ともに国家による労働市場制度改革の結果として現れたものではあるが，諸制度が有する歴史的経路依存性や諸制度間に存在する制度的補完性により，それらが必ずしも同じ方向に向けて，同じテンポで進んでいるわけではない。一方で，これらの賃労働関係における諸変化の中から，現在政府が進めている産業構造，輸出製品構造のさらなる高度化に適応すべく，新しい変化もみられている。

本章の結論は，以下のような四点にまとめることができる。

第一に，終身雇用制度の最終的廃止と流動的な労働市場の構築は，産業構造の変化に伴う労働力の産業間移動を可能にし，外資系企業をはじめとする東南沿海部の輸出企業が，生産量に応じて柔軟に労働者を雇用したり，余剰労働者を放出したりすることを可能にしている。特に，農村余剰労働力の都市部進出に関する規制が緩和され，大量の農村労働者が沿海開放地域に流入したことは，輸出主導型産業に安価な労働力を提供した。しかし，この過程

で中国における雇用の安定性は著しく低下した。

　第二に，賃金決定システムにおける，政府・企業から独立した労働組合の不在や団体賃金交渉制度が完備されていないことから，生産性インデックス賃金上昇のような先進国では一般的な制度的調整はみられず，外資系企業は労働力の供給が需要を大きく上回る労働市場において，低賃金労働者を制約されることなく雇用することが可能であった。賃金の決定において，依然，国家によるマクロ的調整（公的部門の賃金上昇や最低賃金制度，地域別指導賃金ライン制度など）を中心としていることから，国内財部門，内陸部の国内企業より高い労働生産性を達成している，外資系企業を中心とする東南沿海部輸出産業は，超過利潤（相対的付加価値に基づく）を得ていると考えられる。

　第三に，産業構造の変化や雇用制度，賃金制度の変化に伴う，労働者の技能形成メカニズムの転換 ── 従来の専門・技術学校（国有企業や主管部門が経営していた）を通じた企業・産業別の技能形成から，高校・大学教育を通じた一般技能形成へのシフト ── は，外資系企業中心の東南沿海部の輸出産業が比較的レベルの高い労働力を雇用することを可能にした。そして，産業構造と輸出製品構造の高度化，および外資系企業の中国における経営戦略，業務内容の変化と，労働者全体の学歴構造の向上（限定的ではあるが）は同時進行している。

　第四に，労働市場制度改革は，企業の短期雇用のインセンティブを高めることになる。つまり，雇用に関する社会的コストの増加を嫌う一部の外資系企業にとっては，長期雇用と企業・産業特別技能形成に伴うコスト増を避け，短期雇用を志向し，一般的技能レベルに基づく産業への経営資源集中を促す可能性がある。また，低賃金コストに基づく競争優位が維持できる場合，製品や生産プロセスのイノベーションを促す圧力は弱い。結果として，低賃金は，さらなる産業構造，輸出製品構造の高度化を妨げる要因となる可能性がある。

第3章

1990年代以降の
成長体制＊

1　はじめに

　中国経済は1992年の社会主義市場経済システムへの転換を機に，新しい成長段階に入った。表3-1は90年代の経済パフォーマンスを示したものである。GDPは90年代を通じて高い成長を謳歌したが，後半の成長率は前半に比べると，かなり低下している。90年代前半では，急速な経済成長を背景に，投資が活発に行われ，投資需要は年率13％の水準で上昇した。後半では，「不足経済」から「過剰経済」への本格的な転換を受け，年平均投資成長率は前半より3％ポイント以上低下している。

　雇用においては，国有企業改革が本格的に行われた97年以降，製造業の雇用成長率は大幅に低下した。非国有部門の雇用増加，第三次産業における雇用の拡大によって，全体としては上昇しているが，失業率は大きく上昇した[1]。物価は前半では年率10％以上の高いインフレ状態であったが，後半

＊　本章は，宇仁宏幸（京都大学）と権廣賢（韓国雇用情報院）との共同研究の一部として，宇仁が構築した基本モデルを使って，1990年代における日本とアメリカ（宇仁担当），韓国（権廣賢担当），中国（筆者担当）の成長体制を検証したものである。

1）　実際のところ，中国の失業規模はこれだけに止まらない。今もなお多く存在する企業内部の余剰労働者が2000万〜4000万人，農村の潜在的失業者1億5000万人を含めると，失業問題はさらに深刻である。

表 3-1 90年代のマクロ経済パフォーマンス　　　(年率,単位：%)

	1992-1997 年	1997-2002 年
実質 GDP 成長率	11.5	7.9
実質非住宅投資成長率	13.4	10.2
製造業雇用成長率	1.1	-2.9
第一次,三次産業雇用成長率	3.2	2.3
失業率	4.8	6.1
GDP デフレータ変化率	10.1	-0.6
消費デフレータ変化率	12.4	-0.3

注：本章の分析において1997年を分岐点としたのは，中国産業連関表が1992年，1997年，2002年に作成されていること以外に，1997年が，中国製品市場における需給関係の逆転が本格的にはじまった年であること，国有企業の余剰労働力の大量放出が始まった年でもあること，また，97年以降の社会・経済システムの発展方向を決めた中国共産党第15回大会が行われた年であり，中国の社会経済体制における大きな転換点であると考えられるからである。そして，失業率の推計範囲は都市部登録失業者と一時帰休者およびレイオフ労働者である。
出所：中国国家統計局『中国統計年鑑』各年版，『中国産業連関表』1992年，1997年，2002年版，中国労働と社会保障部『労働と社会保障事業発展統計広報』各年版に基づいて作成。

では一変してデフレに転じている[2]。毎年約8％の経済成長が続いているなかで，失業率は増加し，物価が下がり，デフレであるという異例な状況である。

　本章では，労働生産性上昇と需要成長との相互規定関係を描いたKaldor (1966, 1970) の「累積的因果連関」という考え方とBaumol (1967) の二部門成長モデルをベースに，日本と米国の成長体制の変化を考察した宇仁 (2007a) のモデルを用いて，90年代の中国における需要変化と労働生産性変化の相関関係を考察する。つまり，投資財と消費財部門との間の労働生産性上昇率格差にも注目しながら，生産性上昇と最終需要上昇の変化により，90年代中国の経済成長体制がどのように変化したかについて検討する。

　本章の2ではまず，本章の分析枠組みとなるボーモルの二部門成長モデルにおけるマクロ経済成長パフォーマンスと累積的因果連関に関する説明を要約し，それをベースに，90年代の中国成長体制を概括する。3では，宇仁のモデルに基づいて，中国の「需要レジーム」を定式化し，1992～1997年（以下「90年代前半」と呼ぶ），1997～2002年（以下「90年代後半」と呼ぶ）の二

---

[2] 年度別に見ると，98年が-2.3％，99年が-2.2％，2002年が-0.2％であり，そのほかの年は，約1％の上昇であった。

つの時期に分けて推計を行う。そして，90年代の諸制度変化が「需要レジーム」に及ぼす影響を説明する。4では，中国の「生産性レジーム」を定式化し，3と同じ区分で中国の生産性レジームを推計する。そして，同じく諸制度変化が「生産性レジーム」に及ぼす影響を説明する。最後の5では結論をまとめ，90年代の中国成長体制の特徴と問題点を指摘する。

2 二部門成長モデルと累積的因果連関構図

2.1 二部門成長モデルとマクロ経済成長

　Baumol（1967）の二部門成長モデルは，部門間の労働生産性上昇率格差と雇用の変化，産出量（最終需要）の変化，そしてマクロ経済成長との関係について説明している。一般的に，労働生産性上昇率の格差が存在する経済において，最終需要の部門構成が変化しない場合，雇用は次第に生産性上昇率が低い部門に集中していき，マクロ経済成長率は低下していく。つまり，マクロ経済成長を維持するためには，労働生産性上昇率が高い部門の雇用を維持，もしくは拡大し，需要を拡大しなければならない。その構図を簡単にまとめると，表3-2のようになる。

　そして，表3-3は90年代中国経済の部門別の状況を示したものである。消費財部門と投資財部門の間には大きな労働生産性上昇率の格差が存在する。また，90年代前半では投資財部門の労働生産性が消費財部門の労働生産性より高い伸びを示していたが，後半では，両者が逆転している。そして，投資財需要成長率は，90年代全般を通じて消費財需要成長率より大きいが，後半は前半に比べて大きく低下している。労働生産性上昇と需要成長率の関係から言うと，90年代前半は，表3-2のケース2に相当し，年率11.5％のGDP成長として現れる。そして，後半は表3-2のケース1に相当するので，GDPの年平均成長率が前半の11.5％から7.9％へと低下している。

　中国経済は97年以降，消費財部門の労働生産性上昇率が投資財部門のそれを大きく上回るようになった。価格変化は，前半の高いインフレから，後

表 3-2　ボーモル・モデルの二つの典型的ケース

	ケース 1		ケース 2	
	部門 1	部門 2	部門 1	部門 2
労働生産性上昇率	＋＋＋	＋	＋＋＋	＋
最終需要実質成長率	＋＋	＋＋	＋＋＋	＋
雇用変化率	－	＋	0	0
マクロ経済成長率	減少		不変	

出所：宇仁（2007a）。

表 3-3　90 年代中国の部門別成長率　　　　（年率，単位：％）

	1992-1997		1997-2002	
	消費財	非住宅投資財	消費財	非住宅投資財
労働生産性上昇率	8.9	10.3	11.1	6.5
最終需要実質成長率	9.8	13.4	9.9	10.2
価格変化率	12.4	8.9	－0.4	0.2
名目賃金変化率	17.4		13.1	

注：労働生産性は宇仁（2007a）と同じ手続きで算出した。労働者数は，中国国家統計局の産業別就業者数のデータ，名目賃金は正規雇用労働者（職工）のデータである。
出所：中国国家統計局『中国投入産出表』1992，1997，2002 年版，『中国統計年鑑』各年版に基づいて作成。

半では両部門とも安定し，全体としては緩やかなデフレとなっている。そして，投資需要成長率は前半に比べて低下したが，消費需要の成長率は横ばいである。雇用に関しても，表 3-1 で示したように，投資財産業が属している製造業の雇用が低下し，第一次，三次産業の雇用は増加しているので，投資財産業から消費財産業への雇用移動が起きたと考えられる[3]。次項ではまず，このような変化の背景となる，マクロ経済環境について説明しておこう。

3）もちろん，この産業間の雇用移動には，製造業内部に含まれる資本財生産部門から消費財生産部門への雇用移動も含まれている。

2.2 「不足経済」から「過剰経済」への転換

1980年代後半からの急速な経済成長の中で形成されてきた過剰生産能力が供給過剰をもたらし，中国は90年代の半ばに「不足経済」から「過剰経済」へ転換した（中兼2002，大橋2005）。改革開放以降，国民所得の増加に伴い，消費需要は確実に拡大したが，消費需要の拡大を背景に企業の設備投資需要が大きく拡大し，生産能力が急速に増大した。また，郷鎮企業をはじめとする非国有経済の急成長も設備投資需要を含め，総需要の拡大を引き起こすと同時に，市場における供給能力を大きく拡大させた。結果，厖大な過剰生産能力が蓄積され，96，97年を境に，家電製品市場をはじめ，生産過剰問題が顕在化し，価格が低下しはじめた（丸川2002，張2006）。

生産過剰は，主に設備稼働率の低下と在庫品増加から説明できる。1995年の工業センサスの発表によると，主要工業製品のうち，84％の製品生産における稼働率が80％を下回っている。その代表例が家電製品であり，家電製品産業の稼働率は60％を下回っていた（中国1995年第三次全国工業センサス資料集）。また，全産業における90年代前半の在庫品増加率を見ると，毎年9％以上拡大した（中国投入産出表1992年1997年）。

しかし，このような過剰生産能力の蓄積とは裏腹に，総需要成長率は90年代半ばから低下していく。表3-1と，表3-3で示したように，90年代後半においても，雇用は増加し，実質賃金上昇率も前半より大きい（約2.5倍）。しかし，90年代後半の国有企業改革と賃金雇用制度の改革に伴い，賃金上昇の恩恵を受ける正規雇用が低下し，失業者が増加したことにより，雇用の安定性は大きく低下した。そして，農民所得の伸び率が低く，都市部との格差が徐々に拡大した。このような，経済の先行きに対する不安要因が拡大した結果，賃金所得が増加したにもかかわらず，消費需要の上昇は抑制されたと考えられる。賃金上昇が消費需要の拡大をもたらし，総需要増加を通じて経済成長を促すためには，単なる賃金上昇だけではなく，雇用制度，社会保障制度，金融制度など，関連する諸制度のバックアップが必要であることを示唆している。

図3-1は，90年代の価格変化と工業部門の利潤率変化を示したものであ

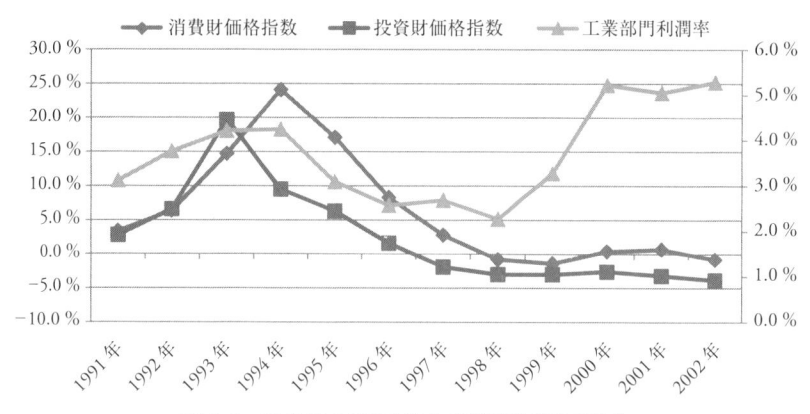

図 3-1　90 年代の価格変化と工業部門利潤率変化

注：左縦軸が価格変化率，右縦軸が工業部門利潤率を示す。
出所：中国国家統計局『中国統計年鑑』各年版に基づいて作成。

るが，投資財価格は 94 年から，消費財価格は 95 年から低下しはじめた。そして，価格上昇率の低下を受け，企業の利潤率も 95 年から低下していく。このような 90 年代半ばからの需要成長率低下と利潤率低下により，企業の業績は急激に悪化した[4]。特に，国有企業部門の業績悪化は「ソフトな予算編成」を通じて，国有企業に大量の資金を供与してきた金融部門の不良債権の増大をもたらし，金融制度改革の契機となった。そして，金融制度改革による貸出審査が厳しくなったことを受け[5]，90 年代後半の投資需要成長率

---

[4] 中国工業部門の平均利潤率（利潤総額／販売収入）は，きわめて低く，経済成長率が 14％であった 92 年においても 6％の水準であった。2 桁成長であった 90 年代前半の年平均は 4％台であったのが，90 年代後半に経済成長率が 1 桁になると，年平均 2％台へ低下した。そして，国有部門の利潤率は更に低く，前半の約 3％から後半の約 1％へ低下した。国有企業の利潤率は 97 年からの国有企業改革により，大量の余剰労働力を切り捨て，不採算企業を閉鎖，民営化した結果，99 年から回復する（中国統計年鑑 2005 年）。

[5] 95 年からの「経済のソフトランディング」を目指す金融引き締め，そして，金融機関の独立性強化と不良債権拡大の防止を目指した金融改革は，金融機関の企業に対する貸出基準を厳しくし，非金融企業部門における投資需要の成長率を低下させる要因となった（樊綱 2003）。

は低下した。それに加え，97年のアジア通貨危機により，輸出需要の順調な増加も抑制された。

つまり，過剰な生産能力の蓄積と国内，国外需要を含む総需要の低下は，製品市場における価格低下をもたらし，企業の利潤を圧縮した。そして，企業の業績悪化は金融部門の不良債権を拡大させ，銀行貸出の低下をもたらす。その結果，投資需要が抑制され，90年代後半の成長体制は大きく変化した。

2.3　累積的因果連関の構図

ボーモル・モデルによると，マクロ経済成長率が低下しないための必要条件は，労働生産性上昇率が高い部門の需要成長率が大きいことである。このことは，カルドアの累積的因果連関という概念に基づいて捉えると，当該商品に関して，労働生産性上昇が需要成長を促す効果，および需要成長が労働生産性上昇を促す効果が，ともに大きいことを意味する。このような循環を簡単にまとめると，図3-2が示すようになる。

Boyer (1988) は労働生産性上昇から需要成長に至る経路を「需要レジーム」，需要成長から生産性上昇に至る経路を「生産性レジーム」と呼び，それぞれを表現する関数をマクロ経済モデルから導出し，この二つの関数の変化に基づいて，成長体制の転換を説明している[6]。一般的に，成長する経済においてはこのような累積的因果連関が作用しているが，各国の経済成長体制はすべて同じではない。

その原因は，累積的因果連関の各段階に影響を与える制度諸形態の違いによって，需要レジーム関数と生産性レジーム関数が大きく異なるからである。特に，国有企業の割合が依然高く，国家的調整が多く行われている中国においては，このような成長体制に対する制度の影響が，他の国に比べてはるかに高い。これらの諸制度が中国の成長体制に及ぼした影響については，

---

6) Boyer (1988) のモデルは一部門のマクロモデルである。労働生産性上昇率の部門間格差を伴う2部門モデルにおける需要レジーム関数と生産性レジーム関数の導出については，宇仁 (1998) においてなされている。

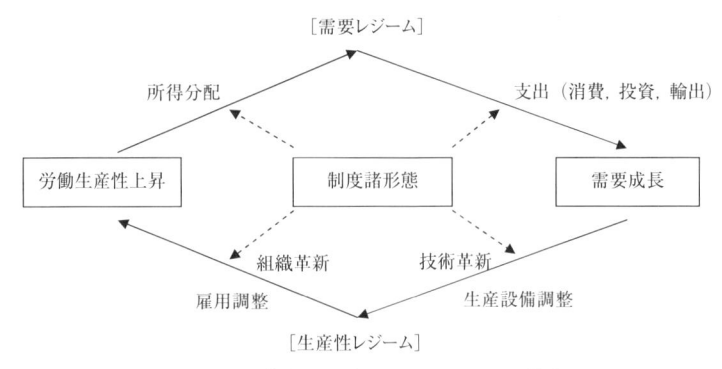

図3-2 累積的因果連関における4つの段階
出所:宇仁(2007a)

各レジームの推計段階において別々に説明することにする。

これからは，90年代における中国の成長レジームのなかで，大きく変化した投資財部門に焦点をあて，宇仁(2007a)において展開された二部門モデルをベースに投資財の需要レジーム関数と生産性レジーム関数を推計する。

3　需要レジームの定式化と推計

まず，宇仁(2007a)の需要レジームのモデルを概括し，次に90年代の前半と後半における需要レジーム関数の推計を行う。そして，需要レジームの変化をもたらした制度的要因を検討する。

3.1　需要レジームの基本モデル

投資財部門（具体的には機械製造業と建設業）における需要合計 Y_1 は，企業の設備投資 I に加えて，家計による機械の消費と住宅建設の合計 C_1 と，機械の輸出 E_1 からなる（これらはすべて実質値とする）。

$$Y_1 = I + C_1 + E_1 \tag{1}$$

単純化のために，第 i 財の価格 p_i は，その財の垂直的統合労働投入係数 v_i

に均等賃金率 w を乗じ，さらに，その財の利潤マークアップ $(1+m_i)$ を乗じた値であると仮定する。

$$p_1 = v_1 w (1+m_1) \tag{2}$$
$$p_2 = v_2 w (1+m_2) \tag{3}$$

投資財価格を P_1，経済全体の利潤所得合計を Π とし，利潤所得の貯蓄率（利潤所得に占める投資額の割合）を s で表す。

$$p_1 I = s \Pi \tag{4}$$

また，賃金所得のすべてと利潤所得のうち投資されない部分は消費されると仮定する。そして，これらの可処分所得全体に占める機械消費と住宅投資の合計額の割合を β で表し，総労働量を L で表す。

$$p_1 C_1 = \beta [wL + (1-s)\Pi] \tag{5}$$

(4), (5) 式から

$$I + C_1 = (\Pi/p_1)[(1-\beta)s + \beta/\pi] = [(p_1 Y_1 + p_2 Y_2)\pi/p_1][(1-\beta)s + \beta/\pi]$$
$$= (Y_1 + p_2 Y_2/p_1 [(1-\beta)s\pi + \beta]) \tag{6}$$

ここで，$\pi = \Pi/(\Pi + wL)$ は利潤シェアである。Y_2 は消費財の需要合計である。

垂直的労働統合投入係数の低下率，すなわち労働生産性の上昇率 ρ_1，ρ_2 を次のように表す。また，マークアップ率の変化率における部門間格差を Δ で表す。以下，ハット記号を付した変数は，その変数の変化率を表し，バーを付した変数は，その変数の期間平均を表す。

$$\rho_1 = -\hat{v}_1 \tag{7}$$
$$\rho_2 = -\hat{v}_2 \tag{8}$$
$$\Delta = \widehat{(1+m_1)} - \widehat{(1+m_2)} \tag{9}$$

(2), (3) 式を変化率に変換して，w を消去したうえで，(7)-(9) 式を代入して整理すると，次の式が導かれる。

$$\hat{p}_1 - \hat{p}_2 = \rho_1 - \rho_2 - \Delta \tag{10}$$

(1)式を変化率に変換して，(6)，(10)を使うと，投資財の需要成長率 g_1 は次のようになる。

$$\begin{aligned} g_1 = \hat{Y}_1 &\cong \delta\,(\widehat{I+C_1}) + (1-\delta)\hat{E}_1 \\ &= \delta\,[(1-\sigma)g_1 + \sigma(\rho_1 - \rho_2 - \Delta + \hat{Y}_2) + \overline{(1-\beta)s\pi + \beta}\,] + (1-\delta)\hat{E}_1 \end{aligned} \tag{11}$$

ここで，$\delta = (\bar{I} + \bar{C}_1)/\bar{Y}_1$，$\sigma = \overline{Y_2 p_2}/(\overline{Y_1 p_1} + \overline{Y_2 p_2})$ である。

また，可処分所得全体に占める機械消費と住宅投資の合計額の割合 β は90年代全般においてほぼ不変である[7]。β が不変である場合，次の式がなりたつ。

$$\overline{(1-\beta)s\pi + \beta} = \tau(\hat{s} + \hat{\pi}) \tag{12}$$

ここで，$\tau = \overline{(1-\beta)s\pi} / [\overline{(1-\beta)s\pi} + \bar{\beta}]$ である。

そして，消費財部門の労働量を L_2 とすると，

$$\hat{L}_2 = \hat{Y}_2 - \rho_2 \tag{13}$$

(12)，(13)式を代入して(11)式を整理すると，

$$g_1 = z\delta\sigma\rho_1 + z\delta\sigma\hat{L}_2 + z\delta\tau\hat{s} + z\delta\tau\hat{\pi} - z\delta\sigma\Delta + z(1-\delta)\hat{E}_1 \tag{14}$$

ここで，$1/[1-\delta(1-\sigma)]$ である。

(14)式が投資財部門の需要レジーム関数である。この需要レジームの傾きは $z\delta\sigma = \delta\sigma/[1-\delta(1-\sigma)]$ であり，明らかに，$0 < z\delta\sigma < 1$ である。δ は，投資財の全需要に占める国内需要の割合であり，(14)式の右辺第1項は生産性上昇益の国内配分が投資財需要に及ぼす効果を表す。切片は5つの項からなる。

各項の意味は次の通りである。(14)式の右辺第2項は，消費財部門の労働

---

[7] 中国の90年代における家計（農村部では純収入，都市部では可処分所得）に占める耐久財消費と住宅投資は，農村部では12％前後，都市部では6％前後であった。つまり，都市部と農村部における格差は大きいが，割合はほとんど変化していない。

量増加が投資財需要に及ぼす効果を表す。右辺第3項と第4項はそれぞれ，利潤所得の貯蓄率変化と利潤シェアの変化が投資財需要に及ぼす効果を表す。第5項は，マークアップ率変化の部門間格差が及ぼす影響である。(10)式を見ればわかるように，例えば投資財部門のマークアップ率の変化が消費財部門のそれを上回ったとすると，その分だけ，生産性変化率格差に応じた投資財の相対価格の低下率が小さくなる。これは投資財需要に対してマイナスの影響を及ぼす。第6項は海外需要の変化が投資財需要に及ぼす効果を表す。

これらのうち多くの項は，経済全体の所得分配や支出構造に依存する値である。つまり，需要レジーム関数は，マクロ経済というレベルで作用する需要成長率と労働生産性上昇率との間の制約関係を表す。国有経済のシェアが依然として高く，経済成長に対する国家の影響力が大きい中国において，経済指標は市場的要因以外の多くの要因の影響も受けているため，次に述べるように，需要レジームはさらに複雑になる。

3.2 価格変化を伴う需要レジームモデル

需要レジームの基本モデルは，独立的投資関数や消費関数，および輸出関数を導入せず，需給一致式の恒等式展開だけによって需要レジーム関数を導いたものである。しかし，(14)式の右辺の第2項以下のパラメータの中には，労働生産性変化と価格変化に反応する可能性を持つものがいくつか含まれているかもしれない。特に，前節で述べたように，90年代後半の中国においては，「不足経済」から「過剰経済」への転換により，製品価格が低下し，企業利潤が低下していた。

その結果，銀行部門の不良債権増加を背景に行われた金融制度改革により，企業の投資需要は大きく抑制された。そして，企業業績の改善を目的とする国有企業改革に伴う雇用安定性の低下や失業者の増加により，消費需要の拡大も抑制された。つまり，90年代後半の価格低下は総需要の変化に大きな影響を与えていたので，需要レジーム関数における価格変化の影響を勘案しなければならない。

しかし，表3-3で示したように，90年代前半と後半の間の消費需要の変化は小さかった。そして，家計消費支出に占める機械消費と住宅投資の合計額の割合 β の値も，90年代を通じて顕著な変化がないと考えられる。その原因の一つが，長期にわたる社会主義計画経済システムにおいて，住宅は国家および企業から分配されるもので，中国の家計調査における住居費用には，耐久財消費と家賃，住宅内装・改装費用だけが含まれており，住宅購入費用は含まれていないことが多いからであると思われる。1998年の都市部住宅制度改革に伴い，住宅分配制度は終了したが，従来の統計システムはまだ変わっていない。

そして，90年代後半からの不動産開発ブームに代表されるように，都市部では住宅の購入が確かに拡大している。しかし，家計の住宅取得能力（新築物件価格／世帯当たり年間可処分所得）から見ると，中国の住宅価格はかなり高いし，（2004年は9.1），上昇し続けている。商品住宅は中低所得家計には手の届かないものである（劉2005）。また，2004年の新築分譲物件数は約350万戸で，都市部世代数約1.5億の3％にも満たないこと，住宅購入の多くが富裕層による投資目的の購入であったことなどを考えると，少なくとも90年代において住宅投資が一般家計消費支出に占める割合が増大したとは言いにくい。

実際，耐久財消費と住宅投資の合計が民間消費全体に占める割合も，1992年が18.1％，1997年が18.5％，2002年が19.7％であり，90年代後半において，少し上昇したが，それほど大きな増加ではないので，本章では90年代においては β の本格的上昇はまだ起きていないとみなす。

そして，90年代の中国における価格変化が投資需要の変化に及ぼす影響を検討するために，以下のような投資関数を推計してみた。

$$g_k = b_0 + b_1 y + b_2 r + b_3 p_1 \tag{15}$$

ここで，被説明変数は国有工業部門（資源採掘業，製造業，エネルギー生産供給業）の非住宅固定資産投資ストックの変化率 g_k であり[8]，説明変数は

---

8) ここでは，陳・橋口（2004）のデータを使用した。$K_t = (1-d_t)K_{t-1} + I_t$，$d_t$ は減価償却

GDP 成長率 y，国有工業企業の利益率（利潤総額／販売総額）r，固定資産投資価格指数 p_1 である。

データの制約から，1991 年からの 2000 年までしか計算できないが，推計結果は下記の通りである（括弧内の数値は t 値である）。

$$g_k = -0.021 + 0.024y - 2.48r - 0.079p_1 \qquad R^2 = 0.567 \qquad (16)$$
$$\quad (-0.07)\ \ (1.78)\ \ (-1.29)\ \ (0.69)$$

推計結果をみると，GDP 成長率の係数が有意に近いが，価格変化率の係数と利益率の係数は有意ではない。推計期間が短く，データが国有工業企業だけに限定されているため，推計結果を完全に信認することはできないが，国有企業の投資決定は企業の収益状態とは関係なく，マクロ経済成長率の変化を勘案して行われている可能性があることを示す。

これは，次項で取り上げる表 3-4 で示すように，90 年代前半の企業部門の「利潤率変化の効果」と「貯蓄率変化の効果」の符号が逆であり，前半から後半に向けて，利潤率が低下したにも関わらず，投資率は増加している需要レジーム関数の推計結果と一致している。つまり，投資財価格の変化は企業の投資決定に対する直接影響は見られないが，企業利益の低下を通じて，金融機関の不良債権を拡大させ，銀行貸出が低下したことによって，投資需要が低下する，という間接的な影響として現れている。

次に，90 年代の価格変化が輸出需要に及ぼす影響を考察してみよう。輸出需要の実質成長率 $\hat{E}_1$ は，次の式に示すように，相対価格（当該国製品のドル建て価格 εp_1 と国際価格 p_w との比）の変化率と，国際市場規模の伸び率 $\hat{W}$ に依存する。a_1，a_2 はそれぞれ輸出需要の価格弾力性と所得弾力性を示す定数，ε は為替レートである。

$$\hat{E}_1 = a_1 (\widehat{p_w/\varepsilon p_1}) + a_2 \hat{W} = a_1 (\hat{p}_w - \hat{\varepsilon} - \hat{p}_1) + a_2 \hat{W} \qquad (17)$$

宇仁（2007a）の日本に関する推計では，日本の輸出財の相対価格は短期的には大きく変化するが，長期的なトレンドは存在しない。変動相場制の下で

率である。

は，日本製品の円建て価格の国際価格に対する相対的低下は，為替レートの上昇により相殺されるので，中長期的には，購買力平価説が成立している。つまり，$\hat{E} \cong a_2 \hat{W}$である。

しかし，中国の場合，為替レートは管理フロート制（実質上の固定相場制）の下，輸出促進政策の一環として，政府によって低く設定されており，98年以降（2005年7月まで）ではほとんど変化していない。実際に，中国の輸出価格指数をp_1[9]，IFSのアジア（中国を除く）輸出価格指数をp_wとし，相対価格$(\hat{p}_w - \hat{\varepsilon} - \hat{p}_1)$を計算すると，90年代前半では年率平均$-8.7\%$，後半では$-2.2\%$である。つまり，前半では，人民元の対ドル為替レートの大幅な切り下げにより，後半では競争相手より更に大幅な輸出価格の低下により，中国の相対輸出価格指数は90年代を通じて低下した。相対価格変化が大きい場合には(17)式は次のように変化する。

$$\hat{E}_1 = a_1[(\hat{p}_w - \hat{\varepsilon} - \widehat{(1+m_1)} + \hat{w})] + a_1 p_1 + a_2 \hat{W} = \hat{E}_0 + a_1 p_1 \qquad (18)$$

ここで，$\hat{E}_0 = a_1[(\hat{p}_w - \hat{\varepsilon} - \widehat{(1+m_1)} + \hat{w})] + a_2 \hat{W}$である。

(18)式を(14)式に代入すると，需要レジーム関数は次のように変化する。

$$g_1 = [z\delta\sigma + za_1(1-\delta)]\rho_1 + z\delta\sigma\hat{L}_2 + z\delta\tau\hat{s} + z\delta\tau\hat{\pi} - z\delta\sigma\Delta + z(1-\delta)\hat{E}_0 \qquad (19)$$

そして，1993年から2004年の間の中国における，輸出財需要の変化に対する相対価格変化と国際市場規模変化の影響を分析するために，以下のような輸出関数を推計した。なお，98年以降，中国の為替レートが不変であったことが輸出財の相対価格の変化に与えた影響を考慮し，説明変数の第三項に固定為替レートのダミー変数Mを加えた。ダミー変数は，99年から1とした。

$$\hat{E} = -0.103(\hat{p}_w - \hat{\varepsilon} - \hat{p}_1) + 1.61\hat{W} + 0.07M \qquad R^2 = 0.72 \qquad (20)$$
$$\quad (-1.65) \qquad\qquad\qquad (3.67) \quad (2.04)$$

---

[9] 1995年からは中国物価年鑑各年版の公表データを，公表が行われる前のデータは，中国海関の内部資料（宇仁ほか，2003を参照）を使用している。

ここで，p_w は IFS のアジア（中国を除く）輸出価格指数，p_1 は中国輸出価格指数，$\hat{W}$ は IMF-IFS の世界輸入総額の実質増加率である。そして，括弧内の数値は t 値である。

推計結果から分かるように，中国の輸出財需要の価格弾力性は小さく，所得弾力性は大きい。中国の輸出は低付加価値製品が中心で，低賃金コストを武器としており，価格競争力は格段に強い。つまり，中国の輸出需要変化は輸出価格変化より，海外需要変化の影響をより多く受けていることがわかる。そして，固定為替レートのダミー係数も有意であり，符号がプラスであることは，政府による為替レートの調整が，輸出需要の拡大に寄与していることを示す。(20) 式に基づく，需要レジーム関数は表 3-4 の最後の行に示されている。

3.3 需要レジーム関数の推計

上記の二つのモデルに基づいて，90 年代中国の需要レジーム関数を推計し，結果を表 3-4 に示す。需要レジームの中身は 90 年代の前半から後半にかけて変化している。

(1) 90 年代の前半と後半において，「輸出需要変化の効果」は共に大きい。これは第 1 章と第 2 章で説明したように，90 年代以降の中国経済成長において輸出が大きな牽引役となっていたことを説明する。この間，中国は東南沿海部を中心に推進されてきた輸出促進政策のもと，国内財に比べ高い輸出財の労働生産性上昇率（約 2 倍），低く設定された為替レート，安い賃金を武器に，安価な製品輸出地となっていた。輸出需要の 90 年代平均伸び率は 21％であり，国内財の需要成長率のそれを大きく上回るものであった。また，輸出に占める機械製品の割合も，90 年代を通じて上昇し続け，92 年の 10％弱から 2002 年では 39％を占めるようになった。

そして，価格変化を見ると，90 年代前半では輸出財の価格上昇率は投資財，消費財より低く（年率で約 2％上昇），90 年代後半の輸出財の価格低下率はより大きい（年率で約 6％低下）。また，相対輸出価格変化の効果を分離すると，輸出需要変化の効果は大きく低下し，需要レジーム関数の切片を小さ

表 3-4 需要レジーム関数の推計結果

	1992-1997	1997-2002
$z\delta\sigma\rho_1$：生産性上昇益の国内配分の効果	0.64	0.56
$z\delta\sigma\hat{L}_2$：雇用量変化の効果	0.7%	0.6%
$z\delta\tau\hat{s}$：貯蓄率変化の効果	−2.1%	0.3%
$z\delta\tau\hat{\pi}$：利潤シェア変化の効果	3.0%	0.3%
$-z\delta\sigma\Delta$：マークアップ率変化の部門間格差の効果	1.3%	2.3%
$z(1-\delta)\hat{E}_1$：輸出需要変化の効果	11.4%	10.5%
需要レジーム関数	$0.64\rho_1 + 14.3\%$	$0.56\rho_1 + 13.9\%$
相対輸出価格変化の効果を分離した需要レジーム関数	$0.60\rho_1 + 8.4\%$	$0.51\rho_1 + 7.7\%$

注：δ，σ，τ，$\hat{L}_2$は出所に記載した産業連関表から計算した。Δは表3-3に記載した部門別労働生産性上昇率と価格変化率から計算した。$\hat{E}_1$は出所に記載した産業連関表から直接5年間の実質変化率を計算した。$\hat{s}$，$\hat{\pi}$は中国統計年鑑の国民経済計算における非金融企業部門の貯蓄率と利潤率の年次データを計算し，さらに変化率を計算した。
出所：中国国家統計局『中国統計年鑑』各年版，『産業連関表』1992, 1997, 2002年版に基づいて作成。

くしている。すなわち，90年代の為替レート調整と価格調整に基づく相対輸出価格の低下は，輸出財部門における労働生産性上昇の成果を海外へ漏出させ，労働生産性上昇益の国内配分の効果を低下させた。その結果として，需要レジーム関数の傾きが低下したと考えられる。

(2) 「マークアップ率変化の部門間格差の効果」が大きくなった。表3-3で示したように，90年代後半において，投資財部門と消費財部門の労働生産性上昇率の格差が前半よりかなり大きくなっており，価格変化率の格差は小さくなっている。(10)式から分かるように，マークアップ率の部門間格差は，労働生産性上昇率の格差から価格変化率の格差を引いたものであるから，その値は前半より大きくなる。前節で説明したように，中国経済は90年代半ばに，不足経済から過剰経済へ転換した。物価は全体的に低下するが，消費財価格の低下率は投資財価格の低下率より急激であった。

90年代後半における国有企業民営化と民間企業の急速な発展に伴い，国民経済における国有企業の割合は急速に低下していた。しかし，投資財部門と消費財部門における国有企業の割合は同じペースで低下したのではな

い[10]。96年以降の大型国有企業に対する国家的経営を維持し、中小型国有企業に対する民営化を進めたこと（中国語：抓大放小）により、規模が比較的小さい消費財部門の国有企業は民営化を余儀なくされた。しかし、伝統的に規模が大きく、国民経済の根幹をなしている投資財部門の多くの企業は民営化されていないし、これからも長い期間、国家による管理は維持されるものと考えられる。また、民営企業の参入も投資財部門の初期投資が厖大な資金を必要としていることから、比較的に参入しやすい消費財産業へ集中している。結果、国有企業の価格支配力が維持されている投資財市場と、価格形成がより需給変化の影響を受ける消費財市場間のマークアップ率変化に格差が生まれ、価格変化率の格差として現れた。

(3) また、「利潤シェア変化の効果」と「貯蓄率変化の効果」も変化した。

まず、90年代前半の「利潤シェア変化の効果」と「投資率変化の効果」の係数は逆になっている。90年代前半までは、国有企業の占める割合が大きかった故に、企業には「ソフトな予算編成」が一般化しており、企業の投資決定が利潤とは無関係に行われていた構図を窺わせる。90年代後半では、両変数が同じくプラスとなり、これまでのような「ソフトな予算編成」が、国有企業割合の低下とともに縮小した結果であると思われる。

次に、90年代の前半から後半へ向けて、利潤シェア変化の効果は低下しているが、貯蓄率変化の効果が上昇している。先に述べたように、利潤率の低下を受けて、投資需要は低下するが、政府が拡張的マクロ政策を採用し、インフラ建設を始めとする国家主導の投資需要を大きく拡大したので、総需要は維持されたことになる（樊鋼 2003）。これは、利潤シェアの低下による需要低下の影響を補うものではあるが、収益状態を無視した効率の低い投資が増加したことも意味する。

(4) 「雇用量変化の効果」は小さく、ほとんど変化していない。

---

10) 1997年から2002年までの五年間、工業企業全体に占める国有企業割合の変化を見ると、消費財部門に占める国有企業の割合が年率15％のペースで低下したのに対し、投資財部門の低下率は10％であった（中国統計年鑑1998年版、2003年版）。

3.4 需要レジームの変化をもたらした制度的要因

(1) 所得分配と賃金決定システム

労働生産性上昇から需要成長に至る経路は，所得分配と支出という二つの段階から構成されている（図 3-2）。所得分配とは労働生産性上昇の成果の配分であるが，それは賃金上昇によって労働者に分配されるか，利潤上昇として企業側に分配されるか，それでも価格低下を通じて消費者に分配させるかのような選択肢がある。このような選択肢をめぐって，どちらに多く分配されるかは当時の制度的要因の影響を受ける。特に，賃金制度に関わる諸要因の影響を受ける。

表 3-3 で示したように，90 年代後半では労働生産性上昇のスピードは低下しているが，90 年代を通じて，中国の労働生産性は大きく上昇した。部門別年平均上昇率は，消費財が 10％，投資財が 8％，輸出財が 18％であった。このような労働生産性上昇の成果に関して，先進国では労働組合と企業側が賃金交渉の場において，利潤と賃金への分配率を決定する。しかし，第 2 章で説明しているように，中国では労働組合を通じた企業別団体賃金交渉制度は，はじまったばかりであるし，産業別団体賃金交渉も個別的な事例としてしか存在しない。中国では，労働分配率の低下が労働者生活水準の低下，そして，消費需要の低下が総需要低下に影響しないように，政府がマクロレベルでの労働生産性上昇率，物価上昇率を勘案して，賃金上昇率を国家的に調整してきた。

実際，90 年代の賃金は国家的調整の下，マクロ的労働生産性上昇成果の分配を受け上昇し続けた。しかし，賃金水準が上昇しても，賃金総額が生産額に占める割合は低下しているので，高い労働生産性上昇は賃金上昇を完全にカバーしても余る程度の水準であったと篠原（2003）はいう。つまり，賃金は国家的調整によって上昇するが，その上昇率は労働生産性上昇率より低く設定されており，労働生産性上昇の成果は企業側により多く分配されていることになる。

(2) 支出と制度変化

需要レジームの第二段階は，労働生産性上昇の分配結果である所得の支出

であり，支出は消費，投資，輸出からなる。

まず，金融制度改革が投資需要変化に対する影響を見てみよう。95年の「中国人民銀行法」，「中国商業銀行法」の実施にはじまる金融制度の改革は，銀行の独立性と自立性を大きく向上させた。特に96年以降，金融リスクの予防と不良債権の拡大を抑制するための様々な措置[11]が導入され，融資に対する審査が厳しくなった。その結果，銀行の「貸し渋り」が生じ，貸出伸び率は急速に低下し，それまでの20％以上から一気に10％以下にまで低下した。このような，銀行部門の不良債権抑制策としての金融制度改革が，国有企業の「ソフトな予算編成」を難しくし，国有企業改革の契機になったことは評価に値する。しかし，デフレ環境の下，企業利潤が低下し，内部保留による投資資金が不足している企業部門が，銀行の貸出削減に直面したことは，民間企業部門の投資需要の低下をもたらした。

また，内需拡大政策と国有企業改革の一環として，98年から実施された「都市部住宅制度改革」は，国有企業の負担を軽減し，企業収益を拡大させる効果はあるにしても，内需拡大に対する効果には大きな疑問が残る。なぜならば，前節で説明したように，商品住宅の価格は極めて高い。新しい住宅を購入するためには，住宅ローンを利用するか，長年貯蓄をするかによって，巨額の資金を拠出しなければならないので，家計の当面の消費を抑える効果をあわせ持つからである。

4 生産性レジームの定式化と推計

図3-2で示したように，需要成長から生産性上昇に至る「生産性レジーム」は，技術革新などを通じた生産設備の調整と，組織革新などを通じた雇用調整の二つの段階から構成される。

一般的に，需要の増加は産出の増加をもたらし，産出成長は生産設備量の

---

11) 代表的措置として，行政処分といった形で銀行の各レベルの融資担当者に対して個人責任を追及する「終身的融資責任制」の導入が挙げられる。

増加と労働量増加を必要とする。短期においては，労働時間を延長して既存設備の稼働率を高める方法，などで雇用増加と設備増加を行わずに，産出量を増加させることも可能である。しかし，長期的に見ると産出量の増加は，設備の増加，そして雇用の増加を必要とすることが多い。

しかし，必要設備量と労働量の比例関係はその時代の技術レベル，制度的要因などによって決められる。つまり，技術の発展テンポが速いほど，労働需要の伸びは低く，労働制度における雇用保障制度が厳しいほど，技術による労働の代替が進まないと考えられる。ここではまず，宇仁（2007a）で展開された生産性レジームのモデルを要約し，次に中国の生産性レジーム関数を推計する。そして，制度的変化に注目しながら，90年代前半と後半における生産性レジーム関数を比較する。

4.1 生産性レジームのモデル

上で述べたように，産出量の増加は生産設備の増加を必要とするが，設備投資に伴って，生産設備そのものが質的に変化していく。産業革命，IT革命などに称される技術変化は生産設備の質を劇的に変化させ，商品1単位当たりの生産に必要な労働量を低下させる。つまり，新規生産設備の投入は必要労働量を低下させるので，産出量に対する必要労働量の弾力性 η_n は1より小さいと考えられる。

$$\hat{L}_n = \eta_n g - \phi_n \qquad (0 < \eta_n < 1, \phi_n > 0) \tag{21}$$

$\phi_n > 0$ となる理由は，産出成長率がゼロである場合でも，寿命の尽きた設備の更新が行われなければならない。このような設備更新を通じて導入される新規設備は，新しい技術を採用しており，既存設備より質が高いので，必要労働量が節約できるからである。これが，生産性レジームの第1段階 —— 生産設備調整である。

次に，生産性レジームの第2段階 —— 雇用調整について考える。生産量の増加に伴う必要労働量の増加は，雇用量と労働時間の調整を含む。しかし，労働時間の調整には当然限界があり，一時的に有効な措置に過ぎないので，

以下では捨象する。残る雇用の調整であるが，雇用は労働者の生活と直接結びついているので，経営者の裁量で自由に変えられる変数ではない。雇用量が産出量の変化に応じて変化する雇用の弾力性は，一国における雇用保障に関する諸制度の影響を受ける。中国では長い間，国有企業雇用に代表されるような終身雇用制度が雇用制度の中心であった。97年以降，国有企業改革により，大量の余剰労働力が排出されたが，終身雇用の伝統は今もなお多くの部分で存続している。このような場合，産出量に対する実際の雇用弾力性 η は (21) 式における弾力性 η_n より小さくなる。

$$\hat{L} = \eta g - \phi \qquad (0 < \eta < \eta_n < 1, \quad \eta/\phi = \eta_n/\phi_n) \qquad (22)$$

ここで，$\eta/\phi = \eta_n/\phi_n$ となる理由は，雇用変化率がゼロの場合は，制度による変化抑制効果もゼロであるからである。労働生産性上昇率を ρ とすると，定義により，$\rho = g - \hat{L}$ である。これを (22) 式に代入すると，労働生産性上昇率と産出成長率との関係は次のようになる。

$$\rho = (1 - \eta)g + \phi \qquad (0 < 1 - \eta < 1, \quad \phi > 0) \qquad (23)$$

これが生産性レジーム関数である。生産性レジーム関数の傾きは $(1 - \eta)$ である。

4.2 生産性レジーム関数の推計

上記の生産性レジームモデルに基づいて，中国の90年代の生産性レジーム関数を90年代前半と後半に分けて推計し，その結果を表3-5に示す。需要レジーム関数と同じく，ここでも90年代において比較的大きく変化した投資財部門，特に機械製造業部門の生産性レジーム関数を推計している。

(1) 90年代の後半になり，需要成長率の係数は少し小さくなった。この係数は，1から雇用の弾力性を減じた値に等しいから，90年代の後半において，雇用の弾力性が少し大きくなったことを意味する。これは90年代後半の国有企業改革に伴う余剰人員削減と，経済全体に占める国有部門の割合が継続的に低下した結果であると考えられる。データだけを見るとその変化

表 3-5 生産性レジーム関数の推計結果

	1991-1996		1997-2002	
定数項	0.031	(1.31)	0.086	(3.77)
需要成長率の係数	0.596	(4.59)	0.517	(4.53)
自由度修正済み決定係数	0.467		0.462	

注：被説明変数は労働生産性（産業別実質産出額÷産業別就業者数）の上昇率である。括弧内の数字は t 値である。
出所：中国国家統計局の統計年鑑各年における工業統計の中から，一般機械，専用機械，輸送機械，電気機械，電子機械の五つの産業データをプールして回帰分析を行った。就業者数は，工業部門の総就業者数を産業別の職工数が工業全体の職工数に占める割合で，推計したものを使用した。また，中国統計年鑑において，一般機械と専用機械の分類が行われる前 (1991 年と 92 年) の両産業の生産額については，中国工業年鑑 (1992 年と 93 年) における一般機械産業と専用機械産業のデータを使用，就業者数については両産業の賃金が同額であると見なし，生産額の割合に基づいて均等に分割して使用した。

はかなり小さいが (0.08)，それがもつ意味は大きい。表 3-1 で示したように，90 年代後半の経済成長率は前半に比べて著しく鈍化していた。経済成長率が鈍化していく過程において，雇用の弾力性が大きくなったことは，成長率の低下が雇用のより大きな減少をもたらすことを意味する。このような雇用の弾力性の拡大は，90 年代後半の生産性レジームの傾きを小さくした。

(2) 図 3-3 で示すように，90 年代後半の生産性レジームは切片が大きくなり，上方へシフトした。表 3-3 で示したように，90 年代後半における，投資財部門の労働生産性は 90 年代前半より大きく低下している。しかし，機械製造業だけを見ると，後半が前半よりかなり高い（前半の年率平均上昇率が 14%であるのに対し，後半では 19%である）。特に，インターネットの急速な普及と電子・通信産業の発展を背景に，コンピュータ製造業をはじめとする電気機械製造業の労働生産性は，年率平均 20%で上昇した。また，急速に発展する自動車産業をはじめ，輸送機械製造業の労働生産性も年率平均 19%で上昇した。

このような労働生産性上昇は，自動車産業に代表されるように，大量の外資導入の結果でもある（第 7 章参照）。90 年代後半における FDI の合計額は 2713 億ドルであったが，それは改革開放以降における FDI の累計額 4463 億ドルの 61%を占める。これらの海外直接投資の流入は，技術進歩が体化された資本財，中間財の輸入と経営ノウハウなどの導入を通じて中国の労働生産性上昇に大きく貢献した。このような機械製造業部門にかたよった生産性

上昇が,90年代後半の生産性レジーム切片の増加をもたらしたと考えられる。

4.3 生産性レジームの変化をもたらした制度的要因

(1) 金融制度改革と企業部門投資需要の低下,そして拡張的マクロ政策

前節で説明したように,金融制度改革は企業部門の投資需要の低下をもたらした。企業部門の投資需要の低下を受け,政府は総需要の低下を阻止するために98年から拡張的財政政策を打ち出した。この時期の政府支出の増加は国有企業への投資ではなく,公共財であるインフラ整備に使われたため,従来の財政支出よりは効果が高く,需要不足を補う上で効率的である,と樊鋼 (2003) は指摘する。しかし,90年代後半のインフラ整備をはじめとする政府投資の拡大によって,非住宅建設需要が総投資需要に占める割合が更に拡大した (5年間で約2%ポイント増加)。伝統的に労働生産性の低い建設部門需要が,総需要に占める割合が増加したことは,需要成長が労働生産性を押し上げる限界効果を低下させる。

このような,銀行部門の独立性と自立性の向上と不良債権の抑制を目的とした90年代後半の金融制度改革は,民間企業部門の投資需要の低下をもたらし,それに取って代わる政府投資は,インフラ整備などの長期的投資が中心であり,投資効率が低下した。その結果,90年代後半における生産性レジーム関数の傾きは小さくなったと思われる。

(2) 国有企業改革と雇用安定性の低下

生産性レジームの第2段階は雇用調整であるが,雇用調整は雇用制度の効果に基づく雇用の硬直性の故に,そのペースは緩やかなものとなる。ここでは,90年代後半の国有企業における,余剰人員の大量削減を通じて業績回復を目指した国有企業改革が,雇用調整に及ぼす影響について考察する。

生産性レジーム関数の推計で取り上げた機械製造業部門は,伝統的に国有企業の割合が高い部門であり,本章で述べた国有企業の状況を典型的に示す部門である。97年から始まる国有企業改革はまさに,このような部門を中心に余剰人員を放出し,生産効率を高め,業績改善を目指した。先に述べたように,90年代後半の労働生産性上昇率は大きく増加したが,14%から

19％への労働生産性上昇は，雇用調整，すなわち余剰労働力の放出の結果でもある。

しかし，97年改革による正規雇用の低下，レイオフ労働者の急増，失業率の増加が示すように，中国の雇用システムにおける不安要因は大幅に増加した。また，98年からの拡張的財政政策に基づく建設需要の増加は，雇用創出の効果も期待された。しかし，建設業における雇用形態が非正規・季節的雇用が中心であり，その主体は農民工（80％）であることから，雇用量は増加しても，雇用の安定性は低下する。非正規雇用者数は，90年代後半から拡大し続けるが，非正規雇用者の労働関係は，長時間労働，低賃金，無保障（社会保険の加入率が低い），短期雇用を意味し，雇用全体の安定性を大きく低下させる（上原 2006）。このような，国有企業労働者の大量削減と非正規雇用の増加は，失業給付，社会保障制度が未完備である状況の下，当面の消費を抑え，家計の貯蓄性向を高める大きな要因となったのである。

5 結 論

これまでの分析に基づいて，90年代における中国の需要レジームと生産性レジームを描くと，図3-3のようになる。

まず，需要レジーム関数の変化を概括すると，90年代後半の需要レジームの傾きと切片が小さくなり，左にシフトした。90年代後半の国有企業改革によって，国有部門における余剰労働力が大量に排出された。国有企業における余剰労働者の低下と雇用形態の柔軟化は，確かに国有企業部門の業績悪化に歯止めをかける役割を果たしたといえる。しかし，国有企業改革に伴う失業者の増加，雇用不安の上昇は，経済の先行きに対する不安要因を強くした。

結果，賃金が上昇し，全体の雇用が増加したにも関わらず，消費需要の伸び率は横ばいしている。そして，90年代後半の市場状況が企業の利潤低下をもたらしたこと，さらに金融制度改革により銀行からの借入が難しくなったことにより，企業部門の投資需要は低下した。一方，財政拡大政策による

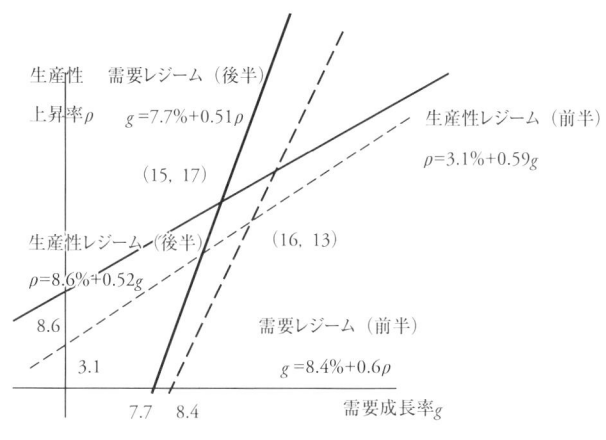

図3-3 90年代中国の経済成長体制

図中のラベル:
- 生産性上昇率 ρ
- 需要レジーム（後半）: $g=7.7\%+0.51\rho$
- 生産性レジーム（前半）: $\rho=3.1\%+0.59g$
- (15, 17)
- 生産性レジーム（後半）: $\rho=8.6\%+0.52g$
- (16, 13)
- 需要レジーム（前半）: $g=8.4\%+0.6\rho$
- 8.6, 3.1, 7.7, 8.4
- 需要成長率 g

国家主導の投資需要が拡大され，投資需要の上昇率は低下しながらも，年率で10％以上上昇した。これは，建設部門など，労働生産性に及ぼす限界効果が小さい部門の最終需要が増加したことを意味するので，需要レジームの傾きを小さくした。

また，アジア通貨危機以降，アジアをはじめとする世界的輸入需要の低下により，中国の輸出需要の伸び率も低下した。しかし，総需要に占める輸出の割合は増加した（1997年の18％から2002年の21％）ので，生産性上昇の成果に占める海外への漏出分を大きくした。その分，生産性上昇の国内配分の効果は低下し，需要レジームの傾きを小さくする一つの要因となったと考えられる。

生産性レジーム関数の推計結果を見ると，90年代後半では国有企業改革による雇用調整の表れとして，雇用の弾力性が少し上昇した（0.40から0.48へ）。しかし，その傾きが低下したことは，需要成長が労働生産性上昇に及ぼす限界的な効果が小さくなっていることを裏づける。とりわけ，インフラ建設を中心とした国家の財政拡大政策による投資は効率が低く，需要成長が生産性上昇を押し上げる限界効果を低下させ，生産性レジームの傾きが小さくなった。しかし，機械製造業部門にかたよった労働生産性上昇や海外直接投資の流入による先進的技術の導入などにより，生産性レジームの切片は増

加した．とりわけ，海外直接投資が本国から持ち込む技術集約的資本財と中間財が，中国における技術革新と産業構造の高度化に積極的な影響を及ぼしていることを説明している．

　本章の分析結果は，90年代後半の中国経済成長が，需要レジームの左シフトと生産性レジームの上方シフトによって特徴づけられることを明らかにした．これは，労働生産性上昇が需要成長に及ぼす効果は減少した反面，需要成長が労働生産性上昇に及ぼす効果は増加したことを表す．IT技術の普及や国有企業改革，外資導入などの供給面での変化と，財政拡大政策による国家主導の投資需要の拡大により，需要面の条件悪化を緩和したと考えられる．そして，中国でしばしば言われている経済成長率の最低ラインである7〜8％を下回らないように，国家的調整を行っている経済成長の構図も明らかになった．

　2002年以降の中国においても，消費需要の拡大が大きな限界に直面していることから，それを緩和して成長率を維持するために，輸出拡大と政府主導の投資拡大が続いている．しかし，本章の分析に基づくと，このような成長戦略は，投資効率が低く，雇用の不安定性を拡大し，労働生産性上昇の成果を海外へ漏出させる負の側面を持つ．さらに，第1章における輸出主導型成長の限界と考え合わせると，消費中心の内需主導型成長体制への転換が，唯一の正しい方向であるように思われる．さらに，政府主導の投資中心の成長戦略は，需要成長と生産性上昇の相互促進作用において大きな限界をもつのみならず，持続可能な発展の視点からみても多くの問題を抱えていると言えるだろう．

第 II 部
中国における産業発展と近隣アジア諸国への影響

第4章

輸出主導型成長と
東アジア諸経済への連関効果

1　はじめに

　1990年代以降の中国経済は，当初は1989年の国内動乱の影響をうけ，停滞するものの，1992年からの社会主義市場経済システムへの転換に伴い急速に回復し，年率10％前後の成長率を維持している。2005年の中国のGDPは2.25兆ドル（1990年の6倍），国際貿易総額は1.4兆ドル（同12倍）となり，世界および近隣アジア諸経済に多大な影響を及ぼすようになった。そして，このような急速な経済成長を可能にしたのは，東南沿海部を中心に展開された，豊富かつ低廉な賃金労働と比較的に低い為替レートを優位とする，海外直接投資に基づく加工貿易中心の輸出主導型成長であった。

　中国における東南沿海部中心の輸出主導型発展戦略が，Hirschman（1958）の後進国における理想的な発展形態であるとした「均衡離脱的」継起の発想に基づく中国版不均整成長と成長拠点戦略によって推進されたことは，第1章で説明している。とりわけ，東南沿海部および労働集約型輸出産業を成長拠点（growth poles）とし，その成長の成果を後進地域（中西部），および関連する他の産業（国内財生産部門，資本集約型産業）への連関効果を通じて，波及させていく戦略が採られてきた。

　その連関効果には，ある産業の発展による需要の拡大が，その投入物を供給する他産業の発展を誘発する（川下産業から川上産業へ）後方連関効果

（backward linkage effects）と，ある産業の発展による供給の拡大が，その生産物を他産業へ投入物として使用させようとする努力を誘発する（川上産業から川下産業へ）前方連関効果（forward linkage effects）がある。しかし，原材料の調達と完成品の販売を海外市場に大きく依存している輸出主導型成長の場合，川下から川上へ（もしくはその逆）の国内におけるリンケージは限定され，輸出産業の発展による波及効果は国内に止まらず，投入物供給効果と産出物利用効果を通じて，国際的に波及していく（Myrdal 1957）。

本章の目的は，90年代以降の中国経済発展を牽引した輸出主導型成長による国内的，国際的波及効果の実態を明らかにすることである。具体的には，貿易統計から中国と近隣アジア諸経済との貿易関係の深化について説明し，『アジア国際産業連関表』（アジア経済研究所）から，90年代中国の輸出主導型成長を代表する四つの産業[1]における，アメリカを含む内生10カ国・地域に対する後方連関効果と前方連関効果を測定する。そして，1990年から2000年の間の変化に注目しながら，中国の輸出主導型成長に伴う東アジア諸経済との国際的リンケージの拡大について説明する。

アジア国際産業連関表や中国産業連関表を使った既存の諸研究においては，国際，国内地域間連関効果の考察が，大・中分類表（国際産業連関分析では33部門表，中国国内の地域間連関効果分析では7地域9部門）に基づく分析が中心であり，産業内の川上及び川下部門の間で見られる国内，国際連関効果の違いが明らかにされていない。本章では，アジア国際産業連関表の細分類表（1990年と95年は78部門表，2000年では76部門表）を使って，取り上げる四つの産業の細分類（16部門）に基づく詳細な分析を行い，諸部門の技術レベルや発展度合いの違いによって，各部門の国内的，国際的波及効果は著しく異なっていることを示す。

本章の2では，中国の輸出主導型成長に伴う東アジア諸経済との国際的リンケージの深化について，中国の貿易統計とアジア国際産業連関表から作成

[1) 取り上げる産業は，繊維産業，一般機械産業，電気機械産業，輸送機械産業である。これら四つの産業に焦点を当てたのは，90年代において著しく成長したこと，輸出主導もしくは対外直接投資の影響が大きい部門であること，前方・後方連関が高い産業部門であるからである。

した中間財,最終財貿易の統計に基づいて説明する。そして3では,アジア国際産業連関表に基づいて,1990年代における中国の産業発展がアジア諸経済に対する,後方・前方連関効果を測定し,その変化を追いながら,中国輸出主導型成長の東アジア諸経済に対する波及効果について詳細な分析を行う。最後の4では,本章の結論を述べる。

2 貿易動向から見た中国とアジア諸国の相互関係

1990年代以降の中国における輸出主導型成長については,第Ⅰ部で説明した。それは,東南沿海部を中心に,労働集約的加工貿易を主要な形態とする海外直接投資に依存し,資本財・中間材を輸入し,国内の低賃金労働で加工組立した製品の輸出拡大に基づく発展であった。その結果,中国国内における原材料の供給努力を促す需要面での生産誘発効果も,産出物の販売努力を促す供給面での生産誘発効果も限定される。

逆に言うと,このような輸出・輸入に便利な東南沿海部に集中し,加工貿易を主要な形態とする外資系企業の生産活動は,アジア地域からの輸入と輸出の増加を通じて相互依存を高め,中国の経済発展がアジア諸経済に対する波及効果を拡大させていると考えられる。ここでは,このような成長体制に伴う中国の対外貿易の動向を,アジア国際産業連関表の枠組みを使って考察する。

まず,中国の輸出,輸入全体における世界の各国・地域が占める割合の変化を見てみよう。表4-1は,1990年以降の中国の対外貿易統計であるが,その総額が急激に増加したこと以外に,輸出・輸入総額に占める各国・地域の割合が大きく変化したことも示している。

輸出に関して言うと,中国製品の輸出市場としてのアジアの地位は90年代の半ば以降において低下している。輸出全体に占めるASEAN4カ国の割合は変化していないが,NIEsと日本の割合は大きく低下し(ともに10年間で8%ポイント),1995年までは6割以上を占めていた中国の対アジア輸出は,2005年では半分以下となった。一方,対アメリカとヨーロッパの輸出は大

表 4-1　国・地域別に見る輸出・輸入割合の推移　（単位：億ドル，%）

	輸出				輸入			
	1990年	1995年	2000年	2005年	1990年	1995年	2000年	2005年
総額	621	1488	2492	7620	533	1321	2251	6600
ASEAN4	3	4	4	4	4	5	7	8
NIEs	46	33	27	25	29	28	28	27
日本	14	19	17	11	14	22	18	15
アジア　合計	72	62	53	48	54	59	63	67
ヨーロッパ合計	15	15	18	22	24	21	18	15
アメリカ	8	17	21	21	12	12	10	7
その他の世界合計	5	6	8	9	9	8	9	11

注：シンガポールは，中国との分業，貿易構造において，その他 ASEAN 諸国よりも，NIEs の国・地域に類似しているため，ここでは NIEs として計算した。
出所：中国国家統計局編『中国統計年鑑』各年版に基づいて作成。

きく拡大し，2005年では中国の輸出全体の4割以上を占めるようになった。特に，対アメリカの輸出が90年代を通じて大きく拡大し，中米貿易摩擦を引き起こすようになった。

しかし，90年代において日本や NIEs による中国への生産・輸出拠点のシフトが進んだことを考えあわせると，対日本や NIEs への輸出の割合が傾向的に低下したことは，従来の逆輸入を目的とした加工貿易形態に代えて，第三国向けの輸出を目的とした直接投資が拡大したことを示している（例えば，2000-2005年の間，日本からの直接投資は 2.2 倍増であったが，対日本の輸出割合は 6%ポイント低下した）。また，上記の国・地域以外の割合は，規模的にはまだ小さいが，確実に上昇している。

そして，輸入における相手国・地域構造の変化を見ると，輸出とは反対に，アジアの割合が持続的に増加している。日本の割合は95年をピークに低下傾向にあるが，2005年でも中国の輸入全体の15％以上を占めており，アメリカの2倍以上，ヨーロッパの合計に匹敵する大きさである。そして，ASEAN の割合は拡大し，NIEs の割合は維持されている。

また，ここで取り上げたアジア諸国・地域が，中国対アジアの輸入全体に占める割合は，1990年では87％であったが，2005年では75％へと低下しており，中国のアジアにおける輸入構造の多極化が進んでいるように見える。一方，アメリカとヨーロッパが，中国の輸入全体に占める割合は，傾向的に

低下している（1990年の36％から2005年の22％へ，大幅に縮小した）。このような輸入相手国・地域における変化は，90年代以降の中国東南沿海部における，加工貿易を主要な形態とする海外直接投資の増加が（その6～8割はアジアからの投資），距離的に近いアジア諸経済から原材料・中間財の輸入を拡大させてきた結果であると考えられる。

表4-1は，1990年代以降の中国において，アジア諸国は輸入先として，アメリカとヨーロッパは輸出先としての重要性を高めていることを示している。しかし，この貿易相手国・地域の貿易全体に占める割合の変化だけでは，中国がどの国・地域からどのようなものを輸入し，どの国・地域にどのようなものを輸出しているかについてはわからない。つまり，直接投資の拡大に伴う加工貿易の増加が，近隣アジア諸経済から中間財の輸入を拡大させ，対アメリカを中心に最終財の輸出を拡大させている実態を説明するためには，中間財と最終財に分けた貿易統計に基づく変化を見なければならない。特に，国内における中間財調達（最終財の国内使用）比率の変化と各国・地域からの中間財輸入（最終財の輸出）における変化を比較することで，中国における90年代の加工貿易の実態，および東アジア諸経済との国際的リンケージの拡大が明らかになる。

表4-2と表4-3は，アジア国際産業連関表に基づく，90年代における中国の中間財輸入と最終財輸出の変化を示したものである。ここでは，90年代の中国の輸出主導型成長を支えた繊維産業（5部門），一般機械産業（4部門），電気機械産業（3部門），および輸出はまだ大きくないが，90年代以降急速に成長し，注目を浴びている輸送機械産業（4部門）を取り上げる（産業部門の統合に関しては，3節で説明する）。そして，90年代の10年間における変化を強調するために，1990年の中間財の国内調達額と輸入額（最終財の国内使用額と輸出額），およびそれらの2000年までの10年間の年平均変化率を示している。

まず，表4-2に示された中間財貿易の変化は，以下のようにまとめられる。

(1) 中間財貿易の総額からみると，国内調達が90年代の10年間で年率13％増加したのに対して，輸入（合計）は同16％増であり，中間財調達の海

第Ⅱ部 中国における産業発展と近隣アジア諸国への影響

表 4-2 90年代中国の中間財貿易の変化

(1段目の数字は1990年の金額，単位：百万ドル。2段目の数字は1990〜2000年の変化率，年率。)

	国内調達	ASEAN合計	台湾	韓国	日本	アメリカ	内生国・地域からの輸入計	総輸入
中間財供給合計	489136	2496	1557	552	4653	4130	13388	36642
	13%	18%	25%	35%	18%	12%	19%	16%
紡績	17221	14	93	39	102	213	460	1171
	6%	21%	17%	25%	18%	-9%	14%	11%
織物	21253	14	85	39	99	223	460	1067
	8%	22%	22%	28%	22%	-6%	17%	13%
ニット製品	3994	10	79	53	58	4	205	481
	11%	17%	11%	16%	14%	18%	14%	10%
アパレル	5471	5	158	23	156	11	353	2500
	15%	27%	10%	28%	11%	15%	14%	-3%
その他繊維既製品	1221	1	35	5	35	3	79	558
	9%	21%	4%	23%	6%	10%	8%	-8%
原動機・ボイラ	2756	1	2	5	74	17	99	286
	9%	31%	34%	25%	9%	15%	14%	10%
一般産業機械	10838	10	27	13	222	112	384	859
	10%	27%	26%	31%	10%	6%	14%	12%
特殊産業機械	10529	6	12	4	119	63	204	559
	-7%	15%	19%	26%	2%	-2%	6%	1%
農業機械	2844	2	4	2	31	12	51	138
	24%	45%	47%	51%	33%	32%	37%	32%
重電機器	7726	5	26	6	159	25	222	511
	-1%	21%	12%	25%	2%	10%	8%	5%
電子・通信機器	11964	22	111	119	668	97	1017	3114
	19%	53%	37%	34%	17%	33%	29%	23%
民生用電気機械	1967	1	5	0	26	3	36	77
	37%	60%	54%	76%	41%	54%	49%	48%
自動車	7217	7	8	4	306	62	388	959
	18%	26%	36%	42%	15%	15%	18%	15%
二輪自動車・自転車	1423	3	18	4	121	34	181	605
	26%	28%	18%	30%	9%	15%	14%	8%
造船	1150	3	2	3	43	7	58	109
	15%	21%	32%	27%	12%	21%	17%	17%
その他輸送機械	2107	3	6	6	91	147	253	434
	17%	23%	27%	26%	5%	-13%	4%	4%

出所：宇仁（2008）に基づき再集計，計算した。元のデータは，アジア経済研究所『アジア国際産業連関表』1990年，1995年，2000年。

表 4-3　90 年代中国の最終財貿易の変化
(1 段目の数字は 1990 年の金額，単位：百万ドル。2 段目の数字は 1990～2000 年の変化率，年率。)

	国内使用	ASEAN 合計	台湾	韓国	日本	アメリカ	内生国・地域への輸出計	総輸出
最終財需要合計	327905	1082	397	1398	3923	3791	10591	54682
	12%	12%	28%	11%	20%	25%	22%	15%
紡績	6540	23	0	8	9	0	33	1500
	－3%	－21%	－4%	－13%	－10%	17%	－11%	7%
織物	2834	45	0	2	167	177	389	5217
	14%	2%	46%	－3%	－26%	－8%	－7%	2%
ニット製品	2415	28	3	0	875	1	904	2947
	－3%	6%	22%	31%	18%	53%	18%	16%
アパレル	3492	19	0	268	877	424	1320	5670
	17%	24%	43%	8%	18%	19%	19%	11%
その他繊維既製品	1092	23	4	36	164	48	235	977
	—	6%	21%	－4%	23%	29%	24%	19%
原動機・ボイラ	2051	8	1	1	0	1	10	50
	7%	2%	22%	2%	38%	31%	18%	26%
一般産業機械	7846	28	10	19	21	39	88	542
	－7%	14%	25%	4%	24%	30%	27%	19%
特殊産業機械	4222	49	39	7	14	93	155	603
	－1%	－3%	13%	7%	12%	0%	8%	0%
農業機械	2299	16	0	1	0	3	19	45
	24%	18%	26%	41%	74%	47%	36%	41%
重電機器	2003	45	11	30	103	21	169	605
	－7%	17%	18%	0%	14%	12%	16%	11%
電子・通信機器	10272	56	64	118	98	1130	1284	4543
	14%	29%	12%	13%	35%	22%	25%	21%
民生用電気機械	－281	22	5	18	22	109	154	1037
	—	21%	36%	10%	34%	35%	34%	27%
自動車	5137	4	0	0	0	2	6	53
	13%	21%	－6%	30%	80%	55%	45%	35%
二輪自動車・自転車	2418	6	0	3	－2	15	20	124
	20%	－2%	61%	1%	—	39%	37%	26%
造船	774	29	0	0	0	1	31	231
	15%	1%	—	44%	47%	19%	11%	20%
その他輸送機械	2560	3	0	1	0	14	17	43
	9%	17%	65%	20%	62%	14%	36%	38%

注：1．1990 年の中国対台湾，韓国の最終財輸出統計がないため，ここでは，1995 年の輸出額と 1995-2000 年の年率変化率で補足した。2．1990 年の民生用電気機械の国内使用がマイナスであるのは，消費 52 百万ドル，固定資本投資 240 百万ドルに対し，在庫投資がマイナス 574 百万ドルであるためである。
出所：表 4-2 と同じ。

外依存度が高くなっている。さらに，アジア国際産業連関表における内生国からの輸入の変化率は19％であるが，アメリカの変化率が12％であることから，中間財輸入全体に占めるアメリカの割合が低下したこと，および東アジアの割合が大きく上昇したことがわかる。なかでも，日本からの輸入はその規模が大きいのみならず，伸び率も高く，中国の中間財輸入は，日本に大きく依存していることを表している。

　そして，韓国からの輸入の伸び率がもっとも高く35％であり，その規模は1990年では日本の12％程度と小さかったが，2000年では，日本の71％，中間財輸入全体の11％を占めるようになった。これは，第1章で説明した韓国からの直接投資が，90年の0から95年では日本の三分の一にあたる10.4億ドル，さらに2000年では日本の5割超にあたる14.9億ドルへ急上昇したことに伴い，在中韓国企業による本国からの中間財輸入が急増したことの現れであろう。

　(2)　繊維産業では，紡績，織物，ニット製品では海外依存が高まっているが，アパレル，その他繊維既製品では輸入比率が低下しており，中間財の国内調達の割合が大きく拡大した。90年代の労働集約型加工貿易の代表的産業として，急激に成長した川下のアパレル，その他繊維既製品産業の国内調達比率が増加したことは，それに中間財を提供する川上の紡績，織物産業の発展によるものである。しかし，最終製品の評価が素材の質に大きく依存している繊維産業において，川上の発展における海外依存が高まっていることは，繊維産業全体のさらなる高度化の限界を示しているかもしれない。

　(3)　一般機械産業では，すべての部門における国内調達の比率が低下しているが，各部門の国内調達の変化率には大きな差異がある。農業用機械の国内調達が大きく上昇した一方，特殊産業機械は低下した。両産業の技術レベルから考えると，技術レベルの要求が低い農業用機械が伸び，技術レベルの要求が高い特殊産業機械が低下していることは，中国の機械産業が，技術集約度が高い産業ほど対外依存が高いことを示している。そして，国・地域別にみると，90年時点では，日本とアメリカが内生諸国・地域からの輸入全体の9割程度を占めていたが，急激な伸びを示した韓国と台湾が，2000年ではアメリカを超えた。しかし，まだ日本の半分程度であり，一般機械産

業における日本の国際的優位性，および中国機械産業の対日本依存度の高さを示している。

(4) そして，電気機械産業は，90年代を通じてもっとも急速に成長した産業分野であるが，中間財調達における国内調達比率は大きく低下した。特に，重電機器における国内調達の伸び率はマイナスであり，国内調達の伸び率が高い電子・通信機器と民生用電気機械とは対照的である。電子・通信機器は，国内調達の伸び率が19％と高いが，輸入の伸び率はそれよりも高い23％である。そして，内生諸国・地域からの輸入の伸び率はさらに高く，年率29％となっており，電子・通信機器産業の内生諸国・地域への依存が特に高くなっていることが示されている。民生用電気機械産業の国内調達及び輸入の伸び率は，電子・通信機器産業の約2倍であり，90年代を通じてもっとも急速に成長した産業である。ただし，90年における民生用電気機械産業の中間財輸入が，国内調達の約4％程度であったことから，急速に伸びたとはいえ，海外依存度は依然低い(11％)。

近年，中国の電気機械産業の国際的リンケージの拡大やアジアの電気機械産業における水平分業が多く取り上げられているが，電気機械産業の中には，海外依存度が30％と高い電子・通信機器産業がある一方で，重電機器と民生用電気機械の海外依存度は拡大したとは言え，まだ1割程度であり，部門別に大きく異なっていることがわかる。国・地域別でも，電子・通信機器産業における日本をはじめ，内生各国・地域の規模と伸び率の顕著な差異が目立つ。そして，アメリカは，他の三つの産業においては，その伸び率が輸入全体の伸び率より低かったが，電気機械産業では大きく上回っている。

(5) 輸送機械産業では，造船の輸出比率は大きいが，自動車など他の産業部門における輸出比率はまだ小さい。中間財の海外依存は，造船以外では低下傾向にあるものの，自動車産業を含め海外依存度は高いと言える。2000年における自動車産業の海外依存度は1割程度であるが，日本からの輸入が輸入全体の三分の一を占めており，中国の自動車産業の日本への依存度は極めて高い。さらに，日本の自動車産業の本格的な中国進出が2000年以降であることから，これから日本への依存が高まっていくと考えられる。

二輪自動車・自転車産業は，90年代を通じて国内調達比率を高め，90年

の7割から9割へ上昇した。90年時点ですでに多くの台湾，日本，アメリカの企業が進出しており，中間財の国内供給能力が拡大した結果であろう。国・地域別にみると，一般機械産業や電気機械産業と同じく，対日本の依存が圧倒的に高く，対アメリカの依存も依然高い。そして，韓国，台湾からの調達が急速に高まっているが，その規模はまだ小さい。

次に，表4-3で示した最終財貿易における変化をまとめると，以下のようになる。

(1) 最終財貿易の総額からみると，90年代における加工貿易の発展に伴い，最終財の国内使用の伸び率が12%であるのに対し，輸出の伸び率は3%ポイント高い15%である。内生諸国・地域への輸出の伸び率は22%と，輸出全体の伸び率を大きく上回っており，最終財輸出の内生諸国・地域への集中が窺える。特に，対アメリカの輸出が最も大きく拡大しており，2000年では最終製品輸出全体の約2割を占めるようになった。中国で加工組立された最終財の消費市場としてのアメリカの重要性が浮き彫りになる。

そして，日本は90年では最大の中国製最終財の輸出市場であったが，2000年ではアメリカの6割程度の規模となっている。第1章で説明したように，90年代後半の日本の対中国直接投資の伸び率がマイナスとなり，2000年ではアメリカの6割強となっていたことの影響もあるが，日本の対中国直接投資の目的が，当初の本国への逆輸入中心から第三国への輸出中心へ転換したことの影響が大きいと思われる。

(2) 繊維産業においては，90年では織物の輸出額が国内使用の2倍近くと大きかったが，アパレル産業の急速な発展に伴い，国内使用が拡大し，輸出の伸び率は低い。アパレル産業は，90年時点では輸出が国内使用の1.6倍と高かったが，90年代を通じて国内使用の伸び率が輸出の伸び率より高く，2000年では国内使用が輸出より大きくなった。しかし，輸出の伸びも大きく（年率11%），2000年における中国のアパレル輸出額は170億ドルであり，電子・通信機器に次ぐ外貨獲得産業である。そして，紡績，ニット製品とその他繊維既製品の国内使用の伸び率はマイナスであり，輸出志向がますます強くなった。国・地域別では，対アメリカの輸出の伸び率が大きく，額も大きいが，絶対額では日本が一番大きいことは90年代を通じて変わっ

ていない．特に，ニット製品においては，日本への輸出が全体の4割近く（2000年）を占めている．そして，その他の国や地域では，韓国とASEAN向けのアパレル輸出額がやや高い（2000年）以外に，他の部門，国・地域の値はまだ小さい．

（3）一般機械産業では，四つの部門すべてで海外依存が高まっている．農業用機械の国内使用の伸び率が24％と高く，2000年でも国内使用比率が9割と高いが，機械産業全体では輸出志向が強まった．特に，一般産業機械は，国内使用が年率マイナス7％の低下であった．輸出は年率19％の増加を示しており，2000年では輸出と国内使用がほぼ同額となった．国・地域別では，90年から2000年にかけてアメリカへの輸出と，日本への輸出が急速に拡大した．そして，ASEAN向けの機械産業の輸出は，一般産業機械と農業用機械を中心に大きく伸びたが，90年では内生国への輸出合計の4割近くから2000年の1割前後へと後退した．

（4）電気機械産業では，重電機器と電子・通信機器の輸出依存が高まったが，民生用電気機械の国内使用は，90年のマイナス2.8億ドルから2000年では282億ドルへと大きく拡大した．特に，電子・通信機器部門の最終財の輸出比率は，90年の3割から2000年の5割へと拡大し，中国の最大の輸出産業部門となった．輸出の伸び率では，民生用電気機械（年率27％）が一番高く，2000年におけるその輸出額は151億ドルであり，電子・通信機器の約4割（90年では2割程度）を占める規模となった．

国・地域別にみると，電子・通信機器と民生用電気機械の最終財輸出におけるアメリカの割合が特に大きく，両部門共に輸出全体の四分の一前後，内生諸国・地域合計の約7割を占めている．そして，日本への輸出も電子・通信機器と民生用電気機械を中心に大きく伸び，2000年では内生諸国・地域合計の21％，中国の電気機械産業の最終財輸出全体の8％を占めている．その他に，ASEANへの輸出の伸びは三つの部門ともに大きいが，電子・通信機器産業における伸び（年率29％）が特に大きく，重電機器の輸出全体に占めるASEANの割合（2000年では13％）の大きさが目立つ．

（5）輸送機械産業では，最終財の国内使用の伸び率が高いが，四つの部門すべてにおいて，輸出の伸び率が国内使用の伸び率を上回っており，輸出

の割合が上昇した。自動車産業における輸出の割合は，90年では僅か1％程度であったが，2000年では8％へ大きく上昇した。そして，二輪自動車・自転車産業が90年代を通じてもっとも大きく成長し，2000年では自動車に次ぐ規模（174億ドル）となり，その輸出比率も10年間で約2倍になった。

また，その他輸送機械の輸出伸び率が一番高く（年率38％），90年の輸出比率1.5％から2000年では24％へ急上昇した。国や地域別にみると，2000年のその他輸送機械において，台湾と日本の額が一定の規模に達している以外に，アジアへの輸送機械の輸出規模はまだ小さい。そして，自動車と二輪自動車・自転車の両部門の最終財輸出に占めるアメリカの割合が圧倒的に大きく，各々の輸出全体の33％と45％を占めている。

これまで，繊維産業（5部門），一般機械産業（4部門），電気機械産業（3部門），輸送機械産業（4部門）における，90年から2000年までの10年間の中間財貿易と最終財貿易の変化を見てきた。総じて言うと，90年代の加工貿易の発展に伴い，幾つかの産業部門で例外がみられるものの，全体として中間財の輸入の伸び率が国内調達の伸び率より高く，最終財の輸出の伸び率が国内使用の伸び率より大きく，東アジアを中心に海外リンケージを拡大しているといえる。ただし，最終財の輸出におけるアメリカの割合がますます大きくなっていることから，中国における外資主導の加工貿易の最終製品消費市場としてのアメリカの重要性が浮き彫りになっている。

産業別では，繊維の川下産業であるアパレルとその他繊維既製品の国内中間材調達比率が大きく上昇し，川上の織物産業の国内使用比率が大きくなった。繊維産業におけるフルセット型産業発展の結果，国内における繊維産業の完結度が高くなっていることを示している。一般機械産業は，90年ではフルセット型産業発展戦略の下，特殊産業機械の規模も大きかったが，90年代を通じて一般産業機械や農業用機械などの汎用機械への特化が進んだように見える。また，農業用機械産業における中間財の国内調達，および最終財の国内使用の割合が，他の諸産業に比べて大きいことは，中国における農業発展の重要性から，政策的に推進した影響もあり，90年代を通じて大きく成長したことを表している。

そして，90年代を通じてもっとも大きく成長した電気機械産業では，電

子・通信機器部門における内生諸国・地域からの中間財輸入，最終財輸出ともに急増しており，アジアにおける水平分業が深化した様子が見られるが，重電機器と民生用電気機械では，それほど顕著ではない。輸送機械産業は，自動車と二輪自動車・自転車産業を中心に90年代を通じて大きく成長したが，重点保護産業として，外資への規制が依然強かったため，中間財の輸入依存度は低下した。しかし，最終財の輸出においては，二輪自動車・自転車や自動車，船舶，列車，航空機用の部品生産が，アメリカを中心にしだいに上昇した。さらに，自動車産業への日韓企業の進出が本格化したのが2000年以降であることから，輸送機械産業における海外リンケージもますます拡大していくと考えられる。

3 連関効果分析

前節では，中間財，最終財貿易における90年代の10年間の変化を追いながら，中国とアジア国際産業連関表における内生諸国・地域との国際的リンケージの拡大について説明した。しかし，貿易における変化は，90年代以降の加工貿易を中心とする中国の輸出主導型経済発展による国内，及び相手国への直接的影響の変化だけを示しており，国際および国内の産業連関を通じて発生する間接効果まで捉えることはできない（岡本ほか2007）。

この節では，アジア国際産業連関表に基づいて，産業部門別の後方連関効果と前方連関効果を測定し，その変化に注目しながら，中国の経済発展のアジア諸経済への直接的，間接的影響を検証する。

3.1 データの構成と分析の手順

まず，本章で使用する後方連関効果と前方連関効果は，宇仁（2008）がアジア国際産業連関表（1990年，95年は78部門表，2000年は76部門表）から仮

説的抽出法[2]を使って計算した，すべての内生国・地域における上記3カ年の後方，前方連関効果の結果を利用する．ただし，本章では，中国の産業発展が自国および内生諸国・地域に及ぼす波及効果に分析の焦点を合わせるために，全体（1990年と95年は780×780，2000年は760×760の行列）の中から中国に関する部分のみ摘出し，再集計と計算を行った．

次に，本章では，各年における後方連関効果，前方連関効果の実態と共に，90年代の10年間における時系列変化も明らかにすることを目指しているので，比較のために90年の78部門を2000年の76部門へ，産業部門の統合を行った．ただし，産業部門の統合は，足し算（90年の78部門分類での複数の産業が，2000年では一つの産業に統合された場合）による集計はできるが，引き算（90年の一つの産業が，2000年では複数の産業に細分類された場合）はできないので，結果的に67産業部門へ統合し[3]，後方，前方連関効果各々について67×67の行列を作った．

そして，分析の手順は次の通りである．まず，統合された67部門表から後方，前方連関の総合効果が大きい鉱工業（Chenery and Watanabe 1958）だけを取り出し，それの中国国内における後方連関効果と前方連関効果の変化をみる．特に，90年代における輸出主導型発展の中心であった，労働集約型産業の発展による国内波及効果の変化に注目する．次に，90年代以降の中国の産業発展を代表する産業である，繊維産業（5部門），一般機械産業（4部門），電気機械産業（3部門），輸送機械産業（4部門）において，アジア国際産業連関表の内生諸国・地域に対する後方，前方連関効果の変化を考察し，それと中国における産業構造の変化との関係について考察する．

---

2) 後方連関効果，前方連関効果の計算における仮説的抽出法に関しては，黒岩（2006）が詳細に説明している．
3) 1990年の一つの産業から，2000年の複数の産業へ分割された産業には，電気・電子機械産業（4部門），家庭用電器製品（2部門），電力・ガス・水道業（2部門），その他サービス業（5部門）などがある．

3.2 国内における連関効果とその変化

図4-1は，鉱工業（49部門）の2000年における後方・前方連関効果である。そして図4-2は，1990-2000年の10年間における変化を示している。

まず，図4-1で示している通り，中国における各産業の後方連関効果と前方連関効果は，Chenery and Watanabe (1958) の先進国の産業に対する分析結果とそれほど違いがない。食品加工，アパレル，革製品，木材製品などの最終財製造工業の後方連関効果が高く，前方連関効果は低い。そして，石油・天然ガス採掘，金属鉱業などの中間財第一次生産部門の前方連関は高いが，後方連関は低い。また，中間財製造工業に属する，鉄鋼，非鉄金属，ゴム製品，化学産業などについては後方，前方連関効果が共に高くなっている。

しかし，既存の多くの産業連関分析では一つの産業として束ねられている電気機械産業，繊維産業，一般機械産業，輸送機械産業など[4]を細分類に基づいて分解してみると，個々の細分類諸部門の後方，前方連関効果はかなり異なる。たとえば，電気機械産業に属する三つの部門（重電機器，電子・通信機器，民生用電気機械）は，総合連関効果の大きさだけでなく，後方連関，前方連関効果の構造が大きく異なっている。特に，90年代以降急速な成長を遂げた電子・通信機器産業の国内後方・前方連関効果が共に小さく，総合連関効果がかなり低いのは，加工組立輸出産業の代表的存在として，中間財調達の輸入依存度および完成品の輸出依存度が高いからである。

次に，その変化に関して言うと，90年代の10年間を通じて，後方連関効果が著しく拡大したのは，アパレル，その他繊維既製品（共に年率4％増），家具・装備品，雑貨製品（年率3％増）と革製品（年率2％増）などの労働集約型加工貿易の代表的産業である。90年代の労働集約型加工貿易産業は規模の拡大だけではなく，産業連関を通じた国内波及効果も大きくなっていることがわかる。しかし，加工貿易のもっとも代表的な産業であった，電子・通信機器と民生用電気機械の国内後方連関効果は低下している（共に年率1％低

---

[4] 例えば，岡本ほか（2007）における産業分類が挙げられる。そして，通商白書（2006），黒岩（2006）などでは，繊維産業は紡績と衣類に，輸送機械産業が自動車とその他輸送機械に，それぞれ細分類されるに止まっている。

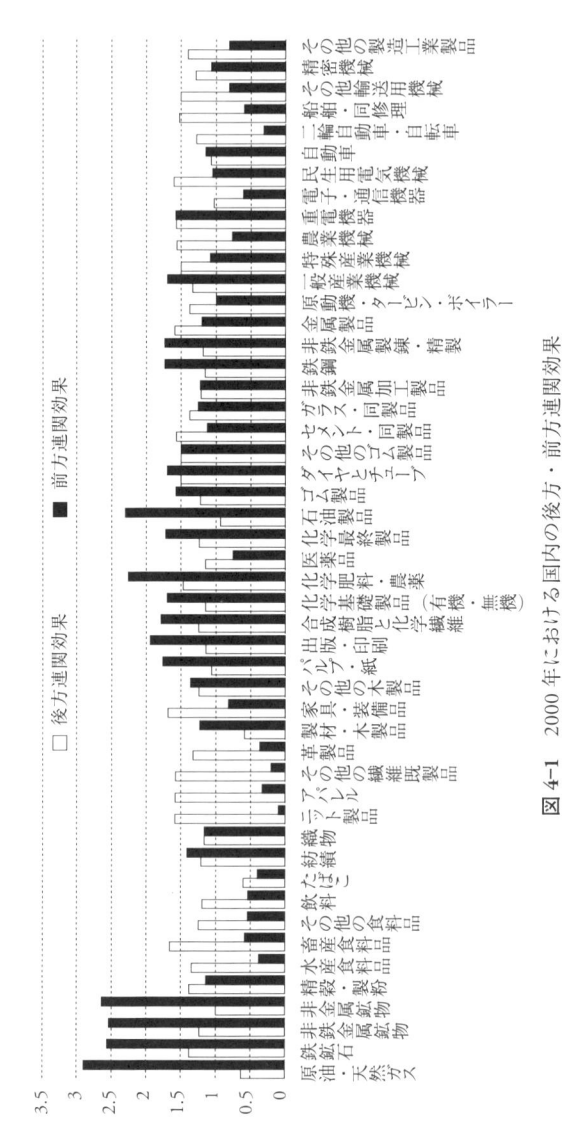

図 4-1 2000 年における国内の後方・前方連関効果

出所：表 4-2 と同じ。

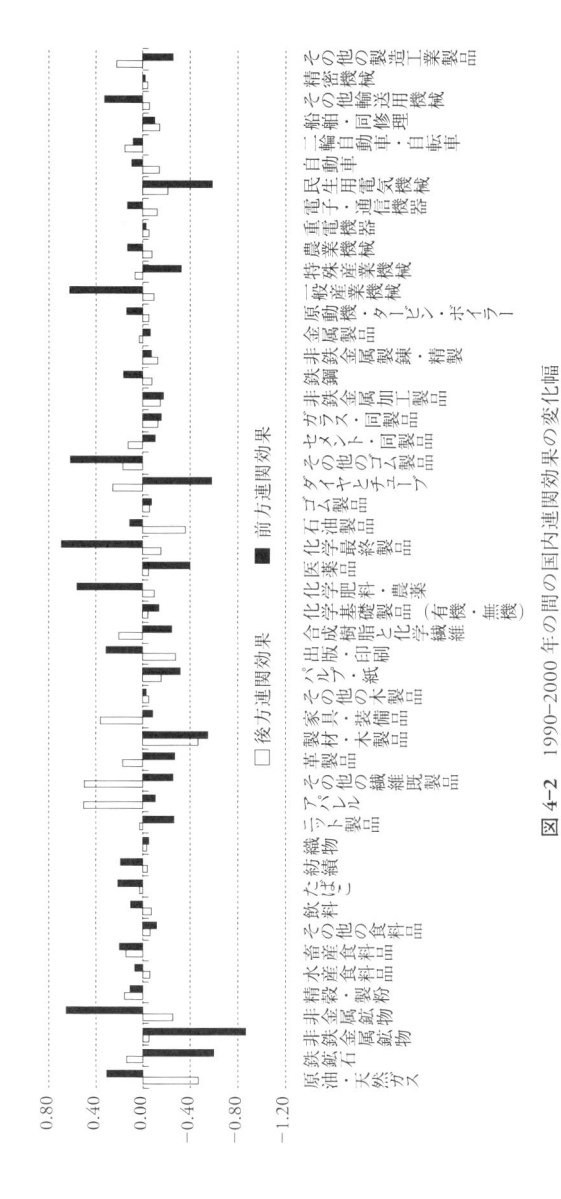

第4章　輸出主導型成長と東アジア諸経済への連関効果

図4-2　1990-2000年の間の国内連関効果の変化幅

□ 後方連関効果　■ 前方連関効果

出所：表4-2と同じ。

下). これは，90 年代後半以降，東アジア域内での水平分業が拡大し[5]，近隣諸国からの部品などの中間財調達が増加した結果であると解釈できる。

しかしながら，この電気機械産業における変化を繊維産業と比較すると，中国における産業発展レベルの実態が窺える。つまり，90 年代を通じて，伝統的な労働集約型産業である，アパレルとその他繊維既製品，そして労働集約的な加工組立工程の分業を受け持つとされる中国の電子・通信機器産業，民生用電気機械産業は共に急速に成長した。しかし，電気機械産業に比べ，産業構造のレベルが低い繊維産業においては，川下産業が必要とする川上産業からの原材料供給が可能になり，国内調達が増加したが，電気機械産業においては，川下の労働集約型加工組立産業が必要とする，技術集約的な原材料や部品については国内の川上産業から供給できないものが多く，川下の生産拡大は，海外の川上産業からの調達を拡大させていることがわかる。

最後に，前方連関効果においては，国内供給が頭打ちとなり，海外から輸入が拡大した中間財第一次生産部門の鉄鉱石や非金属鉱物の国内前方連関効果の低下が著しい。そして，いくつかの例外はあるものの，90 年代における国内後方連関効果が拡大した労働集約型輸出産業の前方連関は低下した。10 年間の低下率が最も大きいのは，ニット製品（年率平均 11%）であり，その他繊維既製品（同 7%）や革製品（同 5%），民生用電気機械（同 4%）などの労働集約型加工貿易の代表的な産業部門である。もともと，最終消費財産業に分類されるこれらの産業の前方連関効果は小さいが，90 年代の輸出主導型発展に伴い，これらの産業における最終財とは別に生産される，中間財の輸出が拡大し，国内使用が低下した結果，国内前方連関効果がさらに低下したと考えられる。

3.3 東アジア諸経済への連関効果とその変化

Hirschman (1958) が提示した後方，前方連関は，国内における川下産業，

---

5) 東アジアにおける水平分業の発展，特に電気機械産業における水平分業の発展に関しては，木村ほか (2002)，通商白書 (2006)，黒岩 (2006) などが説明している。

川上産業間に存在する直接的,間接的波及効果である。しかし,これまで説明したように,東南沿海部における労働集約的加工貿易産業の発展は,近隣アジア諸国・地域を中心とする輸入,アメリカ向けを中心とする輸出に大きく依存している故に,急速な成長にも関わらず,国内総合連関効果は小さい。これは,90年代以降の中国における輸出主導型経済発展による波及効果が,海外直接投資の増加に伴う中間財の輸入と完成品の輸出拡大を通じて,国外に漏出していったことを表す。つまり,Myrdal (1957) が言う,資本移動や国際貿易を通じた国際的な波及効果が生じていることを示す。

ここでは,繊維産業,一般機械産業,電気機械産業,輸送機械産業などを細分類した16の産業部門における,アジア国際産業連関表の内生10カ国・地域に対する後方連関効果,前方連関効果の変化を見ることにより,中国の輸出主導型産業発展が有する,東アジア諸経済への直接的,間接的生産波及効果について説明する。

表4-4は,1990-2000年における,上記16の産業部門が内生10カ国・地域に対する後方連関効果の変化を示し,そして表4-5は,前方連関効果の変化を示している。データは,1990年の値と2000年までの10年間の変化幅であるが,その変化幅が0.01より大きい値には灰色のマークを付け,他の小さい値と区別している。

まず,後方連関効果(表4-4)を見ると,一部の産業(主に輸送機械産業)と国・地域(主にフィリピン,日本とアメリカ)において例外はあるが,ほとんどの産業のほとんどの国・地域に対する後方連関効果は90年から2000年までの10年間で大きく上昇している。ASEAN諸国における後方連関効果は急速に拡大しているが,その値はまだ小さく,ほとんどの後方連関効果は日本,韓国,台湾,アメリカの4カ国・地域に集中している。特に,台湾と韓国に対する後方連関効果の上昇が目立ち,まだ日本には及ばないが,アメリカを超える水準となっている。2000年時点で,すべての産業における後方連関効果が一番大きいのは,日本であり,中国の産業発展が日本に及ぼす直接的,間接的影響の大きさを示している。さらに,産業部門別に詳しく見てみると,次の4点が言える。

(1) 繊維産業では,90年において紡績,紡織産業の対アメリカの後方連

表 4-4 後方連関効果の変化

(1段目の数字は1990年の値。2段目の数字は1990～2000年の変化幅。)

	中国	インドネシア	マレーシア	フィリピン	シンガポール	タイ	台湾	韓国	日本	アメリカ
紡績	1.261	0.0006	0.0019	0	0.0007	0.0007	0.0129	0.005	0.0212	0.0354
	-0.019	0.004	0.001	0.000	0.002	0.002	0.020	0.030	0.029	-0.019
織物	1.1937	0.0006	0.0016	0	0.0007	0.0005	0.0105	0.004	0.0177	0.0313
	-0.0143	0.003	0.0006	0.0003	0.0014	0.0014	0.0204	0.0278	0.0304	-0.0166
ニット製品	1.5328	0.0011	0.0037	0	0.0014	0.0017	0.037	0.0206	0.0421	0.0354
	0.029	0.0054	-0.0003	0.0004	0.0016	0.0019	0.0131	0.0337	0.0271	-0.0142
アパレル	1.0268	0.0009	0.0014	0	0.0008	0.0004	0.0351	0.006	0.0401	0.018
	0.5161	0.0041	0.0004	0.0004	0.0019	0.0022	0.0089	0.0401	0.026	0.0019
その他繊維既製品	1.0319	0.001	0.0014	0	0.0008	0.0004	0.0352	0.006	0.0403	0.0181
	0.5114	0.004	0.0017	0.0004	0.0019	0.0024	0.0094	0.0417	0.0269	0.0023
原動機・ボイラ	1.4401	0.0016	0.0018	0.0003	0.0013	0.0004	0.0045	0.0041	0.0599	0.0187
	-0.0267	0.001	0.0013	0.0002	0.002	0.0019	0.0192	0.023	0.0087	0.0082
一般産業機械	1.4443	0.0017	0.0022	0.0003	0.0017	0.0006	0.0071	0.0036	0.0499	0.0243
	-0.0753	0.0012	0.0017	0.0003	0.0022	0.0018	0.0186	0.0249	0.0098	-0.0028
特殊産業機械	1.4725	0.0018	0.0024	0.0003	0.0017	0.0005	0.0055	0.0024	0.035	0.0189
	0.0786	0.0017	0.0017	0.0005	0.0027	0.0027	0.0276	0.0305	0.0429	0.0093
農業機械	1.62	0.0015	0.0036	0.0004	0.0013	0.0021	0.0059	0.0031	0.0435	0.0187
	-0.0592	0.002	0.0005	0.0005	0.003	0.0005	0.0272	0.0309	0.036	0.009
重電機器	1.5902	0.0023	0.0037	0.0004	0.0019	0.0005	0.009	0.0029	0.0519	0.0215
	-0.0383	0.001	0.0007	0.0006	0.0025	0.0023	0.0206	0.0293	0.0239	0.0078
電子・通信機器	1.1678	0.0012	0.0032	0.0003	0.0024	0.0005	0.0145	0.0123	0.0905	0.0238
	-0.1009	0.0038	0.0198	0.0082	0.0187	0.0098	0.0493	0.0451	0.0153	0.0394
民生用電気機械	1.7578	0.0026	0.0042	0.0005	0.0019	0.0005	0.0091	0.0023	0.0442	0.0222
	-0.1766	0.0025	0.0014	0.0009	0.0038	0.0018	0.0242	0.0336	0.0231	0.0122
自動車	1.2171	0.0012	0.0025	0.0001	0.0011	0.0018	0.0047	0.0022	0.0826	0.0211
	-0.1144	0.0005	-0.0005	0.0001	0.0009	-0.0003	0.0108	0.0166	-0.0136	-0.0045
二輪自動車・自転車	1.1728	0.0021	0.0037	0.0004	0.0022	0.0017	0.0157	0.0054	0.111	0.0379
	0.1572	-1E-04	-0.0009	-0.0001	0.0009	0.0002	0.0035	0.0152	-0.0591	-0.0158
造船	1.6321	0.002	0.003	0.0004	0.0036	0.0007	0.0077	0.0072	0.0923	0.0236
	-0.1151	0.0008	0.0008	0.0004	0.0006	0.0016	0.0201	0.0237	-0.015	0.006
その他輸送機械	1.5418	0.002	0.0031	0.0003	0.0019	0.0018	0.0084	0.0064	0.0933	0.105
	-0.0632	0.0004	-0.0003	0.0002	0.0009	0.0002	0.0133	0.0179	-0.0427	-0.0881

注:0.000は，四捨五入の結果であり，「一切なし」を意味しない。
出所:表4-2と同じ。

関が最も大きいが，それ以外のすべての産業部門，時点で対日本の後方連関効果が最も大きい。中国繊維産業の発展が日本繊維産業の空洞化をもたらしていることは確かだが，90年代以降大量に中国へ進出した日本の繊維業者による日本からの原材料調達が低下しているとはいえ，いまだに約3割を占めており，中国の繊維産業発展による対日本の後方連関効果は上昇している。しかし，川上の紡績，紡織における後方連関効果の拡大が，川下のアパレルやその他繊維製品より大きいことから，中国における繊維産業の発展による後方連関効果は，日本の川上繊維産業よりも，化学や機械産業への波及効果のほうが大きくなっていると考えられる。そして対韓国の後方連関効果は，繊維産業すべて部門において大きく伸び，ニット製品，アパレル，その他の繊維既製品などの川下産業部門では，日本に急接近している。

(2)　一般機械産業では，すべての産業部門において，韓国と台湾の変化が大きく，特殊産業機械と農業機械では日本の変化が大きい。しかし，後方連関効果の大きさでは日本が依然高く，韓国と台湾の合計よりも大きい。中国の機械産業の発展が日本に及ぼす影響が大きいことを示す半面，中国の一般機械産業が，自国との技術レベル格差が大きい日本からの輸入に大きく依存していることを示す。一方，対アメリカの後方連関効果は，90年では日本に次ぐ大きさであったが，90年代10年間の変化が小さく，2000年では韓国と台湾に追い越されている。そして，ASEAN諸国への後方連関効果はその値も，変化も小さい。

(3)　電気機械産業では，アメリカを含むすべての内生諸国・地域への後方連関効果は大きくなった。対日本の後方連関効果は，韓国と台湾の合計とほぼ同じであり，中国の電気機械産業の日本への依存度の高さを窺い知ることができる。特に，2000年における電子・通信機器の対日本の後方連関効果は，対自国の10％にまで拡大している。三つの産業部門の中でも，電子・通信機器における後方連関効果が，重電機器と民生用電気機械のほぼ2倍の大きさ（2000年）であり，対外波及効果が最も高くなっていることがわかる。そして，2000年においてASEAN諸国の合計が，日本の次に大きくなっており，電子・通信機器産業におけるアジア域内での水平分業の拡大を説明してくれる。

(4) 輸送機械産業では，後方連関効果が一番大きい国は依然日本であり，その値は90年代の10年間で大きく低下しているものの，自動車，二輪自動車・自転車，および造船では日本を除くアジア合計よりも大きい。90年時点では，中国の輸送機械産業の対外後方連関効果のほとんどは日本とアメリカに集中していたが，2000年では韓国，台湾へも広がっている。輸送機械産業の四つの部門の中で，生産額に占める輸出額の比率が高い造船部門と世界市場におけるシェアが高い二輪自動車・自転車部門が，輸出関連産業に分類できるが，対日本への後方連関効果はともに低下し，対韓国と台湾への後方連関効果が拡大した。

しかし，技術集約度が比較的に高い造船部門の低下幅が二輪自動車・自転車部門より小さいことから，中国の輸送機械産業が日本への過度な依存を低下させつつあるが，両国の間の技術集約度の高い産業部門における技術レベルの格差により，日本に依存せざるを得ない部分が大きいことを示す。そして，中国の自動車産業は，90年代以降急速に成長したが，外国企業の参入に対する規制が多く，日本の自動車メーカーの中国進出が本格化したのが2000年以降であるので，90年代の後方連関効果が低下したと考えられる。

次に，前方連関効果（表4-5）を見ると，産業では電子・通信機器産業以外，国ではアメリカ以外における前方連関効果の低下，若しくは0（連関効果がほとんど無い）が目立つ。ここでの前方連関効果は，それぞれの産業における最終財とは別に生産される糸，布，機械部品，電子部品，自動車部品などの中間財が，内生諸国・地域の関連産業において中間財として利用された結果としてもたらされる生産波及効果である。

後方連関効果と同様，ASEANへの前方連関効果は拡大しているが，その値はまだ小さく，韓国の変化が大きい。後方連関効果と異なるのは，日本が全体に占める割合も小さく，90年代の10年間で大きく低下していることである。逆に，アメリカが大きく伸ばしており，最終消費財産業に分類されるニット製品，アパレル，民生用電気機械，二輪自動車・自転車のみならず，電子・通信機器と自動車などにおいても，アメリカを除く域内合計よりも大きい。中国の東南沿海部に集中した，加工貿易企業が作り出す工業製品（最終消費財以外の中間財）の輸出におけるアメリカの割合が増加した結果である

第4章　輸出主導型成長と東アジア諸経済への連関効果

表4-5　前方連関効果の変化
（1段目は1990年の値。2段目は1990～2000年の変化幅。）

	中国	インドネシア	マレーシア	フィリピン	シンガポール	タイ	台湾	韓国	日本	アメリカ
紡績	1.231	0.0031	0.001	0.0016	0.0016	0.0053	0	0.0001	0.0379	0.0121
	0.2071	−0.0025	0	−0.0011	0.0002	−0.0016	0.0023	0.0167	−0.0136	0.0113
織物	1.2297	0.0008	0.0017	0.0024	0.0024	0.0041	0	0	0.0425	0.0256
	−0.0343	−0.0003	0.0001	−0.0018	−0.0015	−0.0005	0.0026	0.0173	−0.0228	−0.0025
ニット製品	0.377	0	0.0006	0.0005	0.0005	0.0012	0	0	0.0068	0.0046
	−0.2491	0.0001	0.0005	1E-04	−0.0005	0.0033	0.0001	0.0006	−0.0022	0.0221
アパレル	0.4441	0.0001	0	0.0012	0.0012	0.0004	0.0001	0.0001	0.0691	0.0108
	−0.0872	−0.001	0.0004	−0.0012	0.0007	−0.0004	0.0003	0.0026	−0.0637	0.0026
その他繊維既製品	0.4466	0.0038	0.0025	0.0084	0.0084	0.001	0	0.0001	0.0677	0.0187
	−0.2333	−0.0021	0.0018	−0.0082	0.0041	0.0041	0.0043	0.0331	0.0713	0.0891
原動機・ボイラ	0.9078	0	0.0001	0.0007	0.0007	0.0006	0		0.0119	0.0055
	0.1478	0.0029	0.0004	−0.0007	0.0012	0.0006	0.0017	0.0043	0.003	0.0128
一般産業機械	1.0868	0.0003	0.0005	0.0026	0.0026	0.002	0	0	0.0366	0.0126
	0.6511	0.0011	0.0013	−0.0024	−0.0003	−0.0004	0.0105	0.0097	−0.0087	0.0449
特殊産業機械	1.4101	0.0004	0.0005	0.0028	0.0028	0.0022	0	0.0002	0.0276	0.0356
	−0.2882	0.0006	0.003	−0.0027	−0.0002	−0.0008	0.005	0.0066	−0.0022	0.0289
農業機械	0.6556	0.0006	0	0.0003	0.0003	0.001	0	0	0.0094	0.0032
	0.1616	0.0001	0.0006	−0.0003	0.0009	−0.0004	0.0019	0.0047	0.003	0.0101
重電機器	1.5727	0.0005	0.0003	0.0041	0.0041	0.0021	0.0001	0.0002	0.0443	0.0252
	−0.0103	0.002	0.0114	−0.0036	0.0325	0.0128	0.0084	0.028	0.0111	0.0485
電子・通信機器	0.4936	0.0003	0	0.0017	0.0017	0	0	0.0001	0.013	0.0262
	0.1598	−0.0001	0.0101	−0.0006	0.0107	0.0077	0.0079	0.0105	0.0088	0.0464
民生用電気機械	1.6351	0.003	0.0008	0.0049	0.0049	0.0084	0.0001	0.0001	0.043	0.0551
	−0.5501	−0.0024	0.0016	−0.0044	−0.003	−0.008	0.0057	0.0055	−0.0238	−0.0034
自動車	1.0473	0.0001	0.0001	0.0013	0.0013	0.0011	0	0	0.0215	0.0088
	0.1068	0	0.0005	−0.0013	−0.0004	−0.0005	0.0019	0.0044	−0.0068	0.0263
二輪自動車・自転車	0.2578	0.0013	0	0.0006	0.0006	0.0001	0.0002	0	0.0075	0.0041
	0.0897	0.0023	−0.0001	−0.0006	−0.0006	0	0	0.0004	−0.0071	0.008
造船	0.7223	0.0011	0.0004	0.0012	0.0012	0.0006	0	0	0.0154	0.0083
	−0.077	0.0002	0.0001	−0.0012	−0.0009	−0.0006	0.0016	0.0027	−0.006	−0.001
その他輸送機械	0.4965	0.0001	0	0	0	0.0046	0	0.0003	0.0109	0.0105
	0.3595	0.0006	0.0008	0	0.0001	−0.0043	0.0065	0.0035	0.0043	0.0056

注：表4-4と同じ。
出所：表4-2と同じ。

だろう。さらに，産業別に詳しく見ると，次の4点が言える。

(1) 繊維産業では，対アメリカの前方連関効果の伸び率の高さが目立つ。特に，ニット製品，アパレル，その他繊維既製品における値がきわめて大きく，繊維製品の最終輸入地としての性格が強く現われている。紡績，紡織という繊維産業の川上産業では，日本への影響が低下した代わりに，対アメリカ，韓国，台湾への影響が大きくなっている。そして，ASEANの中では，対タイへの前方連関効果が大きい。また，2000年における，その他の繊維既製品の対海外前方連関効果が，自国へのそれよりも大きく，その生産の拡大が輸出に大きく依存していることがわかる。そして，アパレルは，中間財としての使用が少なく，多くが最終消費財として使われるため，前方連関効果の値は小さいが，韓国の伸びが大きく，アメリカの値が大きい。

(2) 一般機械産業では，一般産業機械における台湾の変化が0.01を超えた以外，日本を含む他のアジア諸国への前方連関効果における変化は小さい。一方，アメリカはすべての部門において大きく伸ばしており，中国の一般機械産業の前方連関効果が一番大きい国となっている。

(3) 電気機械産業では，後方連関効果ではすべての内生国・地域において上昇していたが，前方連関効果に関してはASEAN諸国のいくつかで低下がみられる。中国の電気機械製品の生産が，ASEANを含む近隣諸国・地域から中間財を輸入し，完成品はアメリカ，日本，NIEsなどの国・地域へ輸出する構図がここでも明らかになる。電気機械産業の三部門すべてで，対アメリカの前方連関効果が一番大きく，ASEANの中では民生用電気機械以外の二部門においてシンガポール，タイ，マレーシアの変化幅が大きく，値も大きい。

そして，日本では中間財的な使用がより多い，重電機器と電子・通信機器では伸びたが，民生用電気機械では低下している。また，台湾と韓国では三部門ともに急激に増加したことから，電気機械産業生産の中国への集積が進む中で，韓国，台湾メーカーは海外への輸出と本国への逆輸入が共に増加しているのに対し，日本のメーカーは，本国への逆輸入比率を減らしている（第三国向け輸出の比率が増加）ことがわかる。

(4) 輸送機械産業では，90年時点では，日本への前方連関効果の大きさ

が目立っていたが，2000年になると，アメリカや韓国，台湾の値も大きくなっている。造船以外のすべての部門で，対アメリカの前方連関効果が一番大きくなっている。特に自動車では，対アメリカの前方連関効果の伸びが大きく，その値も高い。そして，90年代の10年間の動きを見ると，マレーシア，台湾，韓国とアメリカが伸び，日本，タイ，シンガポールが低下した。自動車産業はこれから最も大きく成長し，中国への産業集積も進むと予測されており，その変化を掴むには今後のデータを待たなければならない。

自動車以外では，まだその値は小さいが，インドネシアが急激に拡大している。また，二輪自動車・自転車以外では，対韓国，台湾への前方連関も大きくなっている。

これまで，90年代の中国の産業発展を代表する四つの産業（16部門）の発展による，アジア国際産業連関表の内生諸国・地域に対する生産波及効果を，後方連関効果と前方連関効果に分けて見てきた。本節の分析は次のようにまとめられる。

後方連関効果では，繊維の川下産業と特殊産業機械，二輪自動車・自転車産業の国内後方連関効果が大きくなったが，その他では低下した。対外では，ASEAN諸国への後方連関効果は拡大したが，その値がまだ小さく，電子・通信機器産業以外では目立った水平分業関係がみられない。一方，後方連関効果が大きく拡大したのは，中国より発展レベルが高い日本，韓国，台湾およびアメリカであり，技術発展水準の違いに基づく国際的分業構造の発展を示している。そして，このことは，90年代におけるこれらの国・地域の対中国直接投資の増加が，本国からの中間財調達を増加させた結果であるとも考えられる。

前方連関効果では，国内においては，中間財としての利用が多い紡績や一般機械部門では上昇し，最終財としての利用が多い繊維の川下産業や民生用電気機械産業では低下した。このことは，90年代を通じて輸出が拡大したこれらの産業において，最終財の生産とは別に生産される中間財の国内使用が低下し，最終財と共に中間財の輸出も増加したことを示唆している。対外では，ASEAN諸国への前方連関効果は，中間財としての使用が多い重電機器や電子・通信機器において大幅に上昇したが，そのほかでは中国からの中

間財輸入による前方連関効果は低下傾向にある。そして，前方連関効果が大きいのは，アメリカ，日本，韓国であるが，アメリカと韓国では上昇，日本では低下が目立つ。中国への生産集積が進むなか，その完成品の対アメリカ輸出が増加した結果であろう。

4 結　　論

　本章では，90年代以降の中国における輸出主導型成長に伴う国内，および近隣アジア諸経済への波及効果の変化を分析した。本章の連関効果分析は，中国の経済成長に伴う連関効果に関する既存の諸研究とは，次の二点において異なっている。第一は，中国の経済成長に伴う国内的，国際的連関効果の変化が，単に中国における急速の経済成長や貿易拡大だけではなく，1990年代以降の中国経済成長が輸出主導型成長であり，また労働集約的加工貿易の拡大に大きく依存したことの影響を受けている点を強調している点である。そして第二に，細分類部門によって連関効果の構造が大きく異なっていることを示している点である。この点は，産業中分類に基づく既存の諸研究では明らかにされなかった。

　本章においては，まず貿易における変化の考察を通じて，中国の輸出主導型成長の直接的影響を，次に後方連関効果と前方連関効果の計算に基づいて，直接的，間接的生産波及効果を説明した。アジア国際産業連関表が，今のところ2000年までしか公表されていないため，連関効果のその後の動きを完全に捉えることはできなかったが，貿易データのその後の推移を見る限り，その全体的な趨勢には大きな変化がないと考えられる（ただし，2000年以降，中国の自動車産業が飛躍的に拡大しており，日韓の完成車メーカーや大手部品メーカーによる中国進出が急増しているので，自動車産業における連関効果が大きく変化している可能性がある，第7章参照）。

　本章における主な結論を整理すると，以下の通りである。

　第一に，90年代以降の中国における輸出主導型成長は，海外直接投資の増加に伴う東南沿海部中心の労働集約型加工組立産業の発展を特徴としてい

る故に，中間財の輸入拡大（中間材の国内調達の伸び率より，輸入の伸び率が大きい）と最終財を主とする完成品の輸出増加（最終財の国内使用の伸び率より，輸出の伸び率が大きい）を通じて，国際的リンケージを拡大させている。中間財調達においては，輸入比率が高まっているなか，アジア国際産業連関表の内生諸国・地域からの調達比率が上昇した。中でも東アジア諸経済からの調達が急速に増加している。そして最終財の輸出においても，輸出比率の増加，内生国への輸出比率の上昇がみられるが，アメリカの大きな上昇を除くと，東アジアへの最終財輸出は微増である。

　第二に，国・地域別では，中間財調達では日本の割合が一番大きく，最終財輸出ではアメリカの割合が最も大きい。そして，韓国，台湾は90年代を通じて大きく伸び，2000年の中間財調達では，日本より大きい産業（ニット製品，電子・通信機器）もみられる。ASEAN五カ国は，90年代を通じて増加はしているものの，規模がまだ小さく，一部の産業（重電機器，電子・通信機器）を除くと，顕著なリンケージは見られない。つまり，アジア国際産業連関表における内生国・地域と中国との間の国際的リンケージは，主に日本，アメリカ，韓国，台湾の間で強化されている。

　第三に，90年代以降の海外直接投資の増加とともに上昇する中間財輸入の増加と中間財的完成品の輸出増加は，国内および国外への直接的，間接的生産波及効果の変化をもたらした。総じて言うと，後方連関効果では，国内後方連関効果の低下，東アジア諸経済への後方連関効果の増加が見られ，前方連関効果では，国内前方連関効果の低下，アメリカと韓国への前方連関効果の増加傾向がみられる。そして，中国の産業発展による生産波及を最も大きく受けている国は日本である。当初の逆輸入を中心とした対中投資が，近年では中国国内での販売，および第三国への輸出向け生産へシフトしたことから，前方連関効果では一部低下し，アメリカに次ぐ大きさとなっているが，後方連関効果における圧倒的な大きさと併せて考えると，中国の経済発展が日本に及ぼす波及効果は極めて大きい。

　また，韓国と台湾に対する後方連関効果は大きく伸び，中国の経済成長による波及効果は総じて拡大しているが，前方連関効果がまだ小さいことから，韓国企業と台湾企業の輸出向け最終財生産あるいは最終工程の中国への移転

が窺える。なかでも，韓国については本国への逆輸入（最終財と中間財ともに）が増えているのに対し，台湾は日本同様，中国現地販売と第三国への輸出向け生産に集中しているように見える。対 ASEAN への生産波及効果は，一部の電気機械産業，特に電子・通信機器において大きく拡大し，アジアにおける水平分業拡大の様子を呈している以外，その他の産業における生産波及効果はまだ小さいままである。

　第四に，既存の多くの研究が産業中分類で分析した，四つの産業を細分類に基づき詳しく見てみると，同じく繊維産業に属する部門であっても，川上産業である紡績と，川下産業であるアパレル及びその他の繊維既製品の間では，国内及び対外の後方連関効果と前方連関効果の構造は大きく異なる。同様に，一般機械産業の特殊産業機械とその他機械部門の間で，電気機械産業の電子・通信機器とその他の電気機械産業の間で，輸送機械産業の二輪自動車・自転車とその他の部門の間では，国内および国際後方連関と前方連関構造は大きく異なる。

　この違いは結局，川下産業の発展に必要な中間財を川上産業の発展によって，どの程度まかなっているかということによる。中国がフルセット型産業を有しているとはいえ，各々の産業における技術の到達水準には大きな格差が存在している。その結果，アパレルのような技術集約度が相対的に低い産業部門では，自国内での完成度が高まっているのに対して，電子・通信機器などの技術集約度が相対的に高い産業においては，海外からの輸入に依存せざるを得ない中間財が拡大していることを示している。

第5章

中国の産業発展と
韓国製造業の空洞化

1 はじめに

　現在のアジア経済は，世界に先駆けて「百年に一度」の世界同時不況から脱出しているが，そのなかでも中国と韓国における回復ぶりが目立つ。2010年の上半期における両国のGDP成長率は，中国が11.1％，韓国が7.6％を記録し，世界経済の回復を牽引している[1]。特に，中国経済は4兆元の財政支出をはじめとする積極的な国内需要拡大政策の影響を受け，2009年半ば以降に回復に転じたが，その景気回復に伴う輸入需要拡大の影響を受け，中国へのFDI比率と輸出依存度が高い韓国経済も急速に回復している[2]。

　中韓両国の経済は1992年の国交締結以降，相互依存を拡大しつつあり，韓国は中国に核心的な部品を輸出し，原材料と賃金コストが安い中国で製造

---

[1] 中国は中国国家統計局，韓国は韓国銀行（中央銀行）の速報値である。なお，IMFの年間予測によると，中国が10％，韓国が4.5％，世界全体は2.5％となっている。
[2] 2009年における韓国の対中国FDIの累計額は286億ドルであり，全体の20.8％を占め，中国はアメリカに次ぐ第二の投資対象国である（対アメリカFDIの累計額は293億ドル，21.3％）。一方，現在の韓国経済を牽引している電気・電子産業と自動車産業における対中国FDIは，54％と44％を占め，アメリカの同31％と11％を大きく上回っている。そして，韓国の輸出に占める中国の割合は，2003年（第一の輸出対象国となった年）の18％から2009年の23％へ上昇している（同アメリカの割合は18％から11％に低下）。

（組立）し，逆輸入および第三国への輸出を行ってきた。直近では，中国における急速な経済成長と国民所得の増加に伴い巨大化する内需市場は，韓国経済の安定と成長の原動力となっている（韓国国民経済諮問会議 2007）。一方，中国の経済成長と産業発展が韓国経済に対する脅威も徐々に拡大している。外資に依存しながら技術力と競争力を付けてきた中国メーカーの製品は，国際市場のみならず，韓国国内市場においても韓国製品の強力なライバルとなりつつあり，韓国国内における産業構造の変化と雇用調整に大きな影響を与えている。

1990 年代以降の韓国による対中国の FDI は，90 年代では革製品・靴，繊維・衣類製造業などの労働集約的な産業，および機械・金属加工や電気機械産業の組立などの労働集約的過程を中心に，2000 年代では資本・技術集約的な化学，電気・電子機械，自動車産業を中心に行われ，国内の一部産業，一部生産過程の持続的な中国移転をもたらしてきた。特に，2000 年以降，韓国企業による生産拠点の中国移転の規模がさらに大きくなり，韓国国内における製造業の空洞化現象がますます顕著になっている。

このような中国向け FDI の増加に伴う韓国製造業の段階的な中国移転は，Vernon（1966，1979）の Product Life Cycle 理論（以下，PLC 理論）が提示した発展段階論から説明できる。すなわち，はじめは韓国国内で衰退期（decline）を迎えた産業の生産が中国に移転し，その過程が徐々に発展期（development），成熟期（maturity）の産業に拡大する。さらに，韓国国内における製造業の発展基盤が少しつつ縮小されるにつれ，研究・開発などの技術革新を支え，革新期（innovation）の産業を絶えず生み出し，産業構造の高度化をもたらす原動力が失われていく危惧が増加している。

特に，韓国における産業空洞化対策としての産業高度化に向けた構造調整は，「対案なき構造調整」（韓国民主労総 2005）とも言われている。政労使の協議に基づく共通の目標，もしくは方向性を持っておらず，労働を排除して敢行された構造調整は（繊維産業が代表的な例である）雇用調整に集中し，韓国における産業空洞化問題は，深刻な雇用・社会問題に直結し，韓国経済の持続可能な発展を揺るがしている。

本章の目的は，PLC 理論が提示した発展段階論に基づいて，韓国製造業

の段階的な中国移転に伴い拡大されつつある中韓両国における産業間連関構造の実態を説明し，中国の産業発展が韓国の労働集約的産業の代表的産業である繊維産業の空洞化に対する影響が，資本・技術集約的産業の代表的産業である自動車産業でも現れるのかについて，これらの産業の雇用調整に関する影響を中心に検討することである。

本章の2では，韓国における産業空洞化に関する論争の概括を行い，PLC理論に基づく分析枠組みを提示する。そして3では，中国における繊維産業と自動車産業の発展が，韓国の各々の産業に対する波及効果の変化を『アジア国際産業連関表』に基づいて検討する。4では，波及効果の変化に伴う雇用の変容に対する影響を考察し，最後の5では，本章の結論をまとめる。

2　産業空洞化の定義

2.1　韓国における産業空洞化論争

1990年代以降の韓国における「産業空洞化」に関する論争は，FDIの増加が国内製造業の比重，および競争力の低下につながり，成長可能性を低下させるという危惧から始まった。特に，中国経済が急成長を続け，世界のFDIによる中国集中が加速し，中国製の安価な製品が世界市場を席巻するにつれ，日本，台湾と共に韓国でも，中国の影響による産業空洞化問題に関する研究と論争が多くなっている（Kojima 1973，関 1997，Lee 2002，小林 2003，林武郎 2003，全国民主労総 2005，卞 2007 など）。

産業空洞化 (hollowing out) の概念に関しては，さまざまな解釈があり，論者によって違いがある。一般的には，国内における一部産業の海外移転に伴い，国内の産業が弱体化し，当該産業における雇用が減少する現象をさす。最近では，小林 (2003) の「国際競争力を喪失して輸入拡大，輸出減少のために打撃を受けた産業，あるいは企業が消滅したり，海外に移転したりすることによって，国内産業基盤がなくなるのみならず，その代替となる新産業の創出や産業の高度化が起きず，産業構造に空白ができる現象」という定義

が広く使われている。

　しかし，この定義に含まれている多くの概念と複雑な因果関係は，産業空洞化の概念を難解にし，産業空洞化現象を説明するためには，多数の変数および因果関係を検証しなければならない。結果，産業空洞化現象に対する評価は，その基準となる変数の選択によって大きく分かれる可能性がある[3]。そして，産業構造の変化に伴い発生する雇用への影響に関する言及が欠落している。

　そして，産業空洞化と類似している概念として，「脱産業化」(deindustrialization) や「サービス産業化」があるが，それは産業空洞化よりも包括的な概念として，産業構造の高度化をもたらす経済構造の変化を強調する。すなわち，脱産業化は産業空洞化の概念よりも肯定的な意味で，既存の製造業中心の経済構造からサービス業中心の経済構造への変化をさしている。よって，先進工業国では脱産業化という用語がより普遍化している（卞 2007）。

　韓国においても，「産業空洞化」という用語より「脱産業化」が選好されているが，その背景には，政府および政府系シンクタンクを中心に，韓国の製造業の空洞化現象は深刻ではないという判断がある。また，韓国におけるGDPに占める製造業の割合が，最近では増加傾向にあり，その水準もほかの先進国より高い。さらに，FDIにおける流入が流出より多く，企業の国内売り上げと海外法人売上の比率が他の先進国よりは低く，貿易収支は黒字である，などがその判断の根拠となっている[4]。よって，政府側は，韓国から

---

3) 例えば，韓国製造業の国内投資指標に関する調査は，従業員5人以上の企業を調査対象とする韓国統計庁では，製造業の固定資産投資増加率が0に近く，200人以上の企業を対象とする韓国産業銀行の調査においては大きく増加している，という結果が報告されている。一方，統計庁と類似した調査対象に基づいた韓国銀行の統計では，中小企業では増加している（2000年～2003年の間で，7%増）半面，大企業は低下（同，－2%）している，という結果を得ている（安・黄・南 2005, pp. 8-9）。

4) 韓国の名目GDPに占める製造業の割合は，1985年の24.8%から2005年の28.4%へ上昇している。一方，アメリカは22.8%から15.7%（1977年～2004年），イギリスは23.7%から19.5%（1982年～2003年），日本は28.2%から21%（1980年～2005年）へ低下している。また，2005年の韓国の純海外投資は32億ドル，貿易収支は231億ドルである。そして，海外法人の売上が国内売上に対する比率は12.7%で，日本の29%（2005年）に比べるとかなり小さい（卞 2007を参照）。

海外に移転された製造業は，衰退期に位置する産業であり，そのような産業の移転による製造業比率の低下は，産業高度化および脱産業化の過程と見るべきであるとしている。

一方，産業界と労働側は，生産拠点の海外移転規模の拡大に伴う国内投資率の漸次的な低下，産業連関や企業間関係（大―中小企業間のヒエラルキー的需給関係）の変化に伴う中小企業の経営困難，産業構造の調整に伴う雇用の低下などを根拠に，韓国の製造業空洞化に対して強い懸念を示している[5]。特に，労働側は，政府が推進する産業構造の高度化のための「労働を排除した構造調整」には，衰退期産業の海外移転に伴う就業構造の変化に対する配慮がないと批判し，雇用対策を含めた空洞化対策を強く要求している（韓国民主労総 2005）。

もちろん，政府側も「韓国における製造業の空洞化が起きる可能性に対しては否定しない」し，「空洞化対策が必要である」という認識では，産業界および労働側と一致している（安・黄・南 2005）。そして，隣の中国における産業発展が今後，韓国の製造業空洞化の最大の要因となりうるということは，政府，産業界，労働界，およびすべての研究者における共通認識である。しかし，当面の産業構造変化の性質（産業空洞化か，脱産業化か），構造変化が企業経営，雇用・所得に及ぼす影響，などに対する認識が異なることから，政府，産業界，労働側における製造業空洞化に対する対策の焦点，内容は大きく異なる。

政府と産業界は，衰退期に位置する産業に代わる新しい革新期の産業の育成による産業構造の高度化，規制緩和に伴う企業経営環境の改善，外資の積極的な誘致，雇用と賃金調整の柔軟化などの対策を提案している。一方，労働側は，政府と産業界が企業の競争力強化につながるビジネス環境のつくりに焦点を合わせた上記のような施策より，労働者をパートナーとして認め，労働者の熟練と技能形成に対する教育・訓練投資の増加を通じて企業の競争

---

5) 産業界と労働側は，その政治的立場が異なるにも関わらず，製造業の空洞化がすでに危険水準を超えていると認識している（安・黄・南 2005）。国内設備投資の増加率（期間平均）は，70 年代の 21.1％から 12.4％（80 年代），8.7％（90 年代），に低下し，2000～2006 年（6 月まで）の増加率はわずか 2.3％にとどまっている。

力を向上させるべきであると主張する。さらに，製造業の海外進出に伴い雇用が減少する現在の状況では，単なる整理解雇による雇用の数量的調整と賃金コストの柔軟化のための非正規雇用の使用拡大ではなく，あたらしい産業への配置転換を積極的に推進する施策の必要性を提起している。

このような産業空洞化の概念に関する理解，および韓国における産業空洞化論争に基づいて，本章では小林（2003）の定義における産業構造の変化に関する考えに加えて，国内産業の海外移転が当該産業における雇用の著しい減少をもたらす，という負の側面を含めて製造業空洞化を定義する。なぜならば，産業空洞化よりも脱産業化が選好されている韓国において，政府や産業界が目指している衰退産業に代わる革新的産業の創出という過程において，労働者の産業間移動（衰退的な産業の縮小によって失職した労働者が，スキルアップし，革新的な産業において再就職を果たす），および失業者の保護に関する対策を強化しなければならないと考えているからである。このような雇用と賃金における柔軟化と積極的労働市場政策を通じて雇用可能性（Employability）を向上させ，失業保険などの社会保障政策による失職時の所得を保障する政策戦略は，フレキシキュリティ（韓国語では柔軟安全性と翻訳される，第8章参照）として，デンマークやオランダにおいて成功している。

つまり，韓国における製造業の空洞化問題に関する分析は，現在の韓国労働市場における「安全性を欠いた柔軟性の一方的拡大」現象を考慮しないと，これによる労働市場の「分断化」，「二極化」，「窮乏化」などの問題が看過され，製造業の縮小現象は「脱産業化」という肯定的な側面が誇張され，真の産業構造の高度化を妨げる可能性がある。

2.2 本章の分析枠組み

上記のような韓国における製造業空洞化の定義に基づいて，ここでは製造業の大挙中国進出に伴う韓国国内製造業の変容を考察する。まず，韓国の製造業における対中国FDIの推移を見てみよう。図5-1は，1980年以降における韓国の対外FDIの推移であるが，1990年代以降において急激に増加している。1989年に企業数では初めて1000社を超え，投資金額で20億ドル

(単位:社,百万ドル)

図 5-1　韓国の対外 FDI の推移
出所：KOTRA (2010. 元のデータは韓国輸出入銀行統計) に基づいて作成。

を超えた。以降，拡大傾向が続き，2009年までの20年間で企業数では46倍，金額では64倍の1376億に拡大した。特に，製造業の比率が高く，企業数ベースでは51％，金額ベースでは42％を占めている[6]。

そして，表5-1は韓国製造業の対外FDIの推移であるが，韓国の対中国のFDI推移もこの全体の推移と一致している。2009年の韓国FDI全体に占める中国の割合は，企業数ベースでは44％，金額ベースでは21％を占めている。そのなかの製造業の割合を確認すると，繊維・衣類産業では同70％と53％，革製品産業では同65％と48％，機械・金属加工産業では同81％と56％，化学産業では同73％と50％，電気・電子産業では同70％と54％，自動車・部品産業では同73％と44％を占めるなど，中国への投資は製造業を中心に拡大していることがわかる。

このような韓国製造業の対外FDIの急増，特に中国進出の急増は，中国への部品などの中間財の輸出を増加させているが，一方では韓国企業による逆輸入を含めた，安価な中国製品の輸入を拡大させ，一部国内産業の衰退，および衰退産業における雇用調整に大きな影響を与えている。とりわけ，韓国製造業の段階的な中国移転は，労働需要の中国移転を引き起こし，韓国国内における雇用構造の変化をもたらしている。

---

[6] その他のFDIに占める割合が大きい産業には，卸・小売業 (16.5％)，宿泊・飲食業 (6.4％)，不動産業 (5.1％)，建設業 (3.2％)，出版・映像・放送通信産業 (2.4％) などがある。

表 5-1 韓国製造業の FDI　　　　（単位：社，百万ドル）

		1992年	1995年	2000年	2005年	2009年
繊維・衣類	企業法人数	255	928	1773	3445	4383
		(32%)	(62%)	(68%)	(73%)	(70%)
	投資額	320	838	1540	2852	4027
		(17%)	(48%)	(45%)	(55%)	(53%)
革製品・鞄・靴	企業法人数	35	125	248	416	602
		(14%)	(50%)	(61%)	(67%)	(65%)
	投資額	50	165	286	495	778
		(20%)	(43%)	(48%)	(49%)	(48%)
機械・金属加工	企業法人数	59	328	799	2025	3025
		(36%)	(76%)	(77%)	(83%)	(81%)
	投資額	281	778	2324	4292	7041
		(4%)	(27%)	(31%)	(51%)	(56%)
化学	企業法人数	39	213	471	1077	1383
		(13%)	(62%)	(65%)	(75%)	(73%)
	投資額	109	274	835	1494	2909
		(2%)	(30%)	(30%)	(51%)	(50%)
電気・電子	企業法人数	70	324	872	2562	3782
		(47%)	(59%)	(56%)	(69%)	(70%)
	投資額	73	836	3580	7295	12101
		(39%)	(42%)	(28%)	(41%)	(54%)
自動車・部品	企業法人数	8	65	174	639	1024
		(63%)	(85%)	(75%)	(82%)	(73%)
	投資額	11	323	1651	3111	5739
		(91%)	(30%)	(22%)	(42%)	(44%)

注：金額は各年度までの累計値，括弧内の数値は，中国の割合である。
出所：図 5-1 と同じ。

　図 5-2 が示すように，90 年代のはじめは，国内における賃金コストの増加に伴い競争力を失った労働集約的な産業，繊維・衣類製造業と革製品（鞄，靴など）の製造業が中国へ移転し，続いて化学，ゴム，金属，一般機械，家庭用電気機械などの技術集約度がそれほど高くない，規模の経済が重要視される産業が 90 年代半ば以降において中国に進出した。そして，90 年代の終

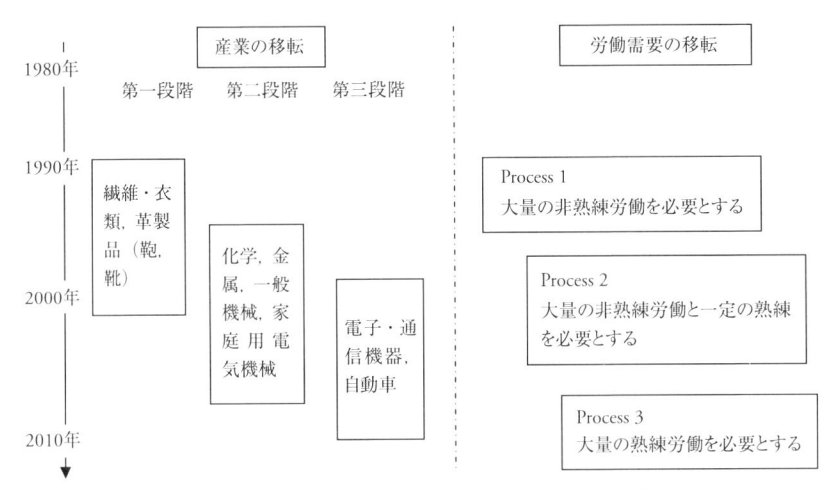

図 5-2 韓国製造業の中国移転と労働需要の移転の構図

産業の移転

- 1980年
- 1990年：第一段階 繊維・衣類，革製品（鞄，靴）
- 2000年：第二段階 化学，金属，一般機械，家庭用電気機械
- 第三段階 電子・通信機器，自動車
- 2010年

労働需要の移転

- Process 1　大量の非熟練労働を必要とする
- Process 2　大量の非熟練労働と一定の熟練を必要とする
- Process 3　大量の熟練労働を必要とする

出所：筆者作成。

わりから2000年代にかけて，電子・通信機器，自動車などの技術集約的な産業における中国進出が多く行われている。

本章では，このような製造業の中国移転に伴い拡大されつつある，中国の産業発展が韓国製造業の構造変化に対する影響を考えると同時に，製造業の雇用に与える影響についても検討する。

3　韓国の製造業空洞化に対する中国の影響

製造業空洞化の悪影響の中で最も危惧されるのが，特定産業における海外移転の増加に伴いその産業部門に空白現象が起きると，その産業部門と関わりをもつ他の産業部門にも影響を与え，製造業全体の空洞化を引き起こす可能性である。すなわち，国内産業部門の大挙した海外移転は，国内産業部門間に存在する連関関係を断続させる一方，外国との連関関係を拡大させ，経済発展の対外依存が高まることが心配されるのである。

このような国内産業部門間の相互連関関係に着目し，Hirschman (1958) は，中心的な産業の発展による需要の拡大が，その投入物を供給するほかの

産業の発展を誘発する，川下産業から川上産業への後方連関効果と，その産業の発展による供給の拡大が，その生産物を投入物として使用させようとする努力を誘発する，川上産業から川下産業への前方連関効果の拡大を考慮することが，一国の産業発展には重要であると指摘している[7]。

しかし，前節で述べたとおり，1990年代以降，韓国製造業の海外移転は急激に増加し，韓国国内における産業連関は徐々に弱体化し，海外との連関効果が拡大されつつある（Kwon 2003）。特に，韓国製造業の対外FDIに占める中国の割合が徐々に拡大するにつれ，韓国の製造業と中国の相互連関は拡大している。つまり，韓国をはじめ海外からのFDIに大きく依存しながら発展する中国経済が，韓国（特に韓国の製造業）に対する影響 —— 対外連関効果 —— がますます大きくなっていくと考えられる。そして，これらの連関効果は，表5-1と図5-2で示しているとおり，繊維や革製品などの労働集約的な産業から，電気や自動車などの資本・技術集約的な産業に徐々に拡大している様子が窺える。

この節では韓国製造業の段階的な中国進出に伴う，中国の産業発展が韓国に対する影響を『アジア国際産業連関表（78/76部門表）』に基づいて計算した後方連関効果と前方連関効果の変化から検討する。

3.1　中国産業発展の韓国製造業への連関効果

表5-2は，1990年代の中国における産業発展が韓国の代表的な製造業に対する後方連関効果と前方連関効果を示している。ここでの後方連関効果は，各産業における中国側の生産拡大が，韓国から輸入した中間財の使用を増加させた結果として，韓国における各々の産業の生産拡大に対する影響を表している。そして，前方連関効果は，中国で生産された各産業の中間財的

---

[7] Hirschman (1958) は，後進国の経済発展においてもっとも重要なのは，すべての産業部門における「均衡的発展」よりは，諸産業の中で，波及効果が大きい産業を特定し，その産業を優先的に発展させる「均衡離脱的発展」戦略であるとしている。しかし，本章の中心的課題であるFDIの増加による国際的な産業連関効果は，Myrdal (1957) の「波及効果」と「逆流効果」の事柄に関する説明に近い。

表 5-2 中国の主な産業が韓国に対する連関効果

産業大分類	産業細分類	後方連関効果 1990年	後方連関効果 2000年	後方連関効果 10年間の変化	前方連関効果 1990年	前方連関効果 2000年	前方連関効果 10年間の変化
繊維産業	紡績	0.005	0.035	0.030	0.0001	0.017	0.017
	織物	0.004	0.032	0.028	0.0000	0.017	0.017
	ニット製品	0.021	0.054	0.034	0.0000	0.001	0.001
	アパレル	0.006	0.046	0.040	0.0001	0.003	0.003
	その他の繊維既製品	0.006	0.048	0.042	0.0001	0.033	0.033
革製品	鞄，靴，その他皮製品	0.006	0.087	0.081	0.0000	0.004	0.004
化学産業	合成樹脂と化学繊維	0.011	0.059	0.048	0.0001	0.014	0.014
	化学基礎製品	0.004	0.033	0.029	0.0009	0.025	0.024
	化学肥料・農薬	0.003	0.028	0.025	0.0000	0.015	0.015
	化学最終製品	0.003	0.035	0.032	0.0003	0.014	0.014
	石油製品	0.001	0.011	0.010	0.0035	0.019	0.016
金属・加工	非鉄金属加工製品	0.002	0.021	0.020	0.0001	0.007	0.007
	鉄鋼	0.002	0.023	0.022	0.0003	0.023	0.023
	非鉄金属製錬・精製	0.001	0.018	0.017	0.0007	0.025	0.024
	金属製品	0.005	0.033	0.028	0.0001	0.007	0.007
一般機械	原動機・ボイラー，等	0.004	0.027	0.023	0.0000	0.004	0.004
	一般産業機械	0.004	0.029	0.025	0.0000	0.010	0.010
	特殊産業機械	0.002	0.033	0.031	0.0002	0.007	0.007
	農業機械	0.003	0.034	0.031	0.0000	0.005	0.005
電気機械	重電機器	0.003	0.032	0.029	0.0002	0.028	0.028
	電子・通信機器	0.012	0.057	0.045	0.0001	0.011	0.011
	民生用電気機械	0.002	0.036	0.034	0.0001	0.006	0.006
輸送機械	自動車・同部品	0.002	0.019	0.017	0.0000	0.004	0.004
	二輪自動車・自転車	0.005	0.021	0.015	0.0000	0.000	0.000
	船舶・同修理	0.007	0.031	0.024	0.0000	0.003	0.003

出所：宇仁（2008，元のデータは『アジア国際産業連関表：78/76部門表』）に基づいて計算。

な製品が，韓国の各々の産業の生産で使用された結果として，中国から輸入された中間財が，韓国国内での中間財調達を代替していることを表している。

90年代の10年間における各産業の後方連関効果は，繊維や革製品などの労働集約型産業のみならず，電気や自動車などの資本・技術集約型産業においても大きく拡大していることがわかる。特に，産業細分類に基づいて各産業部門を詳しく見てみると，繊維産業ではアパレルとその他繊維既製品，革製品，化学産業では化学繊維と化学最終製品，金属・加工産業では金属製品，一般機械では農業機械，電気機械では情報・通信機器と民生用電気機械など，最終消費財的な性格が強い川下産業部門における後方連関効果が大きい。表5-1で示しているとおり，90年代以降における韓国の対中国FDIの急増が，韓国国内からの中間財調達を大きく拡大させ，各々の産業における川上産業部門の生産拡大に好影響を与えていることを表している。

そして，前方連関効果をみると，90年代を通じて大きく拡大しているが，連関効果の値は，後方連関効果のそれに比べると小さい。韓国からのFDIの急増により，逆輸入を含めた中国からの輸入が増加しているが，2000年における輸入総額に占める中国の割合はまだ小さく，繊維と革製品を除く他の産業部門では，10％未満であったからである。しかし，化学基礎製品，鉄鋼と非鉄金属，重電機械などの基礎的な産業部門における前方連関効果の値が一定の規模に達しており，韓国における製造業発展に対する中国の影響力が，供給の側面からも拡大していると言える。

このような後方連関効果と前方連関効果の拡大は，中国の産業発展が韓国の製造業に対する影響の拡大を示していると同時に，中韓両国の産業発展における相互依存がますます高まっていることを表している。前章の中国産業発展が周辺アジア諸国・地域に対する連関効果の比較分析では，中国の産業発展による対日本の後方連関効果が低下している半面，対韓国の後方連関効果は大きく拡大したことを検証している。繊維産業が最も代表的な例であるが，60～70年代に日本から韓国へ，80～90年代では韓国から中国へ，という段階的な産業移転は，徐々に他の産業にも広がり，中韓両国間の産業連関がさらに拡大する可能性は高い。

次の表 5-3 からわかるように，韓国製造業の輸出に占める中国の割合は，90 年代以降も継続して増加している。まず，輸出を詳しく見てみると，2000 年では化学，革，繊維，金属産業における中国の割合が一定の規模に達しているが，技術集約的な機械産業における中国の割合はまだ小さかった。しかし，2000 年以降では輸送機械を除くすべての産業部門において，中国の割合は急激に高まっている。90 年代後半以降における金属製品や電気機械を含むすべての産業部門における中国進出の拡大に伴い，韓国からの中間財輸出が増加した結果であろう。表 5-2 で示している中国の産業発展が韓国の製造業に対する後方連関効果は，2000 年以降において大きく拡大している可能性を示唆している。

そして，輸入では 1995 年時点で，繊維・革製品ではすでに中国の割合は相当に高かったが，それ以降も増加し続け，2009 年では 4～6 割を占めている。そして，2000 年以降においては，化学や機械産業においても中国の割合は急激に増加している。特に，電気機械の増加ぶりが目立ち，アジア全域に広がる電気機械産業（特に，電子・通信機器産業部門）における水平的分業の拡大に伴い，一部の核となる部品の製造工程を除く他の部門を中国に移転し，逆輸入を増加させていることが分かる。さらに，自動車産業においても中国の割合は 2005 年以降急拡大している。このような韓国製造業の輸入全体に占める中国の割合が急増したことは，表 5-2 で示している前方連関効果が，2000 年以降においてさらに拡大し，中国の影響は一部の労働集約的な繊維，革製品のみならず，資本・技術集約的な機械産業においても拡大していることを表している。

しかし，図 5-3 が示しているように，韓国製造業の生産額は 2000 年以降においても持続的に増加している。つまり，中国の産業発展の影響は，拡大要因としての性格が強く，前節の韓国製造業の空洞化に関する論争における否定的な意見の根拠となっているとも言える。しかし，注目に値するのは，繊維，革製品と共に，コンピュータを含む電子・通信機器の生産が，2000 年以降において徐々に低下している点である。2000 年以降，サムソンや LG に先導されながら，韓国は世界の電子・通信産業の主役に浮上しているが，国内における電子・通信機器の生産は低下している。そして，表 5-1 で示

表 5-3　韓国の産業別輸出入の推移

(上段が金額，単位：百万ドル，下段が中国の割合)

	化学製品	革製品	繊維製品	衣類	金属製品	一般機械	電気機械	自動車	その他輸送機械
輸出									
1995年	4470	4129	13497	4453	12284	12323	38075	9358	6758
	23%	18%	13%	1%	8%	8%	2%	2%	0%
2000年	7175	2755	13832	4552	13086	29732	46366	15266	9193
	32%	36%	18%	3%	14%	7%	7%	1%	0%
2005年	14392	1500	11536	2341	22992	38563	80488	37491	17650
	49%	44%	23%	14%	27%	25%	21%	9%	0%
2009年	19537	1166	10260	1258	33380	38206	88787	36531	43630
	49%	40%	20%	19%	21%	25%	28%	9%	0%
輸入									
1995年	10926	2649	5453	940	16138	23785	19316	2070	4349
	5%	12%	27%	41%	9%	1%	3%	1%	0%
2000年	10903	1797	4144	1240	14313	20873	36511	1631	1450
	7%	18%	31%	70%	9%	5%	7%	4%	1%
2005年	18633	2237	4248	2719	28237	27978	48734	4193	2628
	11%	40%	37%	79%	23%	17%	20%	6%	8%
2009年	22197	2614	4173	3161	35856	34407	53542	5516	4506
	16%	43%	42%	70%	22%	20%	32%	15%	17%

出所：韓国税関『貿易統計』各年に基づいて作成。

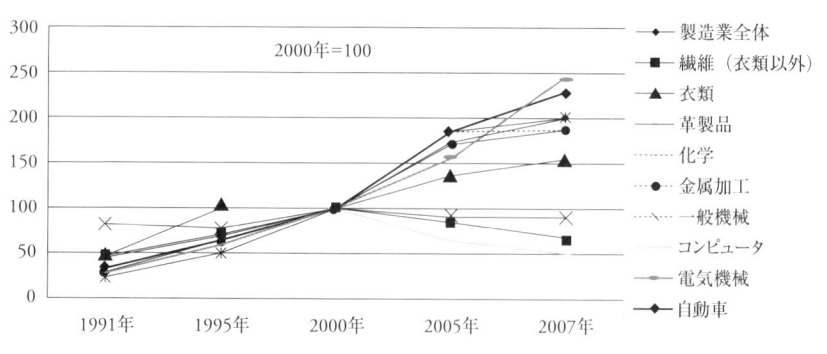

図 5-3　韓国製造業の生産額推移（実質値）

出所：韓国統計庁『鉱工業統計（従業員5人以上の事業所統計）』各年に基づいて作成。

表 5-4 韓国製造業の変化（年率平均率）

	製造業(全体)	繊維(衣類以外)	衣類	革製品	化学	金属加工	一般機械	電子・通信機器	電気機械	自動車
事業所数										
(1991〜99年)	3%	2%	2%	-2%	3%	6%	4%	2%	7%	3%
(2000〜07年)	3%	-4%	1%	-5%	4%	6%	3%	4%	5%	5%
就業者数										
(1991〜99年)	-2%	-5%	-5%	-15%	-1%	0%	-1%	-1%	2%	1%
(2000〜07年)	1%	-9%	-3%	-9%	-3%	5%	1%	2%	2%	4%
出荷額										
(1991〜99年)	14%	10%	7%	2%	14%	12%	11%	14%	15%	12%
(2000〜07年)	10%	-6%	6%	-1%	10%	20%	9%	-10%	13%	12%
固定資産残高										
(1991〜99年)	16%	8%	7%	1%	17%	9%	13%	16%	15%	17%
(2000〜07年)	5%	-9%	3%	-1%	0%	13%	5%	-10%	8%	4%

出所：図5-3と同じ。

しているとおり，電気・電子産業部門の対外 FDI に占める中国の割合が，企業法人数で7割，金額で5割以上を占めていることから，このような減少にもっとも大きく影響を及ぼしているのが中国であることがわかる。

さらに，表5-4 の韓国製造業の企業数，就業者数，投資額の推移をみると，多くの指標が2000年以降において製造業が拡大していることを示しているが，90年代に比べてその拡大幅は縮小していることが分かる。特に，就業者数の推移は，繊維，革製品，化学部門ではさらなる減少幅，一般機械，電子・通信機器，電気機械での微増，金属と自動車部門における急増など，産業部門によって異なる。つまり，韓国製造業における雇用は，労働集約的産業で減少し，資本・技術集約的な産業で増加していると言える。

しかし，労働集約的産業の縮小に伴い放出された労働者が，資本・技術集約的な産業の増加によって吸収された確証はない。なぜならば，製造業における雇用全体は2000年以降において年率1％の上昇を見せているが，増加したのは専門職（31万人）であり，一般職は低下（10万人）しているからであ

る[8]。

　そして，もっとも注目すべき点は，2000年以降における投資（実質値）の増加率が90年代に比べて著しく低下していることである。製造業全体を含め，金属加工部門を除くすべての部門で，投資の増加率は緩やかになり，繊維製品と電子・通信機器部門では大きく低下している。現時点における製造業の生産は上昇しているが，先行指標である投資の増加幅が縮小していることは，今後の韓国製造業の生産が徐々に減少する可能性を示唆している。さらに，投資の低下はR&D投資の低下に伴う研究開発能力の低下をもたらす可能性もある[9]。

　これまでの分析をまとめると，韓国製造業全体が空洞化しているとは言えないものの，繊維，革製品，および電子・通信機器産業では空洞化が確実に進んでいることが分かる。そして，この過程にもっとも大きく影響しているのが中国であり，それは表5-1と表5-3で示したFDIと輸出入に占める中国の割合の増加の結果である。中国の影響の拡大は表5-2における後方連関効果と前方連関効果の拡大から確認できるが，繊維，革製品，電子・通信機器における連関効果がもっとも大きく，中国の産業発展が韓国の繊維産業，革製品産業，電子・通信機器部門の空洞化に大きく影響していると言える。そして，このような影響は，自動車産業を含む資本・技術集約的な産業でも拡大されていることが推測できる。

3.2　自動車産業に対する影響

　上記の連関効果分析は，『アジア国際産業連関表』が2000年までしか公表されていないことから，2000年以降の推移を正確に確認できない。特に，

---

[8] 韓国銀行の『産業連関表』の付属雇用表からみると，2000～07年間の産業全体における雇用は211万人増であるが，その8割は専門職である。つまり，一般職の増加は小さく，雇用者全体に占める一般職の割合は，1990年の78％（製造業では82％）から，2000年の69％（同73％）へ，さらに2007年の64％（同65％）へ低下している。

[9] 卞（2007）は，サムソンやLGなどのグローバル大企業におけるR&D費用の国内：国外比率は，現在6：4程度であるが，次第に海外比率が拡大傾向にあることから，製造業の空洞化をもたらす大きな要因になりうると指摘している。

表5-5 中―韓自動車部品貿易の推移　　　　　　（単位：百万ドル）

	生産額	部品輸入額				部品輸出額			
	(A)	輸入(B)	内韓国(C)	C/B	C/A	輸出(D)	内韓国(E)	E/D	E/A
1995年	26545	855	19.6	2%	0.1%	376	1.54	0%	0.0%
2000年	43630	2113	71.3	3%	0.2%	1125	23.4	2%	0.1%
2003年	100932	7384	862.7	12%	0.9%	5420	25.5	0%	0.0%
2006年	174875	9034	2552	28%	1.5%	8877	285.9	3%	0.2%

注：部品貿易の統計は，International Harmonized System CodesにおけるHS 8076～8078の合計である。
出所：中国汽車工業協会『中国汽車工業年鑑』各年，韓国税関『貿易統計』の各年に基づいて作成。

自動車産業のように，対中国の投資が2000年以降において集中的に行われているため，1990年代の連関効果の値は小さかった。しかし，その値の推移を2000年以降の対中国投資の拡大と部品を中心とした自動車産業貿易の増加傾向と併せて考えると，現在の繊維・衣類産業における連関効果の構図，およびそれに伴う韓国の繊維・衣類産業の空洞化が，自動車産業においても現れる可能性は排除できない。

表5-5は，1990年代以降における中韓の自動車部品貿易の推移を示しているが，韓国からの輸出は2000年以降，輸入は2003年以降において激増していることが分かる。中国の自動車産業は「外資提携」を中心に急成長を遂げてきたが，2001年のWTO加盟以降においてその成長テンポはさらに速くなった。韓国の完成車メーカーの中国現地生産は，ノックダウン形式の生産比重が高く，中国での韓国系完成車メーカーの生産拡大につれ，韓国側の部品輸出は2000年以降において急増している[10]（2000～2006年間，約35倍）。

一方，輸入は2003年以降において急増している（2003～2006年間，11倍）。表5-1からもみられるように，韓国部品メーカーによる大挙した中国進出

---

10) 韓国の完成車メーカーによる本格的な中国現地生産は，2003年の現代自動車による乗用車の中国現地生産の開始からである。しかし，KIA自動車の中国メーカーとの提携は1998年から始まっている。さらに，上海GM（1998年設立，2007年中国乗用車販売総数の約7％）は，そのほとんどがGM大宇からの設計および部品調達によるノックダウン生産である。すなわち，韓国系自動車メーカーの中国現地生産は90年代末から始まっているとも言える。詳しくは，第7章を参照せよ。

は，現代自動車による中国現地生産が本格化した2003年以降であり，部品メーカーの中国現地生産に伴う逆輸入を含む中国からの部品輸入の拡大をもたらしている。

すなわち，2003年の現代自動車による完成車の中国現地生産が本格化するにつれ，その系列部品メーカーを中心に，多くの韓国部品メーカーが中国へ進出した結果，現代・KIA自動車に対する現地供給が拡大しているとともに，韓国への自動車部品輸入も徐々に増加している。

上記のような自動車部品貿易の2000年以降の変化を連関効果の側面から捉え直すと，2000年以降の中国における自動車産業の急成長は，韓国からの部品輸入に対する依存度を上昇させており（2000年の0.2％から2006年の1.5％），韓国の自動車産業への後方連関効果は拡大している可能性が高い。そして，韓国への自動車部品の輸出額が大きく拡大したことにより，前方連関効果も拡大していると考えられる。しかし，中国から韓国や日本などに輸出されている自動車部品の多くが，完成車組み付けではなく，自動車修理・整備業などのアフターサービス業に使われている（塩地2008）ことから，韓国の自動車産業に対する前方連関効果の値は依然小さいと考えられる。

以上の分析をまとめると，現在のところ，中国における自動車産業の発展は韓国の自動車産業にプラス要因として影響している可能性が高い。韓国系完成車メーカーの中国現地生産の急増に伴い，一部部品生産が中国へ移転したとはいえ，韓国からの部品調達も大きく拡大しているからである。しかし，2003年以降における韓国自動車産業による対中国FDIの急増（表5-1），自動車産業における投資の伸び率低下（表5-4），自動車産業全体と自動車部品輸入に占める中国の割合の急増（表5-3と表5-5）などを勘案すると，繊維，革産業で見られるような中国の影響が，今後自動車産業でも生じる可能性は否定できない。

さらに，自動車産業におけるメーカー・サプライヤー間のヒエラルキー的な「大企業―中小企業＝支配―従属」関係は，完成車メーカーと組んで中国に進出した大手部品メーカーからの受注減少に加え，コスト削減の圧力が増

加し,中小部品メーカーに対する影響はますます大きくなっている[11]。さらに,現在の韓国自動車産業の成長は中小部品メーカーの犠牲に基づいており,現在のような企業の統合・合併に基づく成長が国内雇用の増加に対する影響を疑問視する観点もある(鄭 2005)。

図 5-2 に示しているとおり,90 年代のはじめは繊維,革製品産業が,90 年代後半以降では,化学,一般機械,金属加工,家庭用電気機械が,2000 年以降では電子・通信機器と自動車産業が中国へ段階的に進出し,韓国国内における労働需要も段階的に中国に移転している。国内では,このような労働需要構造の変化に伴う労働力の移動を可能にする制度的措置 ── 企業間関係の調整,失業者の保護,職業訓練を通じた技能向上,教育システムの改革による需給マッチングなど ── による,転職可能性を向上させる雇用政策が必要である。しかし,「労働者を排除した構造改革」とも評されるこれまでの産業構造の高度化政策には欠陥が多く,2000 年代以降における韓国労働市場の不安定性は拡大し,深刻な社会問題となりつつある。

4 雇用調整に対する中国の影響

4.1 雇用誘発係数に基づく雇用への影響

これまで,中国の産業発展が韓国の製造業空洞化に対する影響を,FDI,貿易,産業連関効果の推移などを通じて検討した。もともと,韓国の対中国 FDI の推移と貿易の拡大が,国内製造業の空洞化に及ぼす影響の程度を正確に測定するためには,これらの FDI による産業別中国現地生産の推移と韓国国内における生産の推移を比較し,生産と雇用の代替値を計算する必要が

[11) 韓国の「労使ジャーナル」(2005.3.14)では,韓国のある完成車メーカーが,サプライヤー企業に中国製部品の逆輸入を増やし,納品単価を 15〜70%程度引き下げる要求を出している,という報道をし,大きな波紋を引き起こした。さらに現代・KIA グループは,サプライヤーに中国での生産比率を 40%まで拡大し,コストダウンを図った部品だけを購買する,という調達傾向をますます明確にしている(鄭 2005)。

ある。しかし，FDI の推移に基づく海外生産（中国での現地生産）のデータを正確に把握することは，現実的には不可能である。本章では，鄭（2005）にならって，対外 FDI の機会費用として，雇用誘発係数に基づく雇用の海外移転を計算し，製造業空洞化の一つの指標とする[12]。

表 5-6 は，1995 年から 2007 年の産業別就業誘発係数，および対外 FDI による就業者数の海外移転と国内雇用に対する代替率を示している。産業別就業誘発係数は，労働集約的な繊維，革製品部門のみならず，資本・技術集約的な化学，機械産業においても著しく低下しているが，電気・電子機械産業部門の低下ぶりが目立つ。製造業内部における産業構造の高度化の基本的な考えでは，繊維，革製品部門のような衰退期の産業における雇用の低下を電気・電子機械のような成熟期の産業の発展によって補うことを予測しているが，韓国における電気・電子機械産業の就業誘発効果が最も低い。すなわち，現在のような電気・電子産業の依存率が高い韓国の製造業構造は，雇用の創出には限界があると言える。

対外 FDI の増加により海外に移転された雇用は，1995 年にすでに相当な規模に達した労働指向型の繊維，革製品部門でも，2007 年までの間，約 2 倍の規模に拡大している。さらに，規模指向型の化学，金属加工産業においては 5 倍以上の規模に拡大しており，90 年代末から 2000 年代の前半にかけて雇用の海外移転が急激に行われている。電気・電子機械には，革新指向型の半導体や光学電子機器なども含まれているが，主に組立指向の家庭用・事務用電気機械を中心に，約 3.5 倍の規模に拡大している。そして，もっとも急激に増加しているのが，自動車産業であり，1995 年の 4492 人が 2007 年では 4.1 万人の規模に拡大している。

このような対外 FDI による国内雇用の移転に占める中国の割合は，約 10 年の間，すべての産業部門において上昇している。95 年にすでに全体の 3 ～4 割を占めていたが，2007 年では自動車を除くすべての部門で約 5 割を

[12) 鄭（2005）は，韓国自動車部品産業の空洞化程度を測定するために，2000 年の全産業の就業誘発係数（16.1 人/10 億ウォン）に基づいて，自動車産業における対外 FDI が 2000 年では 354 人，2001 年では 901 人，2002 年では 3397 人の就業機会を海外に移転したと計算している。

表 5-6　産業別の誘発係数に基づく雇用の移転　　　　　　　（単位：人）

	繊維・衣類	革製品	化学	金属加工	一般機械	電気・電子	自動車
就業誘発係数（人/10億ウォン，2005年の不変値）							
1995年	35.4	35.4	14.8	18.5	21.7	27.4	18.0
2000年	22.7	22.7	9.7	14.1	16	14.5	12.7
2007年	15.5	15.5	7.7	12.8	11.2	6.5	9.5
(A) FDIによる就業者数の移転（下段は中国の割合）				＊	＊＊		
1995年	22905　48%	4495　43%	3127　30%	11113　27%	13000　27%	17680　42%	4492　30%
2000年	39522　45%	7352　48%	9162　30%	37051　31%	42044　31%	58696　28%	23706　22%
2007年	51467　55%	9240　49%	16757　49%	68024　55%	59521　55%	62840　54%	41348　44%
(B) 国内就業者数（下段は，A/B）							
1995年	480363　5%	81477　6%	153272　2%	318798　3%	301127　4%	438013　4%	220601　2%
2000年	384711　10%	52862　14%	136784　7%	287117　13%	279844　15%	469428　13%	203952　12%
2007年	247677　21%	27992　33%	109678　15%	403205　17%	309106　19%	555011　11%	277319　15%

注：FDIの統計では，機械産業と金属加工業が分離されていなく，金属・機械産業として束ねられているが，『産業連関表』では金属製品と一般機械産業が分離されている。よって，＊は，金属加工誘発係数ベースでの金属・機械産業における就業者の移転，＊＊は一般機械産業の誘発係数ベースでの金属・機械産業における就業者数の移転である。
出所：韓国銀行『産業連関表』各年，KOTRA（2010）に基づいて作成。

占めており，韓国製造業の雇用変化に対する中国の影響の大きさが窺える。

そして，対外FDIにより移転した雇用の国内雇用に対する代替率をみると，繊維，革製品部門において，2〜3割，化学，金属・機械，自動車部門では15％以上，そして電気機械産業では11％と続く。さらに，その値は約10年の間に大きく上昇している。すでに明確になっている繊維，革製品における空洞化の波が，化学，金属・機械，そして自動車，電気・電子機械産業へ押し寄せており，韓国製造業の段階的な空洞化の様相を示している。もちろん，前述したように，このような雇用の側面から明らかになる製造業の空洞化にもっとも大きく影響を及ぼす国は，隣の中国であり，その背景には中国における段階的，継続的な産業発展がある。

4.2　雇用変化に対する政策的対応

　これまでの韓国における製造業の空洞化問題への対応は，政府側では産業構造の高度化政策として，経営側では政府による企業経営環境の改善，政策的な保護，労使関係の柔軟化の方向で行われてきた。結果，衰退期に位置する産業に対する「対案なき縮小と構造調整」（金 2005）は，雇用の悪化，労働市場の分断化，二極化をもたらし，勤労者の窮乏化や格差拡大に反対するストライキの勃発につながった。また，衰退期の産業が集中していた地域では，地域経済の深刻な不況をもたらし，伝統的に靴産業が集中している釜山地域，繊維産業が集中していた大丘地域などの経済は，革製品産業と繊維産業の海外移転に伴い大きな打撃を受けている（韓国民主労総 2005）。

　すなわち，対外 FDI の増加に伴う国内雇用の海外移転問題は，韓国における製造業の空洞化を論じる上で看過できない重要な要素である。特に，繊維，革製品などの空洞化現象が顕著な産業における失業者が，他の労働生産性の高い産業へ移動できない時，国内における雇用悪化，労使間の矛盾の拡大をもたらし，社会の不安定にもつながる可能性が高い。

　そして，衰退期に位置する産業の中小企業における失業者が，産業間，企業間の障壁を超え，発展期，革新期に位置する大企業や産業で再就職できる可能性は低く，「産業の高度化」は「雇用の高度化」に結びつかない。結果，失業者は自営業者か非正規雇用者となり，労働市場における不安定性は 2000 年代以降において急激に高まり，韓国労働市場の解決し難い疾患となっている。特に，現在の韓国経済の成長を牽引しているサムソンのようなグローバル企業は，本社機能は本国に残しているが，生産部門の多くは海外に移転している。さらに，最近では R&D 機能の海外移転も進んでいる状態である。結果的に，生産の拡大によって，一部雇用の増加があるにしても，職業別の構成における変化は避けられない。つまり，賃金コストの安い中国などの途上国への生産機能の移転により，国内における一般職＝生産労働者需要の低下をもたらす[13]。

13）このようなグローバル企業による生産機能の海外移転による国内の一般職労働者の

さらに，近年の製造業における構造的な変化を製造業の空洞化ではなく，産業構造の高度化とみなし，その観点に基づいて雇用側面における諸問題を解決しようとする政府と企業側の雇用対策は，労働市場および労働基準の柔軟化に重点を置き，労働市場における弱者への保護体制の構築は後回しにされてきた。そして，製造業の比重が縮小し，サービス産業の比重が増加することは，非正規雇用の使用比率の増加や労働スキル要求の低下を通じて，労働市場全体における流動性は高め，雇用全体の不安定性の拡大につながる可能性がある（Auer and Casez 2003）。

結局，産業構造の高度化政策の重点を，産業と企業競争力の拡大に置くか，それとも雇用の保護に置くかは，その国が有する政労使間の交渉における伝統，および力関係に依存する。それでは，政労使における製造業の空洞化に対する共通認識が得られた時，産業および企業の競争力拡大と雇用の保護という目的を同時に達成できる政策対案はないだろうか。本書では，近年のヨーロッパにおける統合的な雇用戦略として注目される，フレキシキュリティ（Flexicurity）戦略が，一つの有効な手段になりうると考える[14]。

デンマークとオランダにおいて成功を収め，雇用における柔軟性と安全性を同時に達成できる雇用戦略としてのフレキシキュリティは，産業構造の調整に伴う雇用の柔軟な移動，失業保険を含む社会福祉スキームによる失業者の保護，および積極的な労働市場政策を通じた労働者の技能レベルの向上を促進する政策戦略である。もちろん，他の先進国で成功したフレキシキュリティ・モデルをそのまま韓国に移植するのではなく，韓国の産業構造，企業間構造，労使関係などにおける制度の経路依存性を勘案しながら，諸アクターが受け入れられる韓国式フレキシキュリティ・モデルを構築する必要がある。

低下は，他の先進国における FDI と雇用変化に関する研究においても指摘されている一般的な傾向である。
14) フレキシキュリティの具体的な内容に関しては，第8章を参照せよ。

5 結　論

　本章では，韓国の対外 FDI の推移が製造業の空洞化に対する影響の実態を，さまざまな指標を駆使して検討し，その中における中国の産業発展の影響を検証した。本章の結論を簡単にまとめると以下の三点が挙げられる。

　第一に，現在のところ，韓国製造業全体が空洞化しているとは言えないが，製造業の空洞化現象は繊維，革製品などの労働集約的な産業部門から，資本・技術集約的な化学，機械産業に向けて確実に進んでいると言える。PLC 理論に基づく製品の発展段階と海外移転との関係からみると，韓国の製造業における海外移転は，国内で衰退期（繊維，革製品）に位置している産業から，成熟期（化学，金属加工，一般機械），発展期（電子・電気，自動車）の産業に拡大しつつあると言える。

　第二に，韓国の対外 FDI や貿易の推移からみると，韓国製造業の海外移転の中心は中国であり，中国における産業構造の変化を背景に，中韓産業連関は低位の産業のみならず，高位の産業でも拡大しつつあり，韓国製造業の空洞化に対する中国の影響はますます拡大している。そして，その影響は各産業の雇用変化においても同じく見られる。

　第三に，製造業における中国を中心とする海外移転過程において，雇用も海外に移転しているが，それに対する政策的対応は遅れている。すなわち，雇用を排除した構造改革としての産業構造の高度化政策は，現在の韓国労働市場における不安定性の拡大につながっている。今後，製造業の空洞化に対して政労使が基本認識を共通にし，産業および企業の競争力の拡大と雇用保護の目標を同時達成可能な雇用対策を模索するにあたり，フレキシキュリティ戦略は一つの有効な対案であると考えられる。

　最後に，本章の限界と今後の課題について三点述べておく。

　第一に，PLC 理論の発展段階論に基づく韓国製造業の海外（及び中国）移転に関する分析は，韓国製造業の海外移転が 90 年代後半から 2000 年代の半ばまでにおいて同時進行的に急激に行われていたため，段階区分が若干不明確な点がある。第二に，中韓両国の産業連関分析は，『アジア国際産業連

関表』が現在のところ 2000 年までしか公表されていないため，2000 年以降の連関効果の推移に関して予測することはできたが，その値を正確に測定できないため，次のアジア国際産業連関表の公表を待つしかない。第三に，韓国における対外 FDI の推移に伴う雇用の海外移転の実態は検証したが，それに伴う国内の雇用問題の実態の説明，および政策的対応に関する詳しい分析は，今後の課題として残っている。

第6章

繊維産業の発展と
日本繊維産業の空洞化

1 はじめに

　大川・平井（2004）は，世界の繊維産業中心地の「西進論」を説いている。それによると，世界の繊維産業は19世紀以来，イギリス，アメリカ，日本，韓国・台湾，東南アジアと，その中心地を地球の西へむかって移動させてきた。そして，1980年代末から90年代にかけては中国へ移動し，その西進の動きも終止符を打ったとしている。その背景には，基本的に労働集約型産業に属する繊維産業の発展にもっとも重要なのは賃金コストであり，13億を超える人口規模に基づく市場の大きさと労働力の厖大さ，経済発展の地域間格差に由来する低賃金労働者の「無限な供給」によって，しばらくの間は中国に対して比較優位を持つ国は現れないとみなされていることがある。

　実際，中国の繊維産業が急速に発展し，世界一の繊維製品輸出国になったのは，80年代以降の日本やNIEsにおける賃金コストの上昇が輸出競争力を低下させたため，その生産機能を中国へ移転させたことの影響が大きい[1]。

---

1) ただし，すべての要因ではない。その他の要因として挙げられるのは，改革開放以降の中国における国民所得や生活水準の上昇により，生活必需品の生産部門としての繊維製品の需要が増加したこと，産業発展政策が軽工業部門を重視する方向へ大きく転換されたこと，などがある。また，外資が進出する際に中国側のパートナーとして，連営型郷鎮企業（実質的経営者は国営企業や集団企業である）が急速に成長したことも

当初のこれらの外資系繊維企業の中国進出は，機械や中間財の全てを持ち込み，中国の低賃金労働者を雇用し縫製だけを行う単純加工貿易形態が中心であった。しかし，最近では，中国への繊維産業の集積が進み，川下のアパレルや繊維既製品の加工を行う企業のみならず，川中・川上の繊維企業も進出しており，中間財の製造も中国で行われている。

　その結果，中国の繊維産業の発展は，日本やNIEsにおける産業空洞化をもたらしたと批判されるなど，これらの諸国・地域に多大な影響を及ぼすようになった。中国の繊維産業の発展による東アジア諸国・地域への影響については，第4章の産業連関分析で詳しく説明したが，中国繊維産業の影響を最も大きく受けているのは日本であった。

　本章では，1990年代以降における中国繊維産業の発展が，日本の繊維産業に与える影響を分析し，中国の影響で空洞化が進んでいる日本の繊維産業が，どのように中国と付き合っていくかを考える。特に，日本有数の繊維産業の集積地である大阪への影響に焦点を合わせ，繊維産業の空洞化に伴い地域の雇用や零細繊維企業の経営環境がいかに変容しているのかを詳しく考察する。

　本章の2ではまず，グローバル化が進むなか，空洞化が進んでいる日本繊維産業の実態を説明する。そして，急成長する中国の繊維産業の影響を，日中繊維産業の貿易データから考察する。3では，繊維の街・大阪に焦点を当て，その変容に対する中国の影響を述べる。4では，日中繊維産業の補完体制の構築に向けて，日本の繊維産業がとるべき発展戦略について考える。最後の5では，本章の結論をまとめる。

　看過できない（大塚・劉・村上1995）。ただし，輸出産業としての発展過程においては，80年代から繊維製品の生産機能を中国に移転してきた，香港企業をはじめとする外資系企業の影響の方が大きいと考えられる。

2 1990年代の日本の繊維産業

2.1 バブル崩壊と円高によるダブルショック

 1990年代の日本の繊維産業は[2]、バブル崩壊による国内需要の低迷と個人消費における低価格志向の増加、そして、円高による海外からの輸入の急増により、停滞がさらに進んだ。日本における一人当たり繊維消費量の推移をみると、90年代を通じて年率で0.3％増と、世界平均の1.2％増よりも低く、ヨーロッパの1.8％増、アメリカの4.2％の増加などに比べると、低迷が目立つ。そして、バブルの崩壊に伴い、消費者の輸入ブランド品、高級品離れが進むなか、低価格品の需要が大きく増加した。このような国内市場構造の変化は、90年代の円高（1990年の1ドル＝144.8円から95年の1ドル＝93.9円へ）に伴い、アジア諸国からの低価格製品の輸入を大きく増加させた。

 アジアからの繊維製品輸入の中でも、特にアパレル輸入の比重が大きく、輸入先としては、中国のプレゼンスが急激に拡大した。中国からのアパレル製品の輸入のほとんどが、中国へ進出した日系企業による逆輸入、および日本の企業が何らかの形（発注、技術指導を含む）で関与しているものである。アパレル貿易の増加により、日本の繊維貿易業者は一定の利益を得られたが、結局は、日本国内における川下のアパレル生産の縮小は、川下に素材を提供する川中、川上を含む繊維産業全体の停滞をもたらしたのである。

2.2 グローバル化の進行と繊維産業空洞化

 90年代のバブル崩壊と円高による輸入の急増に伴い、繊維産業におけるグローバル化も急ピッチで進み、日本国内では繊維産業の空洞化現象が明確

---

2) 本章における繊維産業は、経済産業省『工業統計表・産業編』における、一四繊維工業、一五衣服・その他繊維品製造業、二〇四（2002年以降は分類が一七四に変更）化学繊維製造業を含む。なお、1994年の繊維産業分類の変化に基づき、それ以前のデータは、新しい分類基準に合わせ再集計を行った。

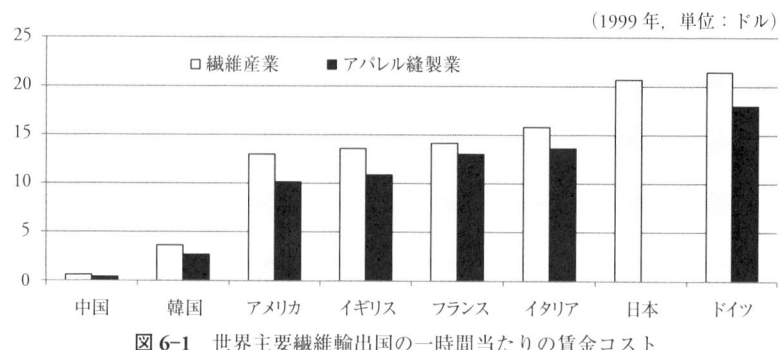

図 6-1　世界主要繊維輸出国の一時間当たりの賃金コスト
（1999年，単位：ドル）
□繊維産業　■アパレル縫製業
中国／韓国／アメリカ／イギリス／フランス／イタリア／日本／ドイツ
出所：中国社会科学院工業経済研究所編『中国工業発展報告2003年』に基づいて作成。

になっていた。国内における労働力不足に伴う賃金コストの上昇は，労働集約的な繊維製品生産にとっては致命的であった。図 6-1 は，世界の主な繊維・アパレル輸出国の賃金コストの比較であるが，日本繊維産業の賃金コストは，先進国の中でも一番高い水準であり，中国に比べると，実に 30 倍以上である[3]。

このような国内賃金コストの競争力低下を補うべく，日本の繊維産業は 70 年代から海外に生産拠点を設け，廉価な労働力を利用して低価格の製品を生産することで国際競争力を維持してきた。しかし，90 年代の繊維産業の海外投資は，それまでの海外投資に比べ，大きな変化があった。

第一に，80 年代までの海外投資先は，中国を除くアジア諸国であったが，90 年代になると中国への投資が圧倒的に多い。第二に，投資の件数は多いが，投資総額は小さい。つまり，一件当たりの投資額が小さい案件が多く，中小規模の繊維企業の海外進出が目立つ（海外投資企業全体の 96％が中小企業）。また，海外進出の主体は，ほとんどが川下の縫製・アパレルメーカーであった。第三に，これまでの海外進出は，海外市場を確保するための積極的な進出であったのが，90 年代になると，海外進出によって確保されるべき市場は国内市場であり，諸外国と争う市場が海外市場から国内市場に変

---

[3] 日本のアパレル輸出が世界のアパレル貿易に占める割合がきわめて小さいため，図 6-1 では，日本のアパレル縫製業のコストを示していないが，一般的に中国の 20 倍以上と言われている。

わった。つまり，これまでの海外進出とは性格が違う「命がけの海外進出」であった（伊丹 2001）。

1990 年代における繊維産業の海外進出の大きな特徴は，その進出先が中国へ集中していることである。日本の繊維製造・販売業者が設立したアジアにおける現地法人数は[4]，延べ 284 社であるが，その 62% を中国が占めている。2000 年以降もこの流れは変わらず，2005 年までの 5 年間，日本の繊維産業によるアジア進出企業 153 社の内，74% が中国進出の企業法人であり，中国への集中がさらに進んだ（海外進出企業総覧 2006）。

日本の繊維企業の中国への進出は，中国における社会主義市場経済システムが本格的に始動した 1992 年以降において急速に増加した。中国への進出を促した要因として挙げられるのは，第一に，日本より圧倒的に低い賃金コストである。中国の縫製労働者の賃金は日本の約二〇分の一と言われており，基本的にはミシン一台に一人の労働者を必要とする縫製・アパレル企業にとっての魅力は大きい。第二に，両国は地理的に近く，輸送距離，輸送期間が相対的に短いことである。輸送コストの節約のみならず，季節的流行の影響がますます増大するアパレル産業にとって，輸送期間が短いことは，大きなメリットである。第三に，中国政府の外資優遇措置が挙げられる。中国政府は外資系企業に対し，税制，労働者募集，工業用地の使用，給水，給電，通信，金融斡旋などにおける多くの優遇措置を講じ，外資の誘致に尽力してきた。第四に，改革開放以降，急速に発展してきた郷鎮企業の存在である。日本の縫製・アパレル企業の中国進出形態の多くは，これらの郷鎮企業との合資・合弁会社の設立である。このような投資形態は，投資額が小さく，リスクも低いことから，中小規模の繊維企業の中国進出を大きく促した。最後に，中国の膨大な潜在的市場を見据えた，繊維企業の長期的戦略があった。

上記のような，日本の繊維企業の中国進出は，生産部門を海外に移転し，

---

[4] ここでの統計範囲は，現地法人を設立しており，現地法人における投資比率が 10% 以上の企業に限っているので，中国進出の繊維企業の中でも規模が大きいものしか含まれていない（内 6 割が投資額 1 億円以上）。実際は，このような公式統計に含まれていない投資もかなり多く，ある繊維専門調査機関では，中国で繊維ビジネスを手掛けている日本の繊維企業は約 3000 社と推定している（植草他編 2004，168 ページ）。

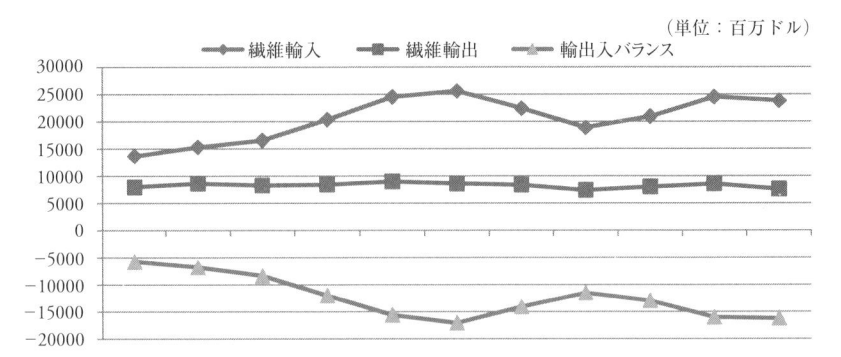

170 第Ⅱ部 中国における産業発展と近隣アジア諸国への影響

(単位：百万ドル)

◆ 繊維輸入　■ 繊維輸出　▲ 輸出入バランス

図 6-2　日本の繊維貿易の推移
出所：経済産業省『通商白書』各年版に基づいて作成。

日本国内の生産を縮小させると同時に，逆輸入の急増をもたらした。当初は日本から生地や付属品（ボタン，ジッパー，芯地など）を輸出し，当地の安い労働力を使って加工し，日本に逆輸入する取引形態をとっていたので，日本国内から織物などの繊維製品の輸出を拡大させる効果があった。政府による「加工再輸入減税制度」も，国内からの織物の輸出を促進する役割を果たしてきた。しかし，90年代後半になると，現地の技術・品質レベルが向上していることから，生地や付属品の現地調達の比重が高まり，2002年時点では中国から輸入されるアパレル縫製製品における日本産生地の使用割合は，約30％程度となっている。やがて川中，川上の繊維業者も，新しい需要先を求めて国内生産部門を海外に移転しはじめ，繊維産業全体における停滞が一層深刻になり，空洞化が一段と進んだ。以下では，90年代の繊維貿易，および繊維産業の諸データの推移から，日本の繊維産業の空洞化現象を説明する。

図6-2で見るように，90年代の繊維輸出はほとんど変化がなく，年間80億ドル近くで推移している。しかし，輸入は90年代前半の5年間で約二倍近く増加した。90年代後半において少し低下を見せるも，90年代を通じて約1.7倍増加した。結果，輸出入バランスも大きく崩れ，2001年時点で約162億ドル入超となり，1991年の3倍の水準に拡大した。

そして，表6-1は日本の繊維産業の90年代における変化を表しているが，

表 6-1 日本繊維産業の推移 （従業員4人以上の事業所）（単位：社，人，10億円）

繊維工業	事業所数	従業者数	現金給与総額	原材料使用	製造品出荷額	付加価値額
1992年	19813	336308	1132	3164	5759	2368
1995年	16045	264528	943	2235	4230	1795
1998年	13482	218995	799	1850	3555	1522
2001年	10456	170812	595	1399	2737	1192
2004年	8004	139506	470	1188	2305	998
衣服・その他の繊維製品製造業	事業所数	従業者数	現金給与総額	原材料使用額	製造品出荷額	付加価値額
1992年	38727	726487	1576	3410	6627	3069
1995年	34230	633865	1408	2704	5398	2538
1998年	29201	491963	1129	2186	4423	2085
2001年	20750	344453	758	1468	3008	1428
2004年	14998	258310	552	1116	2249	1061
化学繊維製造業	事業所数	従業者数	現金給与総額	原材料使用額	製造品出荷額	付加価値額
1992年	95	25843	136	522	1008	394
1995年	87	24916	139	422	881	359
1998年	86	19410	116	382	762	293
2001年	72	14476	87	344	610	207
2004年	54	9967	58	261	465	155

注：1994年統計から，ニット生地以外のニット製品製造業は，繊維工業から衣服・そのほかの繊維製品製造業へ移動した。本表における1992年のデータは，1994年以降の分類に基づいた集計である。
出所：経済産業省『工業統計表・産業編』各年版に基づいて作成。

産業別にすこし違いはあるが，全体としては10年間で約半分に縮小していることがわかる。結果，繊維産業は日本の諸産業の中でもっとも急激に停滞した産業となり，製造業全体に占める繊維産業の割合も大きく低下した。1990年では，事業所数で17.8％，従業員数で10.8％，製造品出荷額で4.2％を占めていたが，10年後の2000年では，それぞれ13.6％，7％，2.5％へ低下している。日本の繊維産業の「空洞化」は目に見えるほど早いスピードで進んでいた。

2.3 中国繊維産業の発展とその影響

　改革開放以降，中国の繊維産業は政府の保護育成政策の下，海外からの投資を積極的に受け入れながら大きく発展した。特に，90年代においては，国家の重点プロジェクトとしての化学繊維産業の発展，および香港・台湾・韓国・日本からの繊維企業の中国進出に伴い，アパレル縫製産業が目覚しい発展を遂げた結果，世界一の「繊維大国」となった。表6-2は世界の繊維産業における中国のポジションを示している。

　世界における繊維生産の中心は，1970年代には日本から韓国・台湾へ，1980年代にはASEANへ，そして1990年代には中国へ移動した。中国は現在，川上の化学繊維・紡績から，川中の紡織，そして川下のアパレル縫製までの「フルセット型繊維産業」構造を形成しており，巨大な繊維生産基地となっている。しかし，中国の繊維産業は，設備の近代化水準が低く，低価格・低付加価値製品の生産と輸出の比重が高く，企業規模が小さく労働生産性も低い，そして資源消耗・環境汚染，などの多くの問題も抱えている。

　例えば，織物業の製造装置である織機に関しては，先進国では約80～90％が生産効率が高い無杼織機であるが，中国はわずか21％だけである。また，合成繊維の生産においては，一単位当たりの原料消耗率は先進国の10～20倍であり，綿紡績では40～80倍にもなっている。中国の繊維産業は，世界一の生産能力をもっているが，その成長は実に労働力，資金，土地，資源などの要素投入の拡大に依存しており，労働生産性が低く，企業経営効率も悪い（繊維産業全体の利潤率は1.7％である）など，改善の課題も多い。つまり，中国の繊維産業は，まだまだ発展途上にある（中国社会科学院工業経済研究所 2006）。

　1990年代における中国繊維産業の急速な発展に，日本の繊維産業は深く関わってきた。日系企業の中国進出動態は前項でも述べたが，当初は資本参加なしの専用ラインを借りて原材料すべてを持ち込み委託生産し，完成品を全部買い取る取引が多かった。しかし，90年代になると，さらなる円高を背景に，中小企業から大企業まで，川下の縫製業から川中の紡織工業や川上の化学繊維工業までが中国へ進出した。日系企業は，繊維機械や原材料を持

表 6-2 中国の繊維産業の世界における地位 （2002年）

	規模	シェア(%)	順位	二位国・地域，及びシェア
綿花（万トン）	458	23	1	米国（19%）
綿糸（万トン）	684	36	1	インド（12%）
綿織物（万トン）**	257	24	1	インド（18%）
化繊（万トン）	956	32	1	台湾（12%）
綿坊機（万錘）*	3443.5	22	1	インド（12%）
有杼織機（万台）*	59.4	41.7	1	インドネシア（14%）
衣類（億着）	228.4		1	
テキスタイル輸出（億ドル）**	157.6	10.1	1	香港（9%）
アパレル輸出（億ドル）**	360.7	18.1	1	香港（12%）

注：* は2000年，** は2001年のデータである．
出所：日本化学繊維協会『繊維ハンドブック』2003年版に基づき作成．

ち込み，中国の低賃金労働者を雇用し，製品に加工した後，日本へ逆輸入するか第三国向けに輸出する加工生産が中心である．

その結果，日本から中国へ繊維機械や織物の輸出が増加し，中国からのアパレル縫製製品の輸入が増加する形で，繊維貿易における両国の相互依存関係が高まった[5]．日本の側から見ると，繊維輸出全体に占める中国の割合は，1991年の11.7%から2001年には37.6%となり（年平均伸び率は11%），輸入全体に占める中国の割合は，1991年の30.9%から70.8%へ（同14%）増加した．また，中国側から見ると，繊維輸出全体に占める日本の割合は，1991年の14.8%から2001年の27%へ（同16%），繊維輸入全体に占める割合は，12.9%から20.6%へ（同14%）へと拡大した．そして，日本のアパレル輸入に占める中国の割合は1991年の約54%から2001年には87%となり，全輸入量31.4億点の内27.4億点が中国からの輸入であった．輸入浸透率が77%へと高まり，日本で売られている衣類の四着の内，実に三着は中国製である計算になる．

---

5) このような相互依存関係の拡大を反映し，中国繊維産業の発展による日本への後方連関効果は，繊維産業の川下の縫製業よりも，川上の紡績や川中の紡織，織物の方が大きい．詳しくは，第4章を参照せよ．

3 大阪繊維産業の動向

3.1 グローバル化と大阪の繊維産業

　1990年代の日本繊維産業の不況の波は,「繊維の街」大阪の繊維企業にも大きな打撃を与えた。日本有数の繊維産業集積地である大阪は, 南部の泉州地域を中心に綿スフ織物業などの中小企業が多く存在し, 製造・販売を手がける卸売, 小売業者も多く存在している。また, 帝人, 東洋紡, ユニチカ, クラボウ, シキボウ, 旭化成などの大手の繊維業者が本社を構える日本繊維産業の中心地である。大阪の製造業における繊維産業の地位というと, 1990年では, 事業所数で16.7％, 従業者数で11％, 製造品出荷額で6.1％を占める中心産業の一つであった。しかし, 90年代以降のグローバル化の中で, 大阪の繊維産業は急激に停滞し, 2000年では, それぞれ13.6％, 7.7％, 4.1％となった。そして, 2005年現在, 繊維産業の製造品出荷額が製造業全体に占める割合は, わずか2.8％であるが, 事業所数では10.9％, 従業者数では5.6％を占めており, 大阪の産業及び雇用におけるその地位は依然高い。90年代における繊維企業の中国進出と, 中国からの低価格繊維製品輸入の急増は, 大阪繊維産業の姿を大きく変化させたのである。

　表6-3に見るように, 90年代の日本繊維産業のアジア, および中国進出の4割近くが大阪の繊維製造販売業者であり, 日本繊維産業のグローバル展開の先頭に立っていた。また, 海外進出の内, 投資規模が1億円以下では51％, 1億円以上では62％が中国へ進出している。その結果, 中国からの繊維製品の大量輸入をもたらしたのである。

　そして, 表6-4が示すように, 1991年の大阪繊維輸入に占める中国の割合は, 繊維用糸及び繊維製品では19％, 衣類及び同付属品では28％程度であった。しかし, 2001年になると, 繊維用糸及び繊維製品輸入総額1804億円の49％, そして衣類及び同付属品輸入総額7123億円の80％が中国からの輸入であった。このような, 繊維製造・販売業者の海外進出と中国を中心とした繊維製品の輸入の急増（10年間で2倍以上）は, 大阪の繊維産業の急

表6-3　日本の繊維産業のアジア進出状況　　　　　　　　（単位：社）

	アジア全体		中国　（アジア全体に占めるシェア）	
	1億円以下	1億円以上	1億円以下	1億円以上
全国	107	177	58 (54%)	118 (67%)
大阪	41	71	21 (51%)	44 (62%)
大阪の割合	38%	40%	36%	37%

注：2006年までに存続した，現地法人における投資比重が10%以上の企業数ある。
出所：東洋経済『海外進出企業総覧（会社別編）』2006年版に基づいて作成。

表6-4　大阪の繊維貿易額の推移（大阪税関管内）　　　（単位：億円）

	輸出		輸入			
	織物用糸及び繊維製品		織物用糸及び繊維製品		衣類及び同付属品	
	総額	内中国	総額	内中国	総額	内中国
1991年	1238		1767	348	3083	866
1993年	1025	199	1277	352	3154	1440
1995年	1749	434	2045	644	4891	2901
1997年	1648	460	2355	855	5210	3301
1999年	1580	569	1723	741	4961	3591
2001年	1636	686	1804	886	7123	5706

注：大阪税関管内（大阪府・京都府・和歌山県・奈良県・滋賀県・福井県・石川県・富山県・関西空港）を含む輸出，輸入額である。
出所：『大阪府統計年鑑』各年版に基づいて作成。

激な空洞化をもたらした。

　図6-3は，1990年代の大阪繊維産業の推移を示しているが，90年代の10年間で繊維産業全体は，実に5割以上低下している。なかでも，アパレル縫製部門の低下率が一番大きく，10年間で7割も低下している。そして，繊維産業全体の停滞が進む中で，化学繊維産業だけは，他の部門と異なり，約2割上昇している。もともと化学繊維産業は資本集約型産業であり，労働力コスト増加の影響が比較的小さいが，何よりも日本の化学繊維産業が世界でも優れた技術開発力を基礎に，新しい合成繊維を開発改良し，衣類用のテキスタイルばかりでなく，さまざまな産業資材の用途を開拓してきた結果であろう。

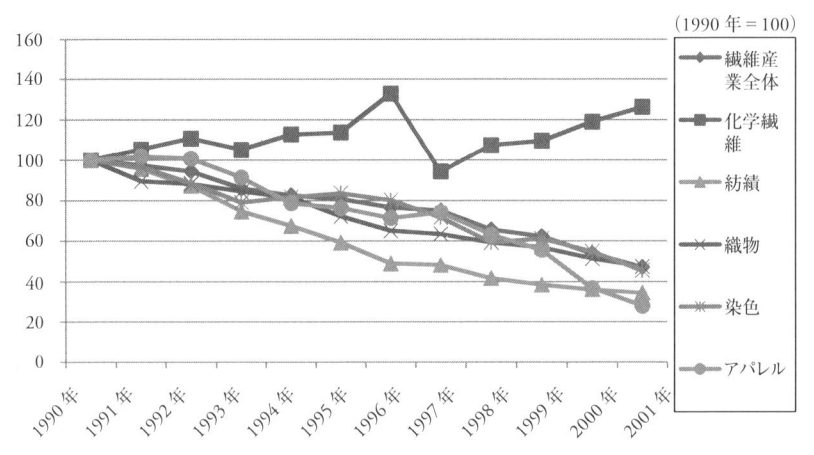

図 6-3 大阪繊維産業の生産指数

注：従業員4人以上の事業所統計である。
出所：大阪府『大阪工業動向』各年版に基づいて作成。

　国内におけるテキスタイル需要，家庭用（寝具，インテリアなど）繊維製品需要が低下しているなか，産業資材用繊維の需要は拡大していた。化学繊維の用途別消費量を見ても，衣料用途はわずか四分の一，家庭・インテリア用が四分の一であり，残りの半分は産業用である。これからも日本国内における繊維素材の需要は，衣類と家庭・インテリア用においては縮小することが予想されるが，化学繊維素材産業は，産業用資材需要の拡大を背景に発展し続ける可能性は十分ありうる。以下では，停滞する大阪の繊維産業を繊維素材産業とアパレル・その他繊維製品製造業に分けて，その変化を説明する。

3.2　大阪の繊維素材産業の動向

　図6-4は，1990年から2005年までの大阪の繊維素材産業の動向を表している。1990年を100とした場合の15年間の推移である。
　グローバル化が進むなか，企業の生き残りをかけた海外進出と海外からの繊維製品の大量輸入に圧倒され，大阪の繊維素材産業は，1990年から2000年までの10年間で約5割が低下し，その後の5年間でさらに2割以上低下している。しかし，低下の具合は部門別にすこし異なる。特に大きく低下し

（製造品出荷額，1990年＝100）

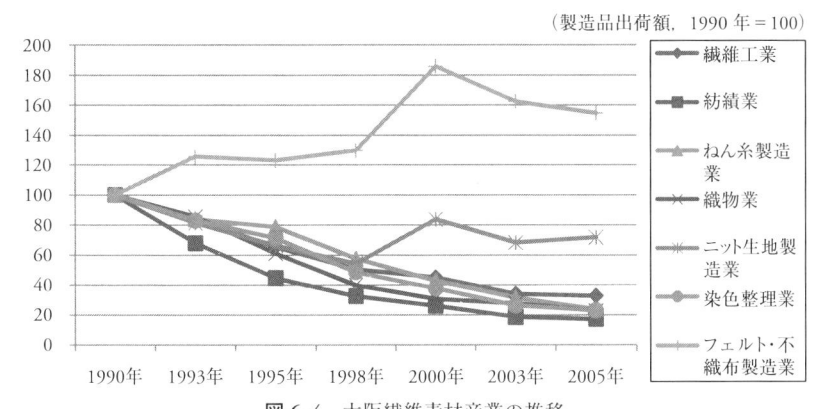

図 6-4　大阪繊維素材産業の推移

出所：大阪府『大阪の工業―工業統計調査結果表・産業別統計表』各年に基づいて作成。

たのは，紡績業と織物業であり，90年代の10年間に約7割低下し，その後の5年間にさらに約3割低下している。

表6-4で示したように，川下の衣類および同付属品の輸入が爆発的に増えた（10年間で2.3倍）結果，域内のアパレル縫製製品の生産が大幅に縮小され，これらの部門に原材料を提供する川中の織物業は，規模の縮小を余儀なくされたのである。国内市場規模が縮小し，海外への輸出も伸び悩み（中国などの後発国における技術レベルの向上により，海外進出企業が原材料調達を現地化した），日本有数の綿・スフ合繊織物産地である大阪南部の中小織物業者は転廃業に追い込まれていた。

しかし，ニット生地製造業は，90年代の前半では急激に低下するも，98年以降持ち直し，2000年代では約7割の水準を維持している。そして，著しく上昇しているのがフェルト・不織布の製造業である。特に，不織布は，従来の織ったり編んだりして布帛（ふはく）にするのではなく，繊維を熱・機械的，または化学的な作用によって接着または絡み合わせることで布帛にする。製造工程が複雑で，かなり高度な技術を必要としているが，さまざまな分野への利用が可能であり，需要は拡大し続けている。

表6-5で示しているように，不織布は，主に衣料用途以外の産業用資材用途で使用されている。衣料用がわずか2.2％であるのに対し，医療・衛生用が28％，自動車産業用が18％などを占めている。大阪におけるフェル

表 6-5 不織布の用途別割合

衣料用	自動車産業用	その他産業用	土木・建築産業用	農業・園芸用	生活関連用	医療・衛生用	その他
2.2%	18%	15.3%	9.3%	0.9%	17.6%	27.8%	9.8%

出所：日本不織布業界ホームページに基づいて作成。

ト・布織布生産額は 2005 年現在，まだ繊維産業全体の 3.3%，繊維素材産業の約 6.4% しか占めていない。しかし，これからの自動車産業，医療・衛生分野の未来を展望すると，拡大が続くと考えられる。

3.3　衣服・その他の繊維製品製造業の動向

　繊維産業のなかでもグローバル化の影響がもっとも大きいのが，アパレル産業であった。90 年代の海外進出の先頭に立ったのもアパレル縫製業であり，輸入に占める割合も，その他の繊維産業部門のそれを大きく上回っており，産業空洞化現象も一番著しい（図 6-3）。そして，この空洞化過程に特に大きな影響を与えたのが，隣の中国の存在であった。

　これまでに説明してきたように，川下から川上までの日本繊維企業の進出に伴い，中国の繊維産業の技術レベルも大きく向上し，低価格かつ品質の良い繊維製品の生産が可能になった。当初から，中国政府は外資系繊維企業の国内市場向けの販売に厳しい規制を課しており，中国進出企業に国内市場を開放しなかった。例えば，外資系企業の中国国内市場販売額は，総販売額の 30% 以内とする，そして，原材料を持ち込んで生産した製品を中国国内市場で販売する場合には，原材料輸入に対し 130% の輸入関税を課す，など厳しい制限を設けていた。このような規制を受け，日本の中国進出企業のほとんどが生産加工した製品を日本に逆輸入していた（伊丹 2001）。結果，中国製アパレルが日本の市場を席捲するようになり，輸入製品に圧倒され大阪のアパレル生産規模は大きく縮小された。

　表 6-4 で示したように，大阪における衣類および同付属品の輸入は，90 年代の 10 年間に約 2.3 倍，その内中国からの輸入は約 7 倍にも拡大した。結果，図 6-5 で見るように，90 年代の大阪のアパレル産業は，織物外衣・

（製造品出荷額，1990年 = 100）

凡例：
- 衣服・その他繊維製品製造業
- 織物外衣・シャツ製造業
- 織物下着製造業
- ニット製品製造業
- 帽子製造業
- 寝具製造業
- じゅうたん・その他敷物製造業

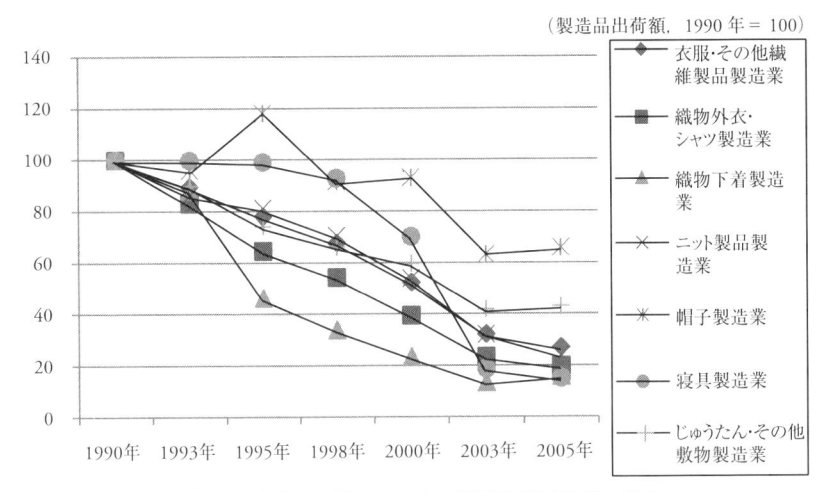

図 6-5　大阪の衣服・その他の繊維製品製造業の推移
出所：大阪府『大阪の工業 ── 工業統計調査結果表・産業別統計表』各年版に基づいて作成。

シャツ製造業，織物下着製造業，そしてニット製品製造業のすべてにおいて，2000年までの10年間で半分以下の水準になり，その後の5年間でさらに半分以上低下している。中でも，価格志向が強く，季節・流行の影響が小さい下着製造業の低下ぶりが，もっとも著しい。

そして，アパレル以外の家庭用・産業用繊維製品製造業の推移をみると，低下はしているものの，アパレルほどではない。じゅうたん・その他敷物製造業は，2000年の時点で1990年の6割水準を維持しており，中国製品との価格競争力で劣りながらも奮闘していたように見える。90年代初頭までは，新しいホテル建設と日本人の生活スタイルの洋風化に伴い，産業用，および家庭・インテリア用繊維製品の需要は拡大していた。しかし，海外からの低価格品の輸入の急増やバブル崩壊後の国内需要の低下に見舞われ，生産の低下傾向を食い止めることはできなかった。2000年以降も緩やかな低下が続き，5年間で3割弱縮小している。これからの日本の人口構成の変化や新しい住居スタイル（オール電化など）を考慮すると，家庭用・インテリア用繊維製品生産の大幅な拡大は見込めない状態である。

3.4　タオル業界の動向

　繊維産業のグローバル化のなかで，大阪のタオル業界も大きな打撃を受けた。大阪には，泉佐野市，泉南郡熊取町を中心に，愛媛の今治タオル産地につぐ日本第二のタオル産地がある。1980年代半ばからアジア諸国からの低価格輸入品が増加していく中でも日本のタオル業界はバブル崩壊までは，贈呈品需要の拡大などもあり，国内市場需要の順調な伸びを背景に拡大していた。しかし，90年代になると，輸入量が急激に増加しはじめ，日本のタオル生産は低下に向かう。特に，後晒の浴用タオルやおしぼりなどの低価格実用品が中心であった大阪のタオル生産は，アジアの後進国からの低価格品との競争に追われ，1990年の4.07万トンをピークに低下し続けている。

　その推移を示したのが，図6-6である。タオル輸入量は，為替レートの推移によって（1995年では93円台であった為替レートが，その後円安が進み，1998年では1ドル150円近くへ低下），若干の変動はあるものの，1991年の1.9万トンから，2001年には6.4万トンにまで上昇し，10年間に3倍以上の規模に拡大していた。結果，日本の国内タオルマーケットにおける輸入浸透率は10年前の14.9%から2001年では63.4%へと大きく上昇した。一方，日本国内のタオル生産量は，90年代の10年間で全国では48%の低下，大阪では58%の低下となっている。

　アジアからの低価格輸入品と競合するために，大阪のタオル業界でも，最新設備の導入やコンピュータによるオンラインシステムの構築などを通じた，生産品目の高度化や多様化努力がなされた。しかし，この間，アジアに進出した日本の繊維企業の影響下で技術力を身につけてきた，中国をはじめとするアジア各国からの追い込みが激しく，大阪のタオル業界は停滞を食い止めることができなかった。結果，タオル業者による転廃業が続き，タオル工業組合の参加企業数も1990年の422社から2001年では半分以下の186社へと縮小するなど，急激に低下した。

　このような，中国をはじめとするアジア各国からの輸入の急増，国内生産量の大幅な低下，産地企業の持続的縮小のなか，日本のタオル業界は2001年から毎年政府に対して，緊急輸入制限措置（セーフガード）の発動を求める

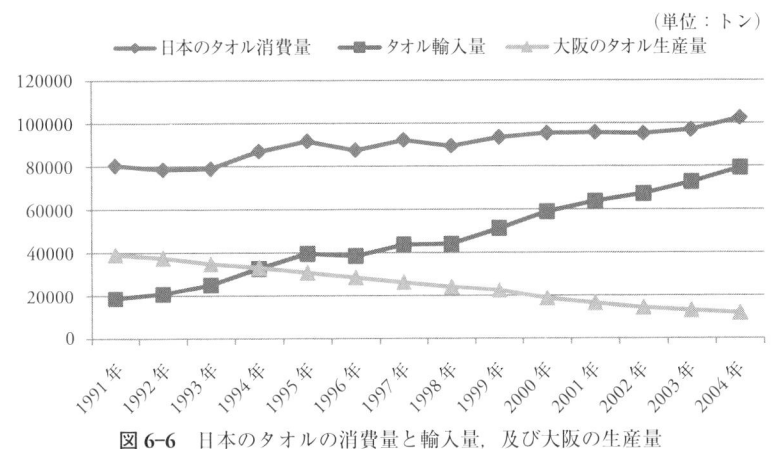

第6章　繊維産業の発展と日本繊維産業の空洞化　181

（単位：トン）

図6-6　日本のタオルの消費量と輸入量，及び大阪の生産量
出所：『工業統計表・産業編』各年，大阪タオル工業組合ホームページに基づいて作成。

ようになった。しかし，政府は自動車やエレクトロニクスなどの輸出競争力が強い産業に対する相手国の報復[6]を懸念し，タオルセーフガードは結局，発動されることはなかった。産業および産地の衰退を政府による保護によって食い止めようとしたが，グローバル化が進むにつれ，その道は閉ざされてしまった。

これからも，輸入タオルの増加，国内タオル市場の成熟による消費者ニーズの多品種・少量化が進むと予測される。大阪のタオル業界としては，120年の歴史の中で培ってきた技術力をベースに，国内および海外における「中高級品タオル」市場にターゲットを定め，価格競争ではなく，品質や安心・安全，環境対応といったより一層高い消費需要において，国際競争力を発揮することが必要になっている。

3.5　繊維産業の労働者および組合

大阪の繊維産業全体の生産は1990年から2000年までの10年間に約5割

---

[6] 2001年4月，日本政府は中国から輸入されるねぎ，生しいたけ，畳表の3品目に対するセーフガードの暫定措置を発動した。それに対し，中国政府は日本から輸入される自動車，携帯電話，クーラーに対し100％の関税を課する報復措置を行った。

低下し，その後の5年間にさらに約4割低下していた。表6-6で見るように，1990年代の繊維産業における従業者数は，繊維工業では年率で8％の低下，アパレル・その他繊維製品製造業では同6％低下していた。そして，2000年以降も低下が続き，2005年における繊維工業の雇用者数は，1990年の約30％，アパレルその他繊維製品製造業では，同32％の水準までに縮小している。ここで，特に注目に値するのが，個人事業主と無給家族従業者からなる家族経営における従業者の縮小ぶりが，繊維工業とアパレル・その他繊維製品製造業において異なる点である。

家族経営における従業者数は，繊維工業においては，従業者全体に比べ大きく低下し，アパレル・その他繊維製品製造業では，全体の低下幅より小さい。大手繊維メーカーによる生産拠点の中国およびアジア発展途上国への移転により，従来から下請け賃加工に甘んじてきた多くの小規模の個人事業主は，国内における新たな市場開拓の力も，海外進出の力もなく，淘汰を余儀なくされたと考えられる。

しかし，アパレル・その他繊維製品製造業においては，大量生産中心の汎用定番品の輸入に圧倒されながらも，中高級品市場に占める国内製品の割合は高く，国内中高級品ニッチ市場を開拓しながら，小規模のアパレル業者が健闘していることが窺える。これからのアパレル需要が，個性化，多様化に向かってさらに進むと予測されるなか，国内におけるアパレルの生産も，多品種・小規模生産が中心になり，小規模のアパレル縫製業者が存続する余地は残されていると考えられる。

そして，表6-7は，2000年代の繊維産業における雇用形態の変化を表しているが，繊維産業における非正規雇用の割合は，2001年時点ですでにかなり大きく，繊維工業では3割弱，衣服・その他繊維製品製造業では4割強を占めていた。そして，2001年から2005年までの正規雇用と非正規雇用の変化率を比較すると，繊維工業では，正規雇用の低下率（25％）が非正規雇用の低下率（21％）を上回っており，非正規雇用による正規雇用の代替が進んでいたことがわかる。しかし，衣服・その他繊維製品製造業では，正規雇用と非正規雇用はほぼ同じ率で低下していた。

もともと非正規雇用の割合（4割以上）が高く，企業の国内における機能が

表6-6 繊維産業の事業所と雇用の変化　　　　　　　　　　（単位：人）

	繊維工業			アパレル・その他繊維製品製造業		
	事業所数	従業者総数	家族経営における従業者	事業所数	従業者総数	家族経営における従業者
1990年	4269	42622	5203	8016	58708	9807
1995年	3145	28219	3419	6847	48266	7662
2000年	2286	19382	2363	5414	33252	5807
2005年	1440	12989	1369	3306	18733	3520
2000年/1990年	0.54	0.45	0.45	0.68	0.57	0.59
2005年/1990年	0.34	0.30	0.26	0.41	0.32	0.36
1990年～2000年の変化率（年率）	-6%	-8%	-8%	-4%	-6%	-5%
2000年～2005年の変化率（年率）	-9%	-8%	-11%	-10%	-11%	-10%

注：家族経営における従業者数は，個人事業主及び無給家族従業者の合計である。
出所：大阪府『大阪の工業──工業統計調査結果表・産業別統計表』各年版に基づいて作成。

表6-7 繊維産業における雇用形態の変化（従業員4人以上の事業所）（単位：人）

	繊維工業		衣服・その他		2001年から2005年までの変化率	
	2001年	2005年	2001年	2005年	繊維工業	衣服・その他
総数	14681	11148	21899	14078	-24%	-36%
内男	8147	6377	7449	5054	-22%	-32%
内女	6534	4771	14450	9024	-27%	-38%
正規雇用	10734	8014	12653	8263	-25%	-35%
内男	7085	5486	6558	4316	-23%	-34%
内女	3649	2528	6095	3947	-31%	-35%
非正規雇用	3947	3134	9246	5815	-21%	-37%
内男	1062	891	891	738	-16%	-17%
内女	2885	2243	8355	5077	-22%	-39%

注：非正規雇用には，パート・アルバイト，出向・派遣労働者，臨時雇用などが含まれる。
出所：大阪府『大阪の工業──工業統計調査結果表・産業別統計表』2001年，2005年に基づいて作成。

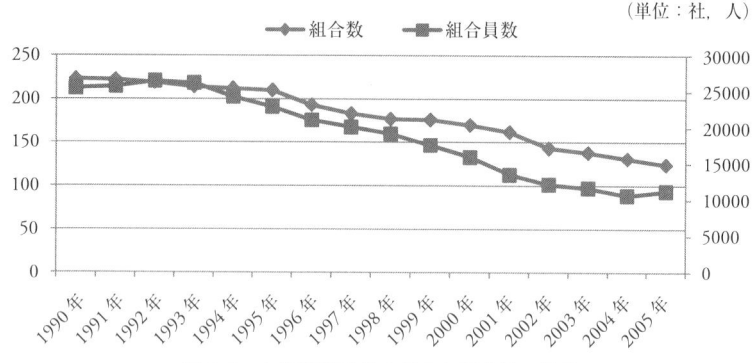

図 6-7 大阪繊維産業の組合と組合員の推移

注：左縦軸が組合数，右縦軸が組合員数を示す。
出所：大阪府『大阪府統計年鑑』各年に基づいて作成。

企画・販売などに集約されていることから，これ以上の非正規雇用による正規雇用の代替は困難であったように見える。そして，男性労働者と女性労働者の変化を比較すると，正規雇用，非正規雇用を問わず，女性労働者の低下率が男性労働者の低下率より大きい。特に，非正規雇用における女性労働者の低下率（繊維工業で22％，衣服・その他繊維製品製造業では39％）は，男性のそれ（繊維工業で16％，衣服・その他繊維製品製造業では17％）を大きく上回っており，女性労働者が雇用調整の最前列にさらされていることが窺える。1990年代以降のグローバル化の進展に伴う大阪繊維産業の空洞化は，繊維産業の雇用と労働現場に大きな影響を与えた。

まず，国内の賃金上昇によるコスト競争力の低下を補うべく行われた海外進出は，繊維産業全体における，中国の低賃金労働者の雇用による国内雇用の代替をもたらした。そして，国内の企業単位では，パート・アルバイト，派遣や臨時雇用などの非正規雇用による正規雇用の代替が行われているように見える。

しかし，図6-7で示すように，繊維産業の労働組合の停滞も激しく，繊維産業における雇用の低下，労働現場における労働者の権利を守ることはできなかったと考えられる。大阪の繊維産業における労働組合数は，1990年の223から2000年の170へ，そして2005年では124へと縮小した。また，組合員数も1990年の2万5503人から2000年の1万5942人へ，そして

2005年では1万1231人へと縮小した。結果,製造業全体の組合数と組合員数に占める割合は,1990年の4%と2%から,2005年では,それぞれ2%と1%へ,約半分の水準に低下した。

そして,繊維産業労働者の産業別組合であったゼンセン同盟[7]は,90年代以降の繊維産業労働者数の傾向的低下や非正規雇用による正規雇用の代替が進むなか,非繊維産業部門への組織拡大やパートタイマーなどの臨時雇用者の組織化に尽力してきた。結果,ゼンセン同盟の組織人員は,1990年の56万3000人から2000年の61万9000人になり,10年間で約5万5000人増加した。

しかし,ゼンセン同盟に参加した繊維関連の組織人員は,1990年の20万2500人から2000年の16万1000人となり,10年間で約4万人が減少した。2000年のゼンセン同盟に占める繊維関連組織人員の割合は26%であり,10年間で約10%ポイント低下したことになる。その一方,流通・サービス(専門店含む),フード・サービスといったサービス産業の組合員の割合は,1990年の44%から2000年の63%へと約20%ポイント増加し,ゼンセン同盟の組織構成は大きく変化した。(ゼンセン同盟第55回,56回定期大会報告書)。

4 繊維産業における日中分業体制の構築

総じて繊維産業は,労働集約型産業であり,労働力コストを考慮すると,日本の繊維産業は国際競争力が低いと言わざるを得ない。そして,中国は労働力コストが日本の二〇分の一とも言われる低廉かつ豊富な労働力をたてに,中国に進出した日本企業から先進的技術や管理ノウハウを学びながら急速に発展している。90年代以降のグローバル化の進展は,世界における産業地図を塗り替え,日本の繊維産業のあり方を大きく変化させた。日本は,国内繊維業者による生産加工工程の中国への移転,そして中国からのアパレ

---

7) 2002年9月にCGS連合,繊維生活労連と統合し,UIゼンセン同盟(正式名称:全国繊維化学食品流通サービス一般労働組合同盟)へと名変わりした。

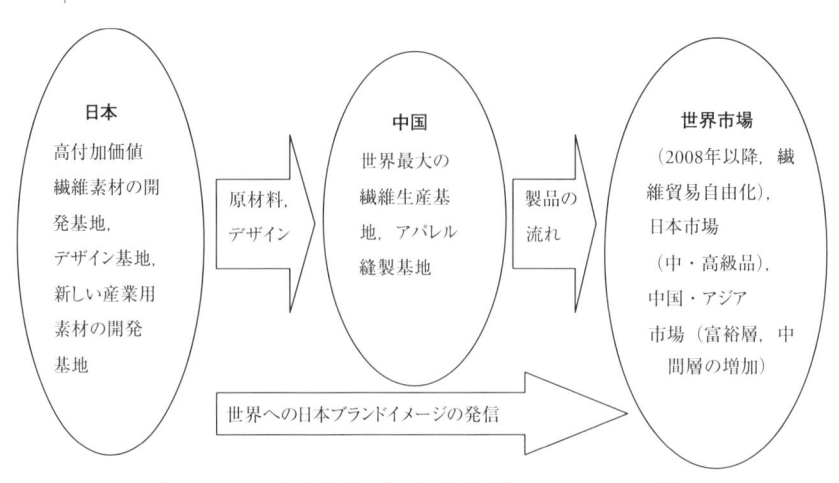

```
┌─────────┐         ┌─────────┐         ┌─────────┐
│  日本   │         │  中国   │         │世界市場 │
│高付加価値│ 原材料, │世界最大の│ 製品の │(2008年以降,繊│
│繊維素材の開│ デザイン│繊維生産基│ 流れ  │維貿易自由化),│
│発基地,  │────▶   │地,アパレル│────▶  │日本市場 │
│デザイン基地,│      │縫製基地 │        │(中・高級品),│
│新しい産業用│       │         │        │中国・アジア│
│素材の開発│        │         │        │市場(富裕層,中│
│基地     │         │         │        │間層の増加)│
└─────────┘         └─────────┘         └─────────┘
              世界への日本ブランドイメージの発信 ═══════▶
```

図 6-8 日中分業体制に基づく繊維産業のグローバル展開
出所:東レ経営研究所編『繊維トレンド』(2003)に基づいて作成。

ル製品輸入の急増により,国内における繊維産業は着実に空洞化し,「繊維の街」大阪の繊維産業も大きく停滞した。

現在,日本の繊維産業は中国との激しい競争に直面し,日本のあらゆる産業がこれから経験するであろう,世界的な経済地図の変化にさらされた先駆けとなっている。日本の繊維産業が,長い発展過程で培ってきた技術力,もの創り力を発揮し,製造加工段階においては,「世界の工場」と言われている中国を活用し,日本の繊維・アパレルをアジア及び世界の市場へ輸出するという,日中共栄が可能な新しい繊維ビジネスのモデル(図6-8)を構築できるかどうかは,日本の繊維以外の産業発展にも多くの示唆を与えてくれると思われる。これには,日中両国の繊維産業における補完体制に基づく,グローバル生産システムの構築および市場の開拓が必要となる。

4.1 日中両国における分業体制

90年代の日本への逆輸入を主な目的とした企業の中国進出により,低価格品は中国で,中高級品は日本国内で生産する分業体制はすでに形成されて

いる。日本の繊維メーカーや商社が日本国内市場における需要に基づき，商品を企画・デザインし，原材料まで持ち込み中国で生産し，日本市場で販売するビジネスモデルが中心であった。特に，価格指向が強く，季節変動影響が少ない汎用定番製品[8]の中国生産が中心で，ファッション性が高い高付加価値製品は，日本国内で製造販売していた。

　最近の日本企業の中国進出は，中国で構築した生産体制のさらなる先端化，多様化，情報化，物流近代化を推進するもので，合繊・紡績の川上部門の中国進出により，原料の差別化，最終製品段階における規模化を通じた，中国国内での内販，世界への輸出の強化を目的としている（矢野経済研究所2004）。

　そして，国内における衣料用繊維需要の低下に対応し，化学繊維メーカーを中心に産業素材用繊維の開発，生産に力を入れてきた結果，世界でも優れた素材の開発が行われ，その需要が拡大されつつある。しかし，繊維製品の最終需要に占める衣料用繊維の需要は圧倒的に多く，世界の繊維貿易もアパレルが中心である。現在，世界の繊維輸出の内，アパレルが52.8％を占めているが，日本の繊維輸出全体に占めるアパレルの割合は，わずか9％しかなく，アパレル産業の後れぶりが目立つ。現在のようにアパレル縫製業における産業空洞化が進むと，結果的に国内繊維産業全体の衰退は避けられない。国内における中高級品市場（差別化定番市場）をメインターゲットとし，優れた素材産業をベースにファッション性が高く，付加価値が高い製品を生産し，世界に向けて日本のブランドを発信していかなければならない。

---

8) 一般的に，アパレル製品は価格重視か価値重視かによって，実用衣料品と高級衣料品に分類される。その中で，価格志向が強く，付加価値の低い大量生産製品を定番衣料品（例えば，下着，シャツなど）と称し，価値（機能性，デザイン性，ファッション性）志向が強く，多品種少量生産製品を差別化衣料品という。そして，差別化衣料品は「価格」と「価値」の結合形態によって，差別化定番衣料品（例えばユニクロの製品）と高級差別化衣料品（例えば，バーバリーなどの欧米有名ブランド製品）に分けられる。

4.2　グローバル市場の獲得に向けて

　2003年の『新しい繊維ビジョン』でも指摘されたように，日本繊維産業の国際競争力の低下は，労働力コストの上昇や為替レートの変化（1985年のプラザ合意以降の大幅な円高）のみならず，日本の繊維産業構造のゆがみが長期にわたり改善されていない結果でもある。高度な技術をもちながら，規模の経済性を発揮し得ない中小，とりわけ零細企業が圧倒的に多く，原糸メーカーや，商社の賃加工に甘んじてきた構造が，90年代における日本繊維産業の空洞化の根本的原因であった（辻2003）。繊維産業における構造改革は，効率化指向と差別化指向を両立しながら，ある程度のボリュームゾーンをアジア規模で構築していく上で必須である。

　低価格汎用製品の市場を中国に引き渡す代わりに，中国およびアジアにおける中高級品市場を開拓することが，今後の日本繊維産業の進むべき道であろう。2008年以降，世界の繊維市場はほとんど開放されており，中国をはじめとするアジアの後進国の繊維市場における輸入制限や関税制限は大きく縮小された。そして，経済発展と国民所得の増加に伴い，ブランド品，高級素材，高級製品志向の富裕層，中間層はアジアのなかで著しく増加している。従来からの良質であるという日本製品のイメージに，より一層高い機能性やファッション性を加えれば，新しい日本のブランドが構築でき，中国をはじめとするアジアにおける差別化市場，差別化定番市場を捉えることが可能であろう[9]。

---

9) このような繊維ビジネスモデルの成功例がユニクロである。長引く不況や円高による輸出需要の減少によって業績不振にあえいでいるほとんどの日本企業を尻目に，ユニクロは「一人勝ち」しているように見える。特に，2003年から発売された「ヒートテック」製品（ユニクロ自社開発の新素材）は，2007年に東レが開発した新しい素材（発熱，保温，吸汗速乾機能をもつ東レオリジナルのLOCII "セオα" という素材）を使用することで，機能性とファッション性がさらにアップし，ユニクロの世界戦略商品になっている。

5 結　論

　本章では，1990年代以降の中国における輸出主導型成長の代表的産業である繊維産業の発展が，日本の繊維産業に及ぼす影響を分析した。特に，日本有数の繊維の集積地である大阪の繊維産業に対する影響を明らかにすることにより，日本の繊維産業が，中国とどのように付き合っていけばよいのかについて説明した。本章の結論をまとめると，以下の三点が挙げられる。

　第一に，1990年代の日本の繊維産業は，バブルの崩壊と円高によるダブルショックの影響の下，さらに停滞していたが，その停滞にもっとも大きく影響しているのが，隣の中国における繊維産業の急速な発展であった。中国からの低価格汎用繊維製品の輸入が急激に増えているが，それには日本の繊維企業が大きく関わっている。

　第二に，日本の繊維産業による中国進出と中国からの繊維製品の輸入増加に伴う影響は，繊維産業における雇用の変化からも確認できる。すなわち，中国の低賃金労働者の雇用による国内雇用の代替，そして国内の企業単位では，パート・アルバイト，派遣や臨時雇用などの非正規雇用による正規雇用の代替が行われているように見える。

　第三に，日本の繊維産業が，長い発展過程で培ってきた技術力，もの創り力を発揮し，製造加工段階においては「世界の工場」と言われている中国を活用しながら，日本の繊維・アパレルをアジア及び世界の「差別化定番」製品市場へ輸出する，という日中共栄が可能な新しい繊維ビジネスのモデルを構築することは，これから中国との競合関係に直面する他の産業に対しても多くの示唆を与えてくれると考えられる。

第7章

自動車産業の発展と
日韓自動車産業への連関効果

1 はじめに

　1990年代以降，中国の自動車産業[1]は国家の重点保護育成政策の下，世界で類を見ない急速な成長を遂げた。1990年における中国の自動車生産台数は50万台規模であったが，2009年では1379万台に達し，アメリカと日本を抜き世界第一の自動車生産大国となった[2]。昨今のアメリカ発の金融危

---

1) 本書における自動車産業の定義は，中国においては，中国自動車（汽車）工業年鑑に基づいており，自動車とは別に統計されている二輪自動車（摩托車）・同部品産業を含まない。そして，日本では，『工業統計表』の第31部門 —— 輸送用機械器具製造業の自動車・同付属品製造業を指す。日本の大手自動車メーカーには，ホンダ，スズキなどの二輪自動車も生産する複合自動車メーカーが存在し，工業統計表では二輪自動車も自動車産業に含まれることになる。韓国においては，『鉱業・製造業統計調査月報』のC30分類 —— Manufacture of Motor Vehicles, Trailers and Semitrailers 部門を指す。そして，自動車産業の国際貿易統計は，統計範囲の違いから様々な統計があるが，国際産業連関表と国際貿易統計の集計基準となっている International Harmonized System Codes に依拠しており，HS 8072～8078を自動車産業，HS 8072～8075を完成車部門，HS 8076～8078を自動車部品産業部門としている。

2) 2009年の自動車産業統計は，世界的金融危機の影響を大きく受けたものである。アメリカ，日本の自動車生産台数が劇的に落ち込んだ一方で，中国の自動車生産台数は，政府の自動車販売促進政策（補助金，税金優遇策など）の影響を受け，駆け込み需要が発生し，急激に伸びた。これは一時的な特別ケースに当たり，長期的な分析において，2009年の統計は強調されるべきではない。よって，本章の長期的な推計分析では2008

機の影響を受け，アメリカや日本をはじめ世界における自動車販売台数が軒並みに低下するなか，中国の自動車販売台数は，政府の国内需要拡大政策の一環として行われた小型車購入に対する補助金供与，消費税の優遇措置などの支援を受けて急激に増加した。

　中国の自動車産業が，「世界一の市場と技術の交換」という発展戦略のもと，世界の主要な自動車メーカーとの「外資提携」によって急速に成長したことはよく知られている。特に，中国のWTO加盟が決定した2000年以降，その発展スピードはさらに拡大している。それには，欧米のVW，GMなどに比べ中国進出に遅れていた日韓のトヨタ，日産，ホンダ，現代・起亜などの大手完成車メーカーによる中国自動車市場への新規参入や生産規模の拡大による影響が大きい。これらの中国市場への進出を加速させた日韓完成車メーカーの現地生産の拡大は，本国から中国への自動車部品の輸出を拡大させると同時に，その系列の自動車部品メーカーの中国進出と現地生産の増加を促してきた。そして，これらの外資系メーカーの参入に大きく依存しながら発展している自動車部品産業による日韓両国への部品輸出も急速に増加し[3]，中国の自動車産業の発展が日韓両国の自動車産業および経済全体に対する波及効果はますます拡大している。

　本章の目的は，このような日本と韓国の自動車産業による中国進出の拡大とともに発展している中国自動車産業が，日韓両国の自動車産業に対する連関効果の変化を比較分析し，それに伴う影響の共通点と相違点を明らかにすることである。

　年までのデータを主に使用している。
3) 日本自動車部品工業会の『海外事業概要調査報告書』（各年）によると，2000年以降の日系完成車メーカーの現地生産の順調な拡大に伴い，中国で現地生産を行っている日系自動車部品メーカーの販売に占める逆輸入の割合は，2000年代初めの約5割から2008年の13％に低下した。一方，その間の日系部品メーカーの一社平均売上は，31億円から74億円に上昇しており，一社平均では日本への逆輸入額は約4割低下している。しかし，その間の日系部品メーカーの中国進出件数が3倍以上に上昇しているので，逆輸入の総額は大きく増加していると考えられる。そして，その間における中国から日本への自動車部品輸出額が約9倍に拡大したことは，中国系自動車部品メーカーによる対日輸出が相当に増えていることを表している。

本章の2ではまず，外資提携を中心に急速に発展する中国自動車産業の現状を説明したうえで，3では，1990年，95年，2000年の『アジア国際産業連関表』に基づいて，90年代における中国自動車産業の発展が日本と韓国の自動車産業に対する後方，前方連関効果の変化を分析する。そして，アジア国際産業連関表が現時点で2000年までしか公表されていないことから，連関効果の変化を裏付ける自動車部品貿易の変化に関する分析を最近まで延長し，2000年以降における日韓自動車産業への連関効果の変容を推定する。そして4では，これらの連関効果の変容に伴う影響の実態に関して，日韓両国の自動車産業による中国進出，貿易の推移，および企業規模別の雇用と生産額の変化を取り上げて比較分析を行う。最後の5では，本章の結論と今後の課題を述べる。

2　中国における自動車産業の発展

2.1　急速に成長する中国の自動車産業

図7-1は，1990年以降の中国における自動車生産台数の推移を示している。自動車全体の生産台数は，90年代の10年間では年率15％，2000年以降においては年率24％のスピードで拡大している（全期間では年率20％）。これは，日本自動車産業の急成長期（1960～80年）の年率16％を超え，韓国自動車産業の急成長期（1975～95年）の21％に近い成長である。特に乗用車の生産拡大が著しく，商用車の生産台数が全期間において年率13％の成長であるのに対し，乗用車の生産は90年代の10年間では年率34％，2000年以降では年率40％の急成長を見せている（全期間では年率37％）。日本と韓国における自動車産業の急成長期の乗用車生産台数の成長率は，それぞれ年率18％と23％であったが，それを大きく上回るスピードで成長している[4]。

---

[4] 日本と韓国の自動車生産台数，保有台数に関するデータは，日本自動車工業会編『日本自動車年鑑2007～2008』に基づいている。

図 7-1　中国自動車生産台数の推移
出所：中国自動車工業協会『中国自動車工業年鑑』2009年に基づいて作成。

　そして，2008年における中国の自動車保有台数は5000万台を超え，日本の80年代末の水準に達している。しかし，中国の人口規模と合わせて考えると，1000人当たりの自動車保有台数は2000年で13台，2008年末において38台前後であり，日本の60年代後半の水準である。さらに，中国における一人当たりGDPの成長や都市部を中心に著しく拡大している富裕層・中間層の存在を考慮すると[5]，中国におけるモータリゼーションは始まったばかりであり，長期的な成長が期待できる。

　中国が初めて自動車を生産したのは1950年代であるが，自動車産業の本格的な発展が始まったのは1980年代半ばからである。外資提携による自動車産業の発展戦略がスタートし，アメリカのAMC（現ダイムラークライスラー），ドイツのVW，日本のダイハツ，フランスのSPAグループなどによる現地生産，もしくは技術供与が始まった。そして，第七次五カ年計画

---

5) 一般的に一国の一人当たりGDPが1000ドルを超えると自動車が普及し始めるといわれているが，中国における一人当たりGDPは2003年に初めて1000ドルを超えた。しかし，東南沿海部（12省）における一人当たりGDPは，2000年時点ですでに1300ドルを超え，2005年では2600ドルに達している。他方，中国社会科学院の「現代中国の社会階層研究報告」(2001)によると，2000年までに中国の社会中間層（年収3000～5000ドル）は人口全体の16～18％に達している。また，MasterCard Worldwide Insightsレポート（2006）による中産階級世帯（年収5000～15000ドル）数が，2005年で3500万，2010年では6500万世帯になるという推計もあり，中国の自動車市場の潜在的大きさを窺わせる。

(1986-90年)において，自動車産業を国民経済の基幹産業としての育成，発展させる方針が決定され，自動車産業政策の重点も商用車から乗用車へシフトした。

その後，「三大三小二微」の8社[6]を核とした既存の零細自動車企業の再編・集約，この8社を中心とした外資導入と技術移転を通じて，中国自動車産業は国家主導の発展戦略の下で急速に成長した。これらの中国自動車産業発展戦略は，1994年7月に「自動車工業産業政策」という形では初めて内外に公表された。そこには，上記の8社を中心に吸収・合併を通じた規模拡大，大手自動車メーカーに対する支援，基盤の弱い部品産業の育成などの政策が明記され，生産拡大の指向が強い産業発展政策となった。

そして，輸入代替工業化の一環として「漸進的に国産化を実現する」という目標の下，中国政府は外資提携に関して様々な規制を行ってきた[7]。しかし，経済発展とともに急速に成長する中国自動車市場の魅力は大きく，さまざまな規制があるにもかかわらず，世界の大手自動車メーカーのほとんどが中国に進出し，激しい競争を繰り広げている。特に，80年代から90年代半ばまでの欧米自動車メーカーの進出に比べ後れをとっていた日本のビッグスリーと韓国の現代・起亜グループが，2000年以降に中国現地生産を本格化したことで，中国の自動車生産規模は一気に拡大した。

表7-1は，日韓両国の大手完成車メーカーとの提携を含む，中国自動車産業における主な外資提携企業である。80年代に既に現地生産を始めたVWや技術供与を始めたダイハツを筆頭に，90年代ではGM，フォード，ダイムラークライスラー，SPA，トヨタ，ルノー・日産，ホンダ，現代・起

---

6)「三大」は，第一汽車，東風汽車，上海汽車であり，「三小」は，北京汽車，天津汽車，広州汽車である。そして，「二微」は軍需企業から民需企業へ転換された，貴州航空工業，長安機器(長安汽車)である。

7) 例えば，外資系自動車メーカーは「三大三小二微」の8社の内，2社までと資本提携が可能であり(中国側の8社は，2社以上の外資と資本提携をしても問題がない)，外資の割合は50％(製品，生産目的，立地などの条件によっては一部例外が認められている)を上回ることができない，生産開始から3年以内の国産化率40％の規定(例えば，輸入部品の関税率を国産化率に連動させる「等級関税」措置)の規定など，本土系自動車メーカーの保護育成と外資系メーカー間の競争を促す規制措置が採られてきた。

表7-1 主な外資提携自動車会社

中国側メーカー	外資側メーカー	合弁会社	稼働年	2007年販売台数(万台)	シェア	代表車種
第一汽車集団（天津汽車を含む）	VW	一汽VW	1995	46	7.7	Audi，ジェッタ
	トヨタ	四川一汽トヨタ（成都）	2000	28.7	4.7	SUV：ランドクルーザー
		一汽トヨタ（長春）	2003			プリウス
		天津一汽トヨタ	2002			カローラ，クラウン
	マツダ	一汽海南マツダ	2001	5.4	0.9	マツダ6（アンデザ）
技術供与	ダイハツ	天津一汽夏利	1986	18	3	シャレート
東風汽車集団	SPA	神龍汽車	1985	21	3.5	シトロエン ZX
	ルノー・日産	東風汽車	2003	27.2	4.5	サニー，ティーダ，ブルーバード
		鄭州日産汽車	1995	4	0.7	SUV：パラディン
	韓国起亜	東風悦達起亜	1998	11.5*		YQZ7160シリーズ
	ホンダ	東風ホンダ	2004	12.7	2.1	CR-V，シビック
上海汽車集団	VW	上海VW	1985	46	7.7	サンタナ，パサート
	GM	上海GM	1998	45	7.5	Buick，Regal
		上海GM五菱	2002	46	7.7	Chevrolet Spark
北京汽車	現代	北京現代	2002	23	3.8	Sonata，Elantra
	ダイムラークライスラー	北京ベンツ・ダイムラークライスラー	2005（1984）	2*		ベンツC.Eクラス，三菱SUV
広州	ホンダ	広州ホンダ	1999	29.5	5	アコード，フィット
	トヨタ	広州トヨタ	2006	17	2.8	カムリ，ヴィッツ
（輸出独資）	ホンダ	ホンダ汽車	2005	4.3	0.7	輸出用Jazz
長安汽車	スズキ	重慶長安スズキ	1995	13.4	2.2	アルト，スイフト
	フォード，マツダ	長安フォードマツダ	2003	22	3.7	Mazda3
東南汽車	三菱	東南汽車	1996	6	1	パジェロ
貴州航空	富士重工業	貴州雲雀	1998			REX（貴州雲雀）
華晨汽車	BMW	華晨BMW	2004	3	0.5	BMW3シリーズ，5シリーズ

注：1．販売台数と同シェアは，乗用車のみの集計である。*は2006年の販売台数である。
　　2．北京ベンツ・ダイムラークライスラーの前身である北京ジープは，1984年に北京汽車とアメリカのAMCの合弁による，中国自動車産業の中外合弁企業の第一号である。
出所：『中国汽車工業年鑑』各年，及び各社のウェブサイトに基づいて作成。

亜など世界の主な自動車メーカーが中国へ進出し，2000年以降では，第二のパートナー探しや既存生産ラインの拡張が行われている。

中には，もっとも一般的な中外双方が共に50％ずつ出資する合弁がある一方，外資同士で手を組んで進出する形態（長安フォードマツダ＝フォード35％，マツダ15％，中国長安汽車が50％）もあり，広州本田汽車のように輸出目的で100％独資（2005年，資本金6.8億元，年間生産能力5万台）の進出形態もある。特に，80年代から90年代半ばまでの欧米系自動車メーカーの進出に比べ，遅れをとっていた日本のビッグスリーが，90年代後半から中国進出を始めたことで，中国の自動車生産規模は一気に拡大し，乗用車を中心に市場競争も激しくなった。

そして，2008年における中国国内の乗用車販売台数（673.8万台）に占める各メーカーの割合を見ると，VW系が14.7％，GM系が7.2％，トヨタ系が10.9％，ホンダ系が7.7％，日産系が5.4％，現代・起亜系が約7.2％，PSA系が1.5％など，外資系が全体の6割以上を占めている。本土系では，奇瑞汽車が5.3％，吉利汽車が3.3％，BYDが2.5％を占めるなど，中国系完成車メーカーの割合は，2002年の19％から2008年の40％近くへ成長している。

しかし，中には海外ブランドの委託生産・販売が多く含まれており，国産ブランドの生産・販売は30％以下にとどまる。そして，外資系の中でも，トヨタの広州進出や東風日産，東風本田の稼働に伴う生産規模の拡大と相次ぐ新ブランドの導入に伴い，日本ブランドの販売シェアが30％までに拡大され（2002年は15％），日系自動車メーカーは短期間で躍進を遂げ，欧州系（18％），アメリカ系（12％），韓国系（7％）を大幅に上回っている[8]。

---

8) ここのメーカー別の販売台数およびシェアは，中国自動車工業年鑑（2008）の基本型乗用車（MPV，SUVを含む）のデータ（乗用車販売台数全体の84％）に基づいて集計したものであるため，実数と若干の差異がある。そして，本章では上海GMをアメリカ系として計上しているが，上海GMにおける乗用車生産のほとんどは，韓国大宇GMによる設計，ノックダウン生産であり（塩地2008），それを韓国系として計上すると，韓国系の割合は約7％上昇し，14％以上となる。

2.2 WTO 加盟と中国自動車産業の海外進出

2001 年末の WTO 加盟は，中国自動車産業の外資提携に伴う成長にさらに拍車をかけた。周知のように，トヨタ，現代自動車をはじめ，多くの外資系メーカーの新規進出，生産規模拡大が行われたのも WTO 加盟前後が多い。中国の自動車産業は WTO 加盟をきっかけに，2002 年では前年比 39％，2003 年では 37％の上昇を見せた（乗用車だけで見ると，同 55％，86％の上昇である）。もともとは，WTO への加盟により深刻な打撃を受けると心配された自動車産業であったが，「世界最大の未開発市場」の成長に対する期待は大きく，世界の大手自動車メーカーは中国現地生産の拡大に熱心であった。そして，WTO 加盟時に合意された漸次的な関税引き下げや輸入数量制限措置の下，大きな波乱は起こらなかった[9]。

WTO 加盟に際して中国政府が承諾した自動車市場の開放に関する諸条項は，2006 年 7 月に完成車の輸入関税率を 25％まで引き下げたことでほぼ実行された[10]。しかし，WTO 加盟に伴い自動車産業のグローバル競争が拡大する中，中国政府は国内・国際競争力を高めるために，国内ではさまざまな保護策を講じる[11]と同時に，輸出産業としての育成にも力を入れている。

---

9) 日本のメーカーも韓国のメーカーも，中国が WTO に加入した後も政府による完成車輸入に対する高関税や一定の規制が残存することを見越して，中国での現地生産による販売を基本戦略としてきた。今後も現地生産車のコスト競争力が高まり，輸入車の価格競争力がさらに低下すると予測される中，日韓両国の中国への完成車輸出台数の急増の可能性は低いとされる（塩地 2008）。

10) その他，自動車部品の輸入関税率を 2006 年までに 10 〜 14％へ引き下げること，2005 年までの輸入数量制限の撤廃，外資 50％以下の制限撤廃などがある。

11) 例えば，自動車部品の輸入関税率は 10〜14％であるが，全部品の 60％以上を輸入すると，「完成車の特徴を構成する」として完成車の輸入関税率の 25％が適用される（2008 年 12 月 15 日，この問題に関する WTO の紛争において中国政府は敗訴している）。また，2006 年 4 月 1 日から実施された新しい消費税の課税品目と税率調整において，国産自動車メーカーが主に生産する排気量が 1600cc 以下の乗用車の消費税が下方修正され，外資系メーカーが主に生産する 2000cc 以上の乗用車の消費税は上方修正された。そして，国内消費需要の拡大と農村部での自動車普及促進のために，2009 年 1 月から始まっている自動車取得税優遇策や補助金制度においても，1600cc 以下の乗用車や軽・小型商用車への優遇策が中心となっている。

例えば，10年ぶりに改定された「新自動車産業発展政策」(2004年6月1日公布)では，国産自主ブランドと自主技術の研究開発を促進し，国内市場での競争力アップと海外市場への積極的な進出をサポートする政策が強調された。2006年では，商務部と国家発展改革委員会が，長春，上海などの8地域を「完成車・部品の重点輸出基地」とし，奇瑞自動車，万向集団などの160の企業を「重点輸出基地企業」と認定するなど，自動車産業を輸出産業として育成・発展させる方向を明確に打ち出している[12]。

このような政府の国産ブランドの輸出促進政策の下，奇瑞，長城，吉利などの国産メーカーによる完成車輸出は急速に伸び，中国の完成車輸出は2003年の4.6万台から2008年の68.3万台へと5年間で15倍の規模に拡大した。同時に，自動車部品輸出も2003年の54億ドルから2008年の311億ドルへと約6倍の規模に拡大した(中国自動車工業協会統計)。同期間における自動車，同部品の輸入が，それぞれ約2倍の上昇に止まっていることを考えると，中国の自動車産業は国内生産規模の拡大とともに，輸出産業としての国際競争力も徐々に上昇していると言える。

3 日韓自動車産業に対する連関効果

前節では，「世界一の市場と技術の交換」(中国語：以市場換技術)という発展戦略のもと，世界の大手自動車メーカーとの「外資提携」によって急速に成長した中国自動車産業の実態を説明した。自動車産業は裾野が広い産業であり，一国における自動車産業の発展は，関連する多くの産業の発展を牽引するので「産業中の産業」とも呼ばれる。しかし，中国の自動車産業は外資提携を中心に拡大しており，外資系大手完成車メーカーによる中国現地生産

---

12) 原文は，中国商務部・国家発展改革委の「長春など8カ所に国家自動車・同部品輸出基地の称号を授与するに関する決定」(中国語：「関於対長春等8個国家汽車及零部件出口基地授牌的決定」)と，「160社の企業を国家自動車・同部品の輸出基地企業として認定することに関する決定」(中国語：「認定160家企業為国家汽車及零部件出口基地企業的決定」)，2006年7月24日公布。

の割合が大きいゆえに，上記のような中国自動車産業の急速な発展は国内の関連産業への連関効果のみならず，海外自動車産業との連関効果も拡大させている。

中国自動車産業の発展による対外連関効果の発生経路を簡単にまとめると，当初は海外の完成車メーカーの中国進出と現地生産の拡大に伴い，中国国内で生産できない部品を本国から調達した結果，海外からの自動車部品の輸入が増加し，対外後方連関効果が拡大する。そして，中国の自動車市場の拡大と国内生産規模の拡大につれ，海外の自動車部品メーカーも中国に進出し，現地生産と現地販売を拡大する。さらに，中国国内における部品産業の成長は，汎用品を中心とした一部自動車部品の対外輸出を拡大させ，中国の自動車産業の発展による対外前方連関効果も徐々に拡大する。

本章で使用するデータは，宇仁（2008）が『アジア国際産業連関表』（1990年，95年は78部門表，2000年は76部門表）から仮説的抽出法に基づいて計算した，すべての産業部門の内生10カ国・地域における3カ年の後方，前方連関効果の結果を利用する[13]。ただし，本章は中国自動車産業の発展が内生諸国，特に日本と韓国の自動車産業に対する波及効果に分析の焦点を合わせるために，全体（1990年と95年は780×780，2000年は760×760の行列）の中から，中国の自動車産業（自動車部品産業を含む，二輪車・同部品を除く）に関する部分のみ摘出し，日韓両国の産業全体と自動車産業に対する連関効果を計算している。

3.1　中国自動車産業の連関効果の変化

表7-2は，1990年，95年，2000年における中国自動車産業の発展が，域内諸国・地域に対する後方，前方連関効果を示している。ここにおける後方連関効果は，最終財である完成車を製造するための部品や素材を製造する，自動車産業内の部品製造部門と他産業への波及効果であり，前方連関効果

---

13) 後方，前方連関効果の定義とその計算における仮説的抽出法に関しては，第4章を参照すること。

表 7-2　中国自動車産業の国・地域別連関効果

	国内	ASEAN 5カ国の合計	台湾	韓国	日本	アメリカ	対外(内生国)合計	日本の割合	韓国の割合
後方連関効果									
1990	1.2171	0.0067	0.0047	**0.0022**	**0.0826**	0.0211	0.1173	70%	2%
1995	1.0914	0.0078	0.0094	**0.0126**	**0.0807**	0.0286	0.1391	58%	9%
2000	1.1027	0.0074	0.0155	**0.0188**	**0.069**	0.0166	0.1273	54%	15%
前方連関効果									
1990	1.0473	0.0039	0	**0**	**0.0215**	0.0088	0.0342	63%	0%
1995	1.1465	0.0032	0.0023	**0.0058**	**0.0181**	0.0162	0.0456	40%	13%
2000	1.1541	0.0022	0.0019	**0.0044**	**0.0147**	0.0351	0.0583	25%	8%

注：1. ASEAN5カ国は，インドネシア，マレーシア，フィリピン，タイ，シンガポールを含む。
　　2. 日本と韓国の割合は，中国以外の内生国合計に占める割合である。
出所：宇仁（2008）に基づいて計算。

は，自動車部品部門の自動車産業および自動車修理・整備業などに対する波及効果である。

　まず，後方連関効果について全体的に言うと，1990年代の中国の自動車生産規模は年率14％の成長を見せたが，それが外資提携に基づく，外国ブランド中心の規模拡大であったため，中間財調達における海外依存度が高まった。結果，国内後方連関効果は低下し，中国以外の域内諸国・地域に対する後方連関効果は拡大した。さらに詳しく見てみると，国内後方連関効果の低下と域内諸国・地域に対する後方連関効果の上昇は，主に90年代の前半に起きており，90年代の後半ではその流れが逆転している。

　自動車産業を基幹産業として保護育成するために，中国政府は自動車・同部品の輸入に関しては高い関税と数量制限を課し，現地生産を始めた外資系完成車・部品メーカーには厳しい国産化率制限を適用してきた。結果，自動車産業における輸出の割合が傾向的に上昇しているのに対し，輸入の割合は1994年の19％をピークにその後は低下した。そして，輸入依存度が再び上昇に転じたのは2000年以降であり，中国のWTO加盟に伴い大きく上昇したが，2005年からはまた低下に向かっている（中国自動車工業年鑑2009）。これは，外資系完成車メーカーや部品メーカーにおける中国現地生産による輸入代替が進んだ結果であると考えられる。

そして，国と地域別に見ると，ASEAN5カ国に対する後方連関効果は，その値も変化も小さい。台湾は全期間を通じて大きく伸び，アメリカは前半で伸び，後半では低下した。そして，対韓国の後方連関効果の伸び率がもっとも大きく，2000年ではアメリカを超え，日本に次ぐ波及効果を受けている。一方，対日本の後方連関効果は，90年代の10年間で継続的に低下した。結果，中国自動車産業の自国以外の内生諸国・地域に対する後方連関効果全体に占める日本の割合は1990年の70％から95年では58％，そして2000年では54％までに低下した。しかし，なおも半分以上を占め，中国自動車産業との深い関わりを示している。

次に，前方連関効果は，国内における自動車生産規模の拡大が部品産業の成長をもたらした結果，国内の前方連関効果は上昇した。さらに，中国に進出した外資系部品メーカーと共に成長した中国の自動車部品産業による輸出が増加し，対外前方連関効果は一貫して拡大した。しかし，2000年における中国自動車部品産業の輸出が産出額に占める割合はまだ6％と小さく，海外に対する前方連関効果は依然小さい。ただし，自動車部品輸出の推移を見ると，90年代の前半においては年率35％の伸びを示しており，国内生産額の伸び率14％の2.5倍である。さらに，90年代後半の輸出伸び率25％は，国内生産額の伸び率7％の約3.6倍であり，輸出の伸び率は国内生産額の伸び率を大きく上回るスピードで拡大している。

そして，国・地域別に見ると，対ASEAN5カ国と日本の前方連関効果は90年代を通じて，韓国と台湾は90年代後半において著しく低下したのに対し，対アメリカの前方連関効果だけは大きく上昇した（年率14％）。第4章で説明した繊維製品や電気機械製品と同様，中国に進出した外資系自動車部品メーカーの輸出が，主にアメリカ向けを中心に拡大した結果であろう。特に，対日本の前方連関効果の低下が著しく，後方連関効果では，2000年でも対内生国合計（中国以外）の半分以上を占めていたが，前方連関効果は90年代を通じて低下した結果，2000年ではアメリカの4割程度までに低下し，全体に占める割合も1990年の63％から25％に縮小した。

総じて言うと，1990～2000年間のアジア国際産業連関表から見ると，中国の自動車産業が自国以外の域内諸国・地域に対する連関効果はまだ小さ

い。この間の政府による輸入規制の影響が大きかったことと，90年代の中国自動車産業に大きく関与していたのがドイツのVW一社だけであった（乗用車市場の7～9割を占めていた）ため，日本と韓国を含む域内諸国・地域に対する連関効果の値は小さい。つまり，中国自動車産業の発展が域内諸国・地域に対する波及効果が本格的に拡大したのは，中国のWTO加盟が決定し，日韓大手完成車メーカーによる中国現地生産が本格化した2000年以降であると考えられる。また，対日本の後方連関効果と前方連関効果の両方が90年代を通じて低下したことは，日系完成車メーカーの中国進出がVWを始めとする欧米メーカーに遅れていたことを裏付けている。

3.2 日韓両国の自動車産業への連関効果の変化

次に，中国の自動車産業の発展が日韓両国の自動車産業だけに対する連関効果を見てみよう。自動車産業に対する連関効果は，主に自動車部品貿易を通じて現れる。つまり，中国自動車産業の発展が日韓自動車産業に対する後方連関効果は，中国における完成車生産による日本と韓国からの部品調達の結果である。そして，前方連関効果は中国で生産される自動車部品が日本と韓国に輸出され，両国における完成車生産に使われる形で現れる。表7-3は，日本と韓国の自動車産業に対する連関効果と，それが全産業への連関効果に占める割合を示している。

まず，対日本の後方連関効果に関して言うと，自動車産業は90年代を通じて全体の約3割を占めているが，産業全体における連関効果の低下と同様，90年代を通じて低下している。一方，前方連関効果は全産業においては低下したが，自動車産業では増加し，1990年の全産業への連関効果の5%から2000年には33%へ大きく拡大した。しかし，塩地（2008）が指摘しているように，中国から日本に輸出された自動車部品の内，新車組み付け用部品の割合は10%以下と少なく，90%以上は補修用の部品であるため，前方連関効果は拡大したとは言え，その値はまだ小さい。

そして，韓国の自動車産業に対する連関効果は，後方連関効果と前方連関効果の両方において大きく拡大はしたものの，2000年における後方連関効

表7-3 日本と韓国の自動車産業に対する連関効果

		後方連関効果			前方連関効果		
		1990	1995	2000	1990	1995	2000
日本	全産業合計	0.0826	0.0807	0.069	0.0215	0.0181	0.0147
	自動車産業	0.0324	0.0258	0.0234	0.001	0.0032	0.0048
	割合	39%	32%	34%	5%	18%	33%
韓国	全産業合計	0.0022	0.0126	0.0188	0	0.0058	0.0044
	自動車産業	0	0.0009	0.002	0	0.0003	0.0009
	割合	0	7%	11%	0	5%	20%

出所：表7-2と同じ。

果を除けば，その値はまだ小さい。しかし，日本の自動車産業における後方連関効果の低下，前方連関効果の微増に比べると，中国自動車産業の発展による韓国自動車産業への波及効果は徐々に拡大していることが分かる。特に，連関効果の変化率が非常に大きく，1995年から2000年までの5年間で後方連関効果は2倍以上，前方連関効果は3倍の上昇を示しており，自動車産業への連関効果が全産業への連関効果に占める割合も大きく拡大している。

現在のところ，アジア国際産業連関表は2000年までしか公表されていないが，日本と韓国の自動車産業による中国進出は2000年以降に本格的に拡大しており，2000年以降，表7-3の中日間と中韓間の自動車産業における連関効果の構図は大きく変化している可能性がある。それを示唆する一つのデータが，表7-4に示されている中国の自動車産業発展による日本と韓国の自動車部品の使用割合（輸入）と部品輸出の割合の変化である。

日本に関して言うと，2000年以降，トヨタ，日産，ホンダなどの大手完成車メーカーによる中国現地生産が本格的に拡大している中，日本からの部品輸入は大きく増加した。2005年までの5年間，日本からの部品輸入は約5倍の規模となり，中国自動車産業による日本部品の使用率は1.3％から2.2％へ上昇している。中国政府による国産化率に関する規制が続く中，日系完成車メーカーによる自動車部品の中国現地調達比率も上昇しているが，一部の現地生産が困難な部品を中心に本国からの輸入も拡大している。一方，中国自動車部品産業による対日本の部品輸出も徐々に拡大している。2000年から2005年の間，中国から日本への自動車部品輸出は4.5倍に拡大

第7章　自動車産業の発展と日韓自動車産業への連関効果 | 205

表7-4　中国の自動車産業の部品輸出・輸入に占める日韓両国の割合（単位：百万ドル）

	生産額(A)	部品輸入					部品輸出			
			内日本(B)	B/A	内韓国(C)	C/A		内日本(D)	D/A	内韓国(E)	E/A
1990年	10303	347	51	0.5%			82	3	0.0%		
1995年	26545	855	265	1.0%	20	0.1%	376	41	0.2%	2	0.01%
2000年	43630	2113	547	1.3%	71	0.2%	1125	157	0.4%	23	0.05%
2001年	53541	2618	763	1.4%	58	0.1%	1632	178	0.3%	9	0.02%
2003年	100932	7384	1739	1.7%	863	0.9%	5420	312	0.3%	25	0.03%
2005年	124827	7685	2717	2.2%	2598	2.1%	9889	703	0.6%	136	0.11%

出所：中国汽車工業協会『中国汽車工業年鑑』各年，中国海関『海関統計』各年，日本税関『貿易統計月報』各年，韓国税関『貿易統計』各年に基づいて作成。

し，中国自動車産業の生産額に占める日本への部品輸出が占める割合は，その値こそまだ小さいものの，5年間で約5割上昇している。

　日本と同じく，韓国メーカーの中国での本格的な生産拡大も，現代自動車が北京で完成車組立工場を設立した2002年以降であり，韓国からの自動車部品輸入は2000年の7100万ドルから2005年の26億ドルへ拡大し，5年間で35倍の規模に拡大した。中国の自動車産業による韓国部品の使用割合も0.2%から2.1%へ拡大し，日本の値に接近している。そして，韓国への自動車部品輸出は5年間で約5倍上昇したが，その額はまだ小さく，日本の約五分の一程度にとどまっている。

　上記のような自動車部品貿易の2000年以降の変化を連関効果の側面から捉え直すと，2000年以降の中国における自動車産業の急成長は，日本と韓国からの部品輸入に対する依存度を上昇させており，日韓両国の自動車産業への後方連関効果は拡大している可能性が高い。そして，日本と韓国への自動車部品の輸出額が大きく拡大したことにより，前方連関効果も拡大していると考えられる。

　しかし，中国の自動車部品輸入額の全体に占める日本の割合は2000年の26%から2005年の35%へ上昇しているが，輸出額全体に占める割合は同14%から7%へ低下しており，中国の自動車産業による対外後方連関に占める日本の割合は増加しているが，対外前方連関効果全体に占める日本の割合

は低下していると思われる。韓国においても輸入に占める割合が3％から33％へ上昇した一方，輸出に占める割合は2％から1.4％へ低下しており，後方連関効果に占める割合の大幅な上昇と前方連関効果に占める割合の低下が推測される。そして，先に言及したように，中国から輸入された自動車部品が両国の完成車組み付けではなく，自動車修理・整備業などのアフターサービス業に多く使われていることから，両国の自動車産業だけに対する前方連関効果の値は依然小さいと考えられる。

4 連関効果の変化に伴う日韓自動車産業に対する影響の比較

4.1 日韓自動車産業による中国進出

日韓自動車産業（特に大手完成車メーカー）の中国進出が，欧米のメーカーに比べて遅れていたことはすでに述べたが，2000年以降，日韓の完成車メーカーによる中国生産拠点の新設と生産規模の拡大が一気に進み，短期間で中国自動車市場の主役となった。

2000年以降における日本ブランドの躍進の背景には，中国自動車産業の急成長が始まる90年代以前からの生産管理技術やライセンスの供与，および大手自動車部品メーカーの早い段階での中国進出など，中国自動車産業の発展に関わってきた長い歴史があった[14]。そして，韓国ブランドの躍進は地理的に接近し，本国からの部品輸入にかかる運送期間が短く，輸送コスト

---

14) 例えば，トヨタ自動車の中国における完成車の生産は2000年12月（四川トヨタ汽車，1998年11月設立，コースター組立生産，生産規模 —— 年1万台）からであり，85年から現地生産を開始したVWに比べて15年も遅れていた。しかし，トヨタ自動車による人材育成や技術供与に伴う技術，およびトヨタ生産方式の移転は80年代のはじめから行われていた。そして，原動力付き二輪車メーカーとしての本田技研（1982年），スズキ（1985年），トラック生産における日野自動車工業（1985年），日産ディーゼル工業（1990年）の生産管理技術の供与，矢崎総業（1988年，天津）や小糸製作所（1989年，上海）などによる自動車部品生産開始，さらに乗用車では，ダイハツによる天津汽車へのシャレート（中国名：夏利）のライセンス提供（1986年）が，80年代に始まっていた。

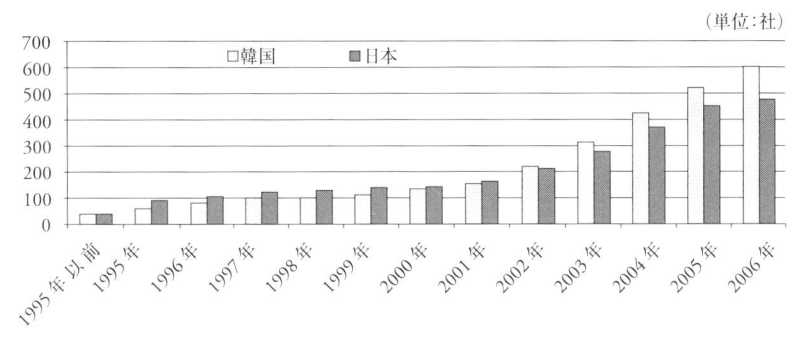

図 7-2 日韓両国の自動車産業による中国進出企業数の推移
注：日本の集計では，進出年度が不明な17社（内上場企業3社，非上場企業14社）を除いた。そして，二輪車・同部品専門のメーカーは含まれていない。
出所：21世紀中国総研編『中国進出企業一覧2007〜2008』，KOTRA（2010）に基づいて作成。

が低いなどの優位に加え，「現代速度」[15]と言われる「韓国式進出方式」と高い比率のノックダウン生産に支えられていた。さらに，日韓自動車産業に共通の特徴として，完成車メーカーの生産を支える系列部品メーカーが，完成車メーカーの生産拠点の近くに同伴進出し，当初は本国からの輸入に頼っていた部品の現地調達を拡大させたことによるところが大きい。

図7-2は，日韓両国の自動車産業による中国進出企業数の推移である。1995年までは，たった30社余りに過ぎなかったが，2002年までに200社を超え，2006年では日本が467社，韓国が600社となった。特に，2000年以降の両国の大手完成車メーカーによる中国現地生産の本格化や生産拡大に伴い急増し，2005年までの5年間で，日本のメーカー300社余り，韓国のメーカー400社余りが新しく進出している。よって，日韓両国の自動車部品産業による海外進出先に占める中国の割合も急速に拡大している。

日本自動車部品工業会の調査によると，日本の自動車部品産業による海外進出に占める中国の割合は2000年の12％から2005年の23％へ上昇している。そして，フォーイン（2008）による韓国の主な部品メーカーに関する調

15）韓国の現代自動車（Hyundai Auto）が中国に進出し工場を立ち上げる際に，一方で工場を立ち上げながら，一方で完成車の組立を行い，工場が完成する前にすでに自動車を市販するというスピーディな進出方式を英語のTemporaryとHyundaiの中国語表記が同じであることから「現代速度」と表現している。

表7-5　日中,韓中自動車産業貿易額の推移　　（単位：百万ドル）

日本—中国	自動車産業全体（HS 8702〜8708）				自動車部品（HS 8706〜8708）			
	輸出	対中国	輸入	対中国	輸出	対中国	輸入	対中国
1990年	59395	188	6883	3	10867	51	747	3
1995年	72542	731	11755	42	19817	265	1468	41
2000年	82857	1113	9294	158	17738	547	2076	157
2005年	121024	4064	12687	715	27221	2717	4004	703
2008年	148120	8147	12488	1438	27682	4418	5896	1404
韓国—中国								
1995年	9069	213	1789	2.1	667	20	1304	1.5
2000年	14934	163	1432	25.4	1792	71	1209	23.4
2005年	37052	3215	3709	137.9	7787	2598	2197	135.8
2008年	47814	2786	6343	678.9	13150	1836	3411	672.7

出所：日本税関『貿易統計月報』各年,韓国税関『貿易統計』各年に基づいて作成。

査から見ると,海外に生産拠点をもつ部品メーカー（44社）の231工場の内,45％の99工場が中国に集中している[16]。両国の自動車産業による中国進出の時期や形式,さらに海外進出先に占める中国の割合の大きさなどにおいて,ほぼ同じ傾向を示していることが分かる。

　そして,2000年以降の日本と韓国の完成車メーカーによる中国現地生産の本格的な拡大,それに伴う部品メーカーの中国進出の増加は,日韓と中国間の自動車産業内貿易の急激な増加をもたらしている。表7-5は,日本と韓国の側から見た1990年から2008年までの日中,韓中自動車産業貿易額の推移である。両国とも自動車産業の国際競争力が高く,輸出額が輸入額を大きく上回っている（1995年から2008年までの期間平均で,ともに9倍）。しかし,部品産業に限って見ると,日本においては輸出額対輸入額比率が全期間を通じて徐々に低下している（1995年の13倍,2000年の9倍,2008年の5倍）のに対し,韓国では徐々に上昇しており（同0.5倍,1.5倍,4倍）,自動車部品産業の貿易における変化は両国において大きく異なる。

　日中自動車産業貿易は,日本の自動車産業による中国進出の拡大と共に急

---

16) 残りの55％は,アメリカが12％（28工場）,その他（東南アジアやヨーロッパ）が43％（99工場）を占めている。

激に増加したが，特に 2000 年以降の増加が目立つ。2000年から2008 年の間，日本の自動車産業の貿易額が 1.7 倍に増加したのに対し，日中自動車産業貿易は 7.5 倍に拡大し，日本の自動車産業貿易に占める中国の割合は 1.4％から 6％へ拡大した。中でも，日本側の輸入額の伸びが著しく，2000 年からの 8 年間で 9 倍になり，同じ期間中の日本の輸入総額の伸び（1.3 倍）を大きく上回るスピードで増加している。その結果，日本の自動車産業の輸入全体に占める中国の割合も急速に増加し，2008 年では全体の 12％（2000 年では 2％であった）を占めるようになった。

　そして，2000 年以降の日中自動車産業貿易の中心となった部品貿易においては，上記の傾向はさらに明瞭である。2000 年から 2008 年の間，日本の自動車部品輸出（輸入）額は約 2 倍（3 倍）に拡大したが，中国への部品輸出（輸入）は 8 倍（9 倍）に拡大した。その結果，日本の自動車部品の輸出（輸入）全体に占める中国の割合は，3％（8％）から 16％（同 24％）へ上昇している。このような日中間の自動車部品輸出と輸入の急激な増加は，日本の完成車メーカーの中国現地生産の拡大に伴い，日本からの部品輸出と部品メーカーの中国進出が増加し，中国における日系部品メーカーの生産拡大に伴い，逆輸入を含む中国からの部品輸入が拡大していることを現している。

　一方，韓中自動車産業貿易の推移を見ると，日中自動車産業全体，および部品産業貿易とほぼ同じ傾向を示しているが，その変化はもっと急激である。2000 年から 2008 年の間，韓中自動車産業の貿易額は 18 倍に拡大し（韓国自動車産業の貿易総額は 3 倍に拡大），韓中貿易が全体に占める割合は 2000 年の 1.2％から 2008 年の 6.4％に上昇している。さらに，自動車部品貿易では，全体が 6 倍に増加したのに対し，韓中貿易は 26 倍に増加し，全体に占める割合も 15％（2000 年は 3％）へ上昇している。特に，部品輸入が自動車産業輸入全体に占める割合が徐々に低下しているなか，中国からの部品輸入は一貫して上昇し，韓国部品輸入全体に占める割合は 2000 年の 2％から 20％へ急激に拡大している。

4.2 日韓自動車産業に対する影響の比較

上記のような90年代以降の日中, 韓中自動車産業の中国進出と自動車部品貿易の拡大が両国の自動車産業に対する影響は, 中国との貿易がそれぞれの自動車産業貿易全体に占める割合は拡大したものの, まだ6％程度であり, 影響が大きいとは言えない。しかし, 日中と韓中の自動車産業貿易は部品貿易が中心であるので, 中国自動車産業の発展による影響は主に両国の部品産業において見られる。特に, 中国からの部品輸入の伸び率は, 日本が28％, 韓国が42％ (2000〜2008年の年率平均伸び率) と大きく, 影響は拡大しつつあると考えられる。

そして, 日韓の自動車産業の中国進出は大手企業を中心に行われているので, 部品メーカーに対する影響も一次部品メーカーよりも, 二次, 三次に属する中小部品メーカーに現れる。つまり, 中国に進出した一次に属する大手部品メーカーの現地生産の拡大が, 本国からの調達を減らす一方, 中国からの部品輸入は増加しているので, 大手の一次部品メーカーに部品を納入する中小規模の二次, 三次部品メーカーの生産を減少させている可能性が高い。

図7-3は, 2000年以降の日本と韓国の自動車部品産業における従業員規模別の事業所数, 従業者数と製品出荷額の変化を現している。日本の自動車部品産業においては, 企業規模が大きいほどよいパフォーマンスを示しており, 従業者が20人以下の小規模企業では事業所数と従業者数が低下している。規模の小さい企業（従業者数50人以下）のパフォーマンスが全体の水準を大きく下回っていることは, 前述した中国自動車産業の発展と中日間の自動車部品貿易の拡大が, 日本の大手部品メーカーには好影響を与えているが, 小規模の部品メーカーには悪影響を及ぼしている可能性を示唆している。また, 宇仁 (2009) が指摘したような1990年代以降の日本の自動車産業における派遣労働, 請負労働といった間接雇用による正規雇用の代替の結果として, 比較的規模の大きい企業（従業員50人以上）の製品出荷額が大きく上昇したにもかかわらず, 従業者数の増加は微増にとどまっている。

そして, 韓国においても規模が比較的大きい企業（従業者数50人以上）のパフォーマンスが小規模の企業を上回っている点においては日本と同じだ

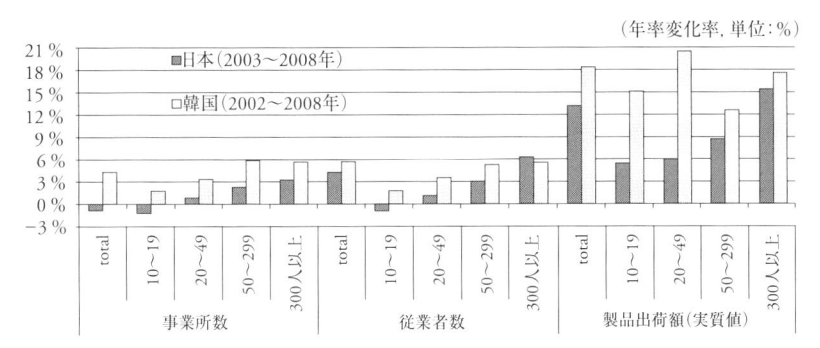

図 7-3　2000 年以降の日韓両国の自動車部品産業の変容
注：両国の統計を比較可能にするため，従業員 10 人以上の企業に対し，企業規模分類を一部変更した。
出所：韓国経済産業省『鉱業・製造業統計調査月報』2002 年，2008 年，経済産業省『工業統計表・産業編』2003 年，2008 年に基づいて作成。

が，小規模企業における事業所数と従業者数の低下は見られない。逆に，製品出荷額の伸び率においては，企業規模を問わず大きく上昇しており，中国自動車産業の発展と中韓の自動車部品貿易の拡大は，大手部品メーカーのみならず，中小規模の部品メーカーにも一定の好影響を与えていると思われる。

　上記の中国自動車産業の発展による日韓自動車産業に対する影響の拡大と日韓両国における影響の違いは，Vernon（1966，1979）が提起した Product Life Cycle の段階論（PLC 理論）からも説明することができる（第 5 章参照）。すなわち，当初は中国自動車産業の発展に必要だった部品の多くが日韓両国において研究，開発，生産されて中国に輸出されていたが，外資系自動車部品メーカーとの提携と競争の中で急速に成長する中国の部品産業の技術レベルも徐々に向上し，一部の自動車部品を日韓両国に輸出し，両国の自動車部品産業の生産と雇用に一定の影響を与えるようになっている。ただし，表 7-6 の自動車部品産業における技術レベルの格差が説明するように，日韓両国の自動車部品産業の発展レベルにおける違いが，中日，中韓自動車産業貿易の推移と中国自動車産業の発展が及ぼしている影響の相違をもたらしている。

　PLC 理論は，先進国から途上国への技術移転の過程を貿易論と投資論に基づいて説明し，その技術移転に伴う新製品の開発・導入から成熟・衰退に至る周期を，四つの段階に分けている。とりわけ，第一段階の新製品の導入期では，研究開発された新製品はまだ改良段階にあり，生産量も少なく，輸

表 7-6 日韓両国の自動車部品産業における技術格差の推移

		設計技術	新製品開発	新技術応用	生産技術	加工技術
2004 年	日本	127	139	123	122	120
	韓国	116	122	115	116	116
2010 年	日本	108	112	110	105	106
	韓国	108	108	107	105	110

注：1. 中国の技術水準を 100 とした場合。
　　2. 2010 年は推定値。
出所：Kim, Young-Jin (2008) に基づいて作成。

出入で見ると内需に生産が追いつかない。第二段階の成長期では，新製品に対する評価が固まり，活発な投資による生産規模の拡大が行われ，生産が内需を超えて増え続け，輸出超過が行われ，技術が徐々に移転する。そして，第三段階の成熟期では，製品の標準化と大量生産が行われ，製品の生産は賃金コストの低い地域（新興途上国）に移転し，国内における生産の縮小と輸入超過が起きる。やがて，その製品の国内生産の縮小，産業の海外移転，および海外製品による国内市場の支配に伴う産業空洞化が顕著になり，その産業は衰退期に向かう[17]。

上記の PLC 理論の四つの段階に基づいて，日韓両国の自動車部品メーカーによる中国進出と生産拡大，および自動車部品貿易の推移を見てみると，韓中貿易は中国における完成車と部品輸出が増加し始めた 2003 年を境に，第一段階から第二段階への転換期に位置しており，韓国側の逆輸入は増加しているが，中国への部品輸出の伸びが依然として高い。一方，日中貿易は中国への部品輸出の伸びを上回るスピードで逆輸入および海外輸出が上昇している。特に，2005 年以降，その傾向がより明確になり（表 7-5），中国における日系部品メーカーの輸出の内，日本以外の地域に対する輸出が占める割合が約 4 割の水準（2001 年では 2 割）で推移している。すなわち，日中部品貿易は 2005 年を境に，第二段階から第三段階への移行が始まっているように見える（日本自動車部品工業会，海外事業概要調査報告書，各年）。結果として，

---

17) ただし，本章の分析対象となる日本，韓国，中国の自動車産業は，まだ衰退期とは距離が大きい。

韓国では中小部品メーカーが中国自動車産業の発展による恩恵を受けているのに対し，日本の中小部品メーカーは打撃を受けているところが多いと考えられる。

5　結　　論

　本章では，1990 年，95 年と 2000 年までのアジア国際産業連関表と中日，中韓の自動車部品貿易の推移に基づいて，急速に発展している中国自動車産業が両国の自動車産業に対する連関効果の変化，およびそれに伴う影響の実態を比較分析した。本章の限界は，現時点で『アジア国際産業連関表』が 2000 年までしか公表されていないことから，2000 年以降の後方，前方連関効果の値を正確に推計できなかったことである。ただし，中国と日韓両国における 2000 年以降の自動車部品貿易データの推移から，連関効果の変容を推測することはできた。本章の結論を簡単にまとめると，以下の三点が挙げられる。

　第一に，1990 年代以降の中国自動車産業の急速な拡大は，外資との合弁による規模拡大が中心であったため，厳しい国産化率の制限があるにもかかわらず，自動車部品の輸入を拡大させている。一方，外資系部品メーカーによる本国への逆輸入を含めた,中国からの自動車部品の輸出も拡大しており，中国の自動車産業発展は対外波及効果を徐々に拡大させている。

　第二に，中国自動車産業の発展による対外連関効果における日本の割合は圧倒的に大きいが，日本の大手完成車メーカーによる中国進出が欧米のメーカーより遅れていたため，対日本の連関効果は 90 年代を通じて徐々に低下した。対韓国の連関効果も，韓国の自動車産業による中国進出が本格化したのが 2000 年以降であるため，90 年代における連関効果の伸びは著しいが，その値は小さい。ただし，中日，中韓の自動車産業貿易データの推移から 2000 年以降の連関効果の変化を推測すると，後方連関効果と前方連関効果の値は，日韓両国ともに大きく拡大している可能性がある。

　第三に，2000 年以降の日韓両国の自動車産業による中国現地生産の急増，

および中日，中韓自動車産業内貿易の拡大は，日韓両国から中国への自動車部品輸出を増加させていると同時に，中国から日韓両国への部品輸出を増加させ，両国の自動車部品産業の生産と雇用に一定の影響を与えている。ただし，中国と日韓両国の自動車部品貿易における段階の違いによって，中国の自動車産業の発展が両国の自動車産業に対する影響は企業規模別に大きく異なり，韓国においては日本のような小規模企業に対するマイナスの影響が確認できなかった。

　最後に，残された課題を二点述べておく。一つ目は，本章の分析は自動車産業全体の産業連関や貿易データなどに基づくマクロ的な分析に重点を置いているため，企業レベルでの生産，販売，および収益構造などに関するミクロ的な分析に欠けている。今のところ，企業別，製品別の経営情報に関するデータの収集は難しく，今後の重要な課題として残っている。二つ目は，本章では中国自動車産業の発展が日本と韓国の自動車産業に対する影響におけるいくつかの違いを示したが，これらの違いをもたらす要因に関しては，本章が中国自動車産業の発展が日韓両国の自動車産業に対する連関効果と影響の実態を明らかにすることに重点を置いたため，限定的な言及にとどまっている。これらの要因分析，つまり両国における自動車産業の規模，企業構造，経営戦略の違い，および両国の自動車産業における発展段階の違いに関する詳細な分析は，今後の課題にしたい。

第III部
中国における経済成長と持続可能な発展

第8章

労働市場の柔軟性と安全性の変化

1 はじめに

　昨今の世界金融危機の影響により世界経済が同時不況の深淵に堕ちていく中，2009年度の中国経済は，政府による大型の財政支出や金融拡張政策により年率8.7％の成長を遂げ[1]，この世界的な経済危機の救世主になれるかのように囁かれている。しかし，中国経済がこのような大役を担うためには，4兆元（約54兆円）の一時的な財政投資や銀行の貸出を増加させる行政指導を行うよりも，東南沿海部の労働集約型輸出産業の発展に大きく依存してきた輸出主導型成長体制から国内消費中心の内需主導型成長体制へ転換する必要がある[2]。

---

1) 中国における8％という成長率は，毎年労働市場に新たに参入する800〜1000万人の新規労働者（農村部からの出稼ぎ労働者の増加数を除く）が就職を果たし，失業者の急増に伴う社会不安を抑制するために必要な成長率であり，中国政府はしばしば8％を成長率の最低ラインと位置付けている。この中国政府の予測（目標）に対し，アジア開発銀行では7％，世界銀行では6.5％と予測している。
2) 2000年以降の輸出主導型成長体制からの転換を目指して実施されてきた内需主導型成長体制は，投資需要の拡大をもたらしている側面が強いが，それは投資の効率が低い，雇用安定性の低下（インフラ建設などの建設投資の拡大による雇用増加は非正規雇用が中心である），財源の維持が困難，資源・エネルギーの浪費と供給不足などの限界性，および国内消費需要の拡大を伴わない投資拡大は過剰投資，過剰生産によるデフレ圧

逆に言うと，この度の世界同時不況は中国経済が，より持続可能な成長体制に転換する大きなきっかけになっているかも知れない。なぜならば，これまでに年率20％以上の上昇が続いていた輸出が，世界的な需要不足に伴い急激に縮小しているのみならず，その回復可能性にも多くの疑問[3]が残り，輸出に代わる新たな成長エンジンの必要性が高まっているからである。しかし，このような輸出の低下を補うための国内消費の拡大は，家電製品や軽自動車の農村市場での販売拡大（中国語：家電・汽車下郷）などの大型消費促進策による一時的な増加案件を除けば，消費需要全体は低迷が続いている[4]。

一方で，グローバル化の進行に伴う企業の経営環境の変化，情報通信技術の発展に伴う生産組織および労働過程の変容，産業構造の高度化に伴う第二次産業から第三次産業への雇用のシフトなどは，硬直的な雇用システムから環境変化に迅速に対応できる柔軟な雇用システムを求めている[5]。すなわち，経済成長率の低下，産業構造の高度化（機械化による雇用創出効果の低下），サービス産業の割合増加（製造業より労働熟練要求が低く，流動性が高い）などは，労働市場における柔軟化要求を高めている（Auer and Casez 2003）。

1990年代以降の中国における労働市場の制度改革も，上記と同じような背景を持つ。従来の雇用システムにおける行き過ぎた硬直性が修正され，産業構造と企業の経営環境の変化に速やかに対応できるような雇用関係の柔軟化が行われた。よって，中国の労働市場における柔軟性は著しく拡大したが，雇用制度と補完関係にある社会保障制度や教育訓練制度などにおける改

力を蓄積していく，という点などから持続可能性が低いと考えられる。詳しくは第9章を参照すること。

3) 2008年11月に初めて対前年同月比2.2％減になって以来，2009年4月まで対前年同月比で低下が続き，直近の4月の低下率は22.6％であった。

4) その表れとして，消費者物価指数が2008年半ば以降一貫して対前年同月比で低下しており，2009年2月から3カ月連続のマイナスであった。

5) これらの企業の経営環境と労働者の就労環境の変化は，ヨーロッパにおけるフレキシキュリティ戦略の導入および拡散の背景にもなっていた（European Commission 2007）。しかし，これらの世界的な変化が各国に対する影響は，各国が有する社会経済システムの性質により異なるし，雇用政策戦略としてのフレキシキュリティの達成径路も国によって異なる（Wilthagen 2008）。

革の遅れにより，雇用と所得における安全性は大きく低下した。結果，賃金所得は将来不安への準備資金として銀行に預けられ，当面の国内消費需要の拡大は阻害されている。

　本章では，輸出主導型成長体制から消費中心の内需主導型成長体制への転換におけるもっとも大きな障碍となっている，中国の労働市場における諸問題を明らかにする。すなわち，雇用の増加や賃金の上昇にもかかわらず，国内消費が低迷し，国家主導の投資や輸出の拡大に依存せざるを得ない状況をもたらした，労働市場の諸制度改革における問題点を分析する。

　本章の分析は，1990年代半ばのデンマークやオランダの労働市場制度改革において優れたパフォーマンスを示し，近年EUや韓国，日本および中国においても注目されているフレキシキュリティ戦略の枠組みを参考にしている。フレキシキュリティの視点に基づいて，中国における労働市場の制度改革が，安全性（security）を欠いた柔軟性（flexibility）の一方的拡大をもたらしていることを指摘し，その問題の解決に向けた取り組みの実態についても説明する。

　本章の2ではまず，本章の分析枠組みとなるフレキシキュリティ戦略について説明し，この戦略の中国の労働市場制度改革に対する示唆を述べる。3では，フレキシキュリティの視点に基づいて，90年代以降の労働市場制度改革に伴う柔軟性と安全性の変容について考察する。そして4では，安全性を欠いた柔軟性の一方的拡大が，中国の経済成長および成長体制の転換に対する影響について説明する。最後の5では，本章の主な主張をまとめ，今後の課題について述べる。

2　なぜフレキシキュリティなのか

　フレキシキュリティ（Flexicurity）とは，柔軟性と安全性の結合による造語であり，柔軟性と安全性の単なる結合ではなく，両者の適切な組み合わせ，もしくは調和を意味している。論者によって統合的政策，政策戦略，政策パッケージなど，多様な形で使用されているが，労働市場において一般的に

対立しがちな柔軟性と安全性を同時に高める統合的な政策戦略として理解することができる（Wilthagan and Tros 2004）。そして，柔軟性は労働市場の環境および需要の変化に対応して雇用および労働時間，作業工程や組織の編成，賃金の四つの要素を弾力的に調整することを指し，安全性は同職，雇用，所得の安全性，およびワーク・ライフバランスを促す諸施策，という四つの要素から構成されている[6]。

　Flexicurityという用語には，「柔軟安定性」と「柔軟安全性」という二つの翻訳が存在する[7]。とりわけ，Securityは安全性とも安定性とも翻訳されているが，本書で取り上げている日本の諸研究の中では一般的に柔軟安定性として使用されている[8]。しかし，雇用と所得における安定性と安全性というのは異なる状態である。一般的に，安定性とは解雇される可能性が低く，賃金変動が少ないことからもたらされる雇用と所得に対する不安が少ない状態を指す。しかし，労働市場の柔軟性が拡大すると，安定性は低下する可能性が大きい。例えば，外部的数量的柔軟性が拡大することにより，職の安定性（雇用安定性の一つの側面）は低下する可能性が高くなり，賃金柔軟性が拡大すると，所得の安定性は低下する。

　一方，雇用と所得の安全性とは，労働者が失業しても失業給付や職業訓練

---

6) 四つの柔軟性には，雇用と解雇を通じた外部的数量的柔軟性（External Numerical Flexibility），労働時間の調整に基づいた内部的数量的柔軟性（Internal Numerical Flexibility），作業工程や作業チーム編成の調整に基づいた機能的柔軟性（Internal Functional Flexibility），および賃金コストの調整に基づいた賃金柔軟性（Wage Flexibility）が含まれる。一方，四つの安全性には，同職安全性（Job Security），雇用安全性（Employment Security），失業時の失業手当や社会的扶助による所得の安全性（Income Security），および仕事と生活の調和が可能なワーク・ライフバランスを促す諸施策を指す組み合わせ安全性（Combination Security：退職制度，出産・育児休暇制度，仕事と家事両立のための労働者の自発的な労働時間調整制度などの組合せ）から構成されている。
7) 中国語では「灵活安全性」，「灵活保障」などに訳されている。
8) 韓国においても二つの訳語はあまり区別されず，金デファン（2009）を除く他の研究においては「柔軟安定性」が使用されている。一部研究（例えば，全ビョンユウ他 2009）では，「安全性」と「安定性」の区別について言及しながらも，「最初から韓国では柔軟安定性が使われていたことから，混乱を避けるために柔軟安全性という表現を使わない」としている。

を通じた雇用可能性（再就職可能性）の向上などによって，生活の心配がない状態で職業訓練に参加し，迅速に新しい職を見つけることができる状態を指す。つまり，安全性は勤労者の雇用と生活が生涯を通じて，労働市場の中で安全であることを意味する。すなわち，企業による経営環境の変化に対応すべく行われる雇用，賃金調整が柔軟性を拡大させた時，安定性は低下せざるを得ないが，安全性は社会保障制度や積極的な労働市場政策を講じることによって，維持もしくは向上することができる。

　もちろん，柔軟性の拡大に伴う安定性の低下に際して，同職の安定性と賃金所得の安定性が低下しても，積極的な労働市場政策と社会保障システム（主に失業給付）により，労働者が流動的な労働市場においてキャリアと所得の損失がなく，短時間で新しい職を見つけることが可能であれば，雇用と所得における変動が少なく，安定性は確保されると言える。しかし，このような現象は実際には見られないので，柔軟性の拡大は労働者の不安を高めるのが一般的であろう。そして，上記のような被雇用者の不安を和らげるための諸政策は，雇用と所得の安全性を高める要素であり，安定性ではなく安全性と言うべきである。

　また，安定性とは雇用と所得という経済的要素の安定を強調しているが，安全性は雇用と所得の安定を通じた労働者のライフサイクルの安全，という社会的側面も合わせもつところに大きな違いがある。よって，中国における現在のような柔軟性拡大に伴う労働市場の不安定と労働者の生活に対する不安は，安定性を拡大させる政策より，安全性の向上を目指す政策を通じて達成すべきであろう。とりわけ，フレキシキュリティという政策戦略は，それが持つ意味合いや目指している目標からみて，「柔軟安全性」と訳されるべきであると考えられる。

　そして，柔軟性と安全性の各要素は，さまざまな異なる組合せが可能であり，各国は自国の労働市場状態，労働市場の諸制度における経路依存性や社会的インフラ，マクロ経済状況などに応じて最適な組み合わせを選択することが可能である。一方で，柔軟性と安全性形態の組み合わせの間には，相互促進・補完的な関係だけではなく，同職安全性が高くなると外部的，内部的数量柔軟性は低下するなどのトレードオフ関係も多く存在し，柔軟性と安全

性の相互作用はかなり複雑[9]である (Wilthgen 2008)。このようなトレードオフ関係やそれに伴う悪循環の可能性は，フレキシキュリティの導入や実施に成功するためには，ある一つの柔軟性形態と一つの安全性形態の組み合わせだけではなく，その組み合わせと補完関係にある他の柔軟性形態，若しくは安全性形態によるサポートが必要であることを強調している[10]。

2.1　フレキシキュリティの成功例 —— デンマークとオランダ

　フレキシキュリティは，1990年代のデンマークとオランダの労働市場における，アングロサクソン型の市場的調整とは異なる調整方式に基づいた成功（高い労働参加率と雇用率，低い失業率と体感雇用不安[11]）をもとに世界の注目を集めるようになった[12]。その背景には，戦後資本主義の黄金期をもた

---

9) 例えば，数量的柔軟性拡大→経済構造の変化を促進→経済成長の促進→雇用機会の増加→雇用全体の安全性拡大→将来不安の低下・消費需要の拡大→雇用拡大，というマクロ的好循環をもたらす場合もあれば，数量的柔軟性の拡大→企業内教育訓練投資の低減→技能向上の制約→転職可能性の低下→雇用安全性の低下→将来不安の増加・消費需要の低下→経済成長率の低下→雇用縮小，というマクロ的悪循環をもたらす場合もある。

10) 次項で詳しく説明するが，デンマークのゴールデントライアングル・モデルは，外部的数量的柔軟性と所得安全性の組み合わせを中核としつつ，積極的な労働市場政策を通じた機能的柔軟性によるサポートを必須としている。そして，オランダのポルダー・モデルは，内部的数量的柔軟性と雇用安全性の組み合わせを中核としつつ，仕事と家庭生活の調和を促すための諸施策による組合せ安全性のサポートを必須としている。すなわち，フレキシキュリティは労働市場だけではなく，社会保障や教育訓練，および勤労者のワーク・ライフバランスに関わる諸制度との制度的補完性を維持することを必要としている。

11) 体感雇用不安度とは，被用者が現在所属されている企業の業績，現在の職に引き続き留まる可能性などに心配している状態を指標化したものである。一般的に勤続期間が長いと体感雇用不安度が低いとイメージされているが，日本やギリシャ，ポルトガルなど，長期勤続労働者の割合が高い国々における体感雇用不安度が高いことがOECD (International Survey Research 2001) の研究によって示されている (Auer and Casez 2003)。

12) その他にも先進国の平均水準を上回る経済成長率，労働生産性上昇率，教育水準と国民幸福度の達成などの成果が挙げられる。

第8章 労働市場の柔軟性と安全性の変化

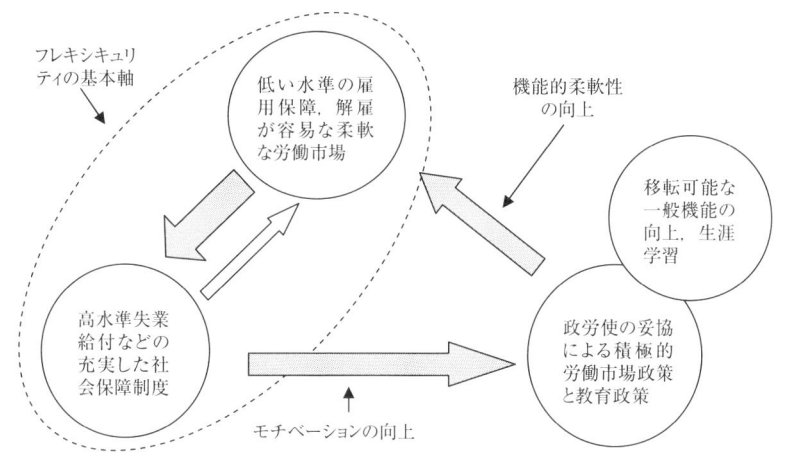

図 8-1 デンマークのゴールデントライアングル・モデル
出所：Madsen（2006）に基づいて作成。

[図中テキスト]
- フレキシキュリティの基本軸
- 低い水準の雇用保障、解雇が容易な柔軟な労働市場
- 機能的柔軟性の向上
- 移転可能な一般機能の向上、生涯学習
- 高水準失業給付などの充実した社会保障制度
- 政労使の妥協による積極的労働市場政策と教育政策
- モチベーションの向上

らしたフォーディズム体制の崩壊，ケインズ主義財政拡大政策の限界，福祉国家モデルの限界，および硬直的な雇用システムへの克服方向として現れた新自由主義の氾濫と労働市場における行き過ぎた規制緩和と柔軟化に対する反省があった。

フレキシキュリティに関する議論は，1990年代半ば以降EUを中心に活発に行われているが，フレキシキュリティのもっとも基本的なモデルが，柔軟な労働市場，広範・寛大な社会保障，積極的労働市場政策の結合からなるデンマークのゴールデントライアングル・モデル（Golden Triangle）である。

図8-1に示されている矢印は人々の流れに比例しているが，相対的に低い水準の雇用保護[13]のもと，デンマークの経営者は経営環境の変化に応じて，余剰労働者を容易に解雇できる。企業から解雇された労働者は広範かつ

---

13) 1899年のゼネストの結果としての労使合意は，社会的な差別（性別，宗教，妊娠など）を除く経営上の都合，労働者の行為などのすべてに基づく経営者の解雇権を認めている。さらに解雇の予告期間も短く（ホワイトカラー／ブルーカラー，勤続年数などによって異なるが，最大で6カ月，採用9カ月以内のブルーカラーは予告なしでも可能），法制度によるデンマークの雇用保護水準は，OECD諸国の中でアングロサクソン諸国を除いては一番低いと言われている。

寛大な社会保障システムの保護を受けることができ，所得は維持される[14]。さらに，積極的労働市場政策を通じて，従来のような寛大な所得保障制度（失業給付期間が長く，失業手当の所得代替率が高い）による弊害（就労・求職意欲の阻害，財政負担）を改め，失業給付の受給者が就労の意思をもち，積極的に就職活動を行うことを促している。

同時に，政労使の共同参加による職業訓練と生涯教育を通じた様々な技能向上プログラムは，より高い技能をもつ労働者を労働市場に還流させる。すなわち，失業給付の受給者から雇用へと直接に移動するケースは少なく，教育訓練を通じて能力を高めてから，再び労働市場に移動するケースが中心となっている。このような社会保障システムと積極的労働市場政策の組み合わせは，所得の安全性を若干低下させるが（失業給付の受給資格の厳格化，受給期間の短縮：1994年の7年から2006年の4年へ），機能的柔軟性と雇用の安全性を高めることで，デンマークのフレキシキュリティ・モデルは良好なパフォーマンスを謳歌してきた。

一方，同じく良好なパフォーマンス[15]を示しているオランダのポルダー・モデル（Polder）[16]は，デンマークのそれとやや異なる。特に，デンマーク労働市場のフレキシキュリティが，歴史的な制度諸形態の経路依存性（path dependency）の影響を大きく受けているのとは異なり，オランダ労働市場の柔軟性と安全性の結合＝フレキシキュリティは，意図的な政府立法に

---

14) デンマークの失業手当の純所得代替率（net replacement rate）は，OECD諸国の中でも一番高い水準であり，平均的なブルーカラー労働者が約70％，低所得労働者（平均所得水準の三分の二程度の収入しか得ていない労働者）に関しては約90％に達する。そして，4年という給付期間も世界で最も長い水準である（2006年の水準）。

15) 90年代後半以降，両国におけるGDP成長率はEU平均より1〜2％高く，失業率は約半分以下の4％前後と低く，雇用率は約10％ポイント高い。さらに，一人当たりの労働生産性は，EU平均に比べ，オランダが約15％，デンマークが約10％高いと推定されている（朴ソンジュン・辺ヤンギュウ・鄭ヒョンヨン2008）。

16) フレキシキュリティの成功例としてデンマーク・モデルがしばしば引用され，デンマーク・モデルとフレキシキュリティがほぼ同一視されることもあるが，フレキシキュリティはデンマークだけの固有のモデルではない（Madsen 2008）。Polderとは，もともとオランダにおける海抜が海より低い埋め立て干拓地のことであるが，国土の四分の一を占める干拓地を開拓するための国を挙げた協力を意味している。

よって形成された。それは，両国の歴史的，社会的，経済的諸条件，特に労働市場が有する構造の違いに由来する。

デンマークとは異なり，オランダの就業者全体に占めるパートタイム労働者などの短期雇用（臨時職，派遣職，家内労働者などの flex-worker）の比率はかなり高い（2004年におけるその比率は，全体で46%，女性労働者では75%であった。さらに，パートタイム労働者比率を見ると，2006年時点で就業者全体の約36%を占め，デンマークにおける9%の4倍の水準である）。しかし，正規労働者に対しては厳しい雇用保護が行われているが，これらの非正規労働者に対する労働法，社会法制上の保護は脆弱であり，労働市場の分断化が進んでいた。

結果，これらの非正規労働者に対する保護が喫緊の課題となり，オランダのフレキシキュリティは，正規労働者に対する厳しい雇用保護の緩和と非正規労働者に対する雇用保護を強化する方向で進められてきた[17]。すなわち，デンマークのフレキシキュリティにおける数量的柔軟性が，正規労働者の解雇規制を緩和するという外部的数量的柔軟性の拡大として進められたのに対し，オランダの数量的柔軟性は，内部的数量的柔軟性の拡大に重点をおいており，非正規雇用者に対する保護（雇用，訓練機会，所得における正規雇用との差別をなくす）を強化し，正規と非正規労働者間の格差を縮小させ，労働市場全体の柔軟性を拡大させていた。

このような両国における労働市場の数量的柔軟性の達成における異なったアプローチは，フレキシキュリティ全体における柔軟性形態と安全性形態の異なる組み合わせをもたらした。つまり，デンマークのフレキシキュリティにおいては，外部的数量的柔軟性が所得安全性と機能的柔軟性によって補完されているのに対し，オランダのフレキシキュリティは，内部的数量的柔軟性と組合せ安全性の補完関係を特徴としている。このような両国におけるフレキシキュリティの基本的違いを示したのが，図8-2である。

---

[17] 1997年末の「柔軟性と安全性法（Flexibility and Security Act：1999年から実施）」によって立法化され，2003年の「雇用条件政策に関する宣言」において再び強調されることになった。

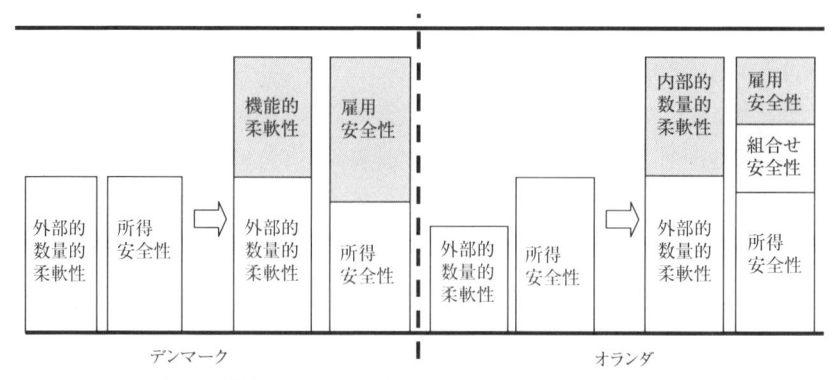

図 8-2　異なるデンマークとオランダのフレキシキュリティ
出所：朴ソンジュン・辺ヤンギュウ・鄭ヒョンヨン（2008）に基づいて作成。

2.2　フレキシキュリティ戦略の他国の労働市場制度改革への示唆

　図 8-2 からもわかるように，両国におけるフレキシキュリティは，アプローチにおける違いはあったが，共に労働市場における柔軟性と安全性の同時拡大を達成している。オランダにおいては，デンマークのような「ゴールデントライアングル」の構造は描けないが，実態として，従来からの高い社会保障水準や労使協調によって行われている持続的な職業訓練制度[18]の伝統は，オランダがデンマークと同じく労働市場の柔軟性と安全性目標を同時に達成できた重要な条件であった。

　デンマークとオランダは，Esping-Andersen（1990）が提示したスカンディナビアの福祉国家モデルに属し，Amable（2003）やボワイエ（2004）などの資本主義の多様性分析において，スウェーデンと同じく社会民主主義モデルに分類される。両国における充実した社会保障システムと労使協調の伝統が，これらの国でフレキシキュリティ戦略が成功した制度的必要条件であったことは否定できない。また，両国が有する人口，経済規模，産業構造，政治制

18) デンマークの職業訓練が，国家主導の財政支出によって行われているのに対し，オランダの職業訓練は，労使間の団体交渉に基づく民間主導的訓練（market-led, workplace-focus）が中心である。政府による一部の職業訓練プログラムや財政支援もあるが，職業訓練を強制する法律は制定されていない。

度などの諸要因が，フレキシキュリティの成功に大きく影響していることも否定できない。

しかし，両国のフレキシキュリティの導入における前提条件の違い，および柔軟性と安全性の成功的な両立の達成における異なるアプローチが説明しているように，フレキシキュリティは他の国々においても十分導入可能であり，成功できると考えられる。もっとも，先に言及したように，柔軟性と安全性の構成要因の多様な組み合わせ可能性は，フレキシキュリティ戦略の多様性，開放性を示唆しており，EU をはじめ多くの国や地域において導入，検討が始まっている。

まず，EU においては，フレキシキュリティは労働市場改革と雇用戦略の中心的概念として位置づけられている。高い失業率と高福祉政策による財政圧迫に悩まされていた EU 諸国にとって，フレキシキュリティは魅力的な成長戦略であると同時に，新しい社会経済システムへの転換条件として注目を集めている。2007 年に，EU レベルでのコンセンサス形成に向けた「フレキシキュリティ共通原則」(6 月)が，欧州委員会によって発表された。この共通原則は，後に社会的パートナーとの公聴会(同年 9 月)，欧州議会での議論(同年 11 月)を経て，欧州閣僚理事会(同年 12 月 5 日)で採択されている[19]。

現在では，各国レベルの労働市場政策としてどのように具体化されるのかが焦点となっている。一方における対立的理解や批判に伴う論争の激化[20]にもかかわらず，フレキシキュリティ戦略は既に EU レベルでの労働市場改革と雇用戦略の基本的枠組みとなっている。これからは，異なる出発点を持つ EU 諸国において，如何に運用され，同一な目標を達成できるかが政策課題となっている（Wilthagen and Tros 2008）。

そして，EU 以外の国々でもフレキシキュリティに対する注目度は高い。たとえば，韓国では盧ムヒョン政権時代に雇用の安全性と柔軟性目標の同時達成を目指し，デンマーク・モデルの他国への導入可能性を分析検討して以

---

19) 詳しくは，European Commission (2007) Toward Common Principles of Flexicurity: More and Better Jobs through Flexibility and Security, COM (2007) 359 Final を参照せよ。
20) フレキシキュリティに関する理解対立や批判，論争に関しては若森 (2008) が詳しく説明している。

来，学界，KEI（韓国経済研究院）や KLI（韓国労働研究院）などにおいてフレキシキュリティの成功例の比較分析，韓国への導入可能性，および韓国版フレキシキュリティの構築に向けての政策提案研究が活発に行われている[21]。

一方，日本においては，学界や研究機関などにおいてデンマーク・モデルを中心にフレキシキュリティが紹介されてはいるが（磯谷 2004，JRI 2007，若森 2008，財務総合政策研究所 2008，鶴 2009 など），日本における労働市場改革への導入に関する具体的な議論はまだ少ない。特に，日本の労働市場における雇用慣行（長期安定雇用），労働者の技能形成システム（企業内 OJT 中心，貧弱な社会的職業訓練），労使関係（企業別労働組合），社会保障制度（企業別，雇用形態別の分断化）などの特徴，さらに，福祉国家モデルを支える高い税率に基づく財源の確保に関する国民的な合意形成の難しさ，などの要因からフレキシキュリティの導入に悲観的な意見が多い[22]。

しかし，韓国や日本における近年の非正規雇用の増加に伴う所得格差の拡大やワーキングプアの増加，および少子高齢化の進行と相まった女性就業者や高齢就業者の増加，などの実態を勘案すると，労働市場の柔軟性と安全性の両立，および勤労者の仕事と家事，就労と余暇などにおけるバランスの実現を目指すフレキシキュリティは魅力のある政策戦略である。特に，日韓両国における国内消費需要が低迷し，マクロ経済成長の輸出依存度がますます拡大していることは，世界経済の変動による影響を受けやすく，持続可能な

---

[21] これらの研究には，デンマークやオランダにおける成功したフレキシキュリティ・モデルを紹介した研究（例えば，鄭ウォンホ 2005，Madsen, 2008，鄭ヒジョン 2008 など），柔軟性と安全性の各指標の推計に基づいてフレキシキュリティの類型化を試みた研究（例えば，韓国労働市場先進化企画団 2004，朴ソンジュン・辺ヤンギュウ・鄭ヒョンヨン 2008 など），そして，フレキシキュリティの枠組みに基づいて韓国労働市場の実態を分析し，韓国式フレキシキュリティの構築に向けた政策課題を積極的に模索する研究（例えば，韓国労働市場先進化企画団 2004，朴ソンジュン・辺ヤンギュウ・鄭ヒョンヨン 2008，金デファン 2009 など）がある。

[22] 一方，磯谷（2004）は，日本におけるこれまでの「企業と企業グループを単位とするコーディネーションの限界」が明らかになり，産業レベルでの，さらにはより社会化されたシステムを作りあげることが求められている現状であるからこそ，フレキシキュリティ戦略を日本の雇用政策の将来像を考える際の一つの選択肢として考慮する必要がある，と主張している（pp. 242-243）。

成長が阻害される危険性を増大させている。また，中国などの周辺途上国からの競争圧力の拡大に伴い，産業空洞化リスクが増大し，サービス産業化がますます進んでいる経済環境は，両国の労働市場における柔軟性の要求を拡大させている。また，産業構造の高度化や技術進歩などに適応できる労働力の需要を拡大させており，そのためには生涯を通じた教育訓練による労働者の機能向上を必要としている。

つまり，デンマークのゴールデントライアングル・モデルが示した，積極的労働市場政策による労働者の機能向上を伴う労働市場の柔軟性拡大，オランダのポルダー・モデルが示した，ワーク・ライフバランスを促す組み合わせ安全性による補完を伴う数量的柔軟性の拡大は，韓国や日本における今後の労働市場改革に対する示唆点は多い。ただし，広範な社会保障システムの存在をベースに，労働市場における柔軟性の拡大を目指した北欧の国々とは異なり，韓国や日本におけるフレキシキュリティの構築は，社会保障システムの充実から始めなければならない。

そして，フレキシキュリティ戦略が示した労働市場の柔軟性と安全性の同時拡大に向けたアプローチは，先進国だけではなく，急速に発展する中国などの途上国の労働市場改革においても大いに参考になる。中国の労働市場においても1990年代以降，産業構造の変化や成長戦略の変化に伴う社会経済システムの転換過程において，労働市場の柔軟性は拡大し続けている。しかし，それに対応できる社会保障システムが未完備であったため，労働市場における安全性は著しく低下した。さらに，教育訓練制度における様々な問題点などにより，市場のニーズにマッチした労働者の供給が追い付かず，一方では高い失業率と多くの余剰労働力を抱えながら，一方では一部の産業，地域における労働力の不足問題が顕在化している。

結果，労働市場の安全性の低下と社会保障システムの未完備による将来不安の拡大は，国内消費の停滞をもたらし，マクロ経済成長の輸出依存度を拡大させている。すなわち，途上国の経済成長は労働市場における柔軟性を必要としているが，その数量的柔軟性の拡大は，機能的柔軟性や所得の安全性による補完を欠かせない。もちろん，柔軟性と安全性の補完関係が，諸形態のどのような組み合わせによってもたらされるかは，各国が有する労働市場

の諸制度，経済環境，社会経済システムの特徴に大きく依存することは言うまでもない。

3　中国の労働市場における柔軟性と安全性の変化

これまで，フレキシキュリティ戦略の基本的な考え方の異なるアプローチとしてのデンマークとオランダのモデルが，他の国々の労働市場改革に対する示唆を説明した。ここでは，フレキシキュリティの基本的な構成要素を中心に，1990年代以降の中国における様々な制度改革に伴う労働市場の変容を振り返ってみることにする。具体的には，労働市場の柔軟性と安全性が，雇用制度，教育訓練制度，社会保障制度の改革に伴い，どのように変化したのかを説明する。

3.1　経済発展と労働市場構造の変容

1990年代以降の中国における経済発展とその中で見られる産業構造の変化については，本書の第1章で説明している。すでに言及しているとおり，1990年代以降の中国経済は，社会主義市場経済システムへの移行に伴い，年率平均10％に近いGDP成長率を続けており，世界経済全体に占める割合が徐々に拡大し，世界経済成長に対する寄与度もますます大きくなっている。

同時に，産業構造も継続的に高度化し，第一次産業のGDP全体に占める割合が大きく低下し，第二次，三次産業の割合が大きくなっている。第1章の表1-5に示しているとおり，1990年から2005年までの15年間，中国のGDP総額に占める第一次産業の割合は半分以下となり，第二次産業が7％ポイント，第三次産業は8％ポイント増加している。また，就業者数の割合を見ると，第一次産業が15％ポイント低下しているのに対し，第二次産業

が3%ポイント，そして，第三次産業では12%ポイントも増加している[23]。

また，第1章で詳しく説明したように，90年代以降の輸出主導型成長体制を反映し，中国の輸出製品構造の高度化は，国内産業構造の高度化よりもさらに進んでいる。特に，中国の輸出主導型成長体制は，海外直接投資に大きく依存しており，外資企業の輸出全体に占める割合が大きい故に，外資系企業が多く参入している電気機械製造業，特に通信・情報機器部門の輸出製品の輸出需要に占める割合が大きく増加し，輸出製品構造の高度化を牽引していた。

このような産業構造の変化は，労働力市場における持続的な需給構造の変化を求めている。そして，中国においては上記のような，労働力移動の必要性を拡大させる産業構造の変化だけではなく，もう一つの重要な構造変化があった。すなわち，社会主義市場経済システムへの移行に伴う所有制構造の変化である[24]。国家による統一的計画管理に基づく国有部門の漸次的縮小，市場メカニズムによる競争原理に基づく民間部門の拡大は，「終身雇用」のような雇用関係を柔軟化し，企業は経営環境の変化による労働力の需要変化に迅速に対応でき，労働者は企業間，産業間を自由に移動できるような雇用

---

23) 第一次産業の就業者数が全体に占める割合の変化幅が，名目GDPに占める割合の低下幅よりも小さいのは，中国の農業生産性上昇率が低いことを裏付けているが，この低下幅の乖離は主に農業部門で余剰労働力となり，農村に戸籍を置きながら都市部の製造業やサービス業に就労している出稼ぎ労働者の実態が正確に把握できず，その分類が曖昧であることによるところもある。たとえば，2007年度における出稼ぎ労働者総数は，2億2600万に達しているが，農村を出た労働者（農業生産活動から完全に離れた労働者であり，第一次産業から第二次，第三次産業へ移動としてカウントされる）が1億2600万人で，それ以外の約1億人については，一部の郷鎮企業の就業者（農村を出た労働者に数えられていない者）を除き，流動的で，所属が捕まりにくい故に，依然農業労働者として計算されることが多い。

24) 国有部門が中国経済全体に占める割合の変化は，製造業の生産総額に占める国有企業の割合の変化から見て取れる。その割合は1990年の55%から，2000年の47%へ低下し，さらに2005年では38%となっており，ここ15年間で17%ポイント低下している。一方，私営および外資系企業の割合は，90年代以降急速に増加し，90年の10%未満から2000年度では約40%，2005年では57%を占めるようになった（中国統計年鑑・工業統計，各年版）。

関係の形成と流動的労働市場の構築が必要となった[25]。

その代表的な出来事が，1997年から始まる国有企業構造調整に伴い，3年間で約3000万人の固有企業の余剰労働力が放出されたことである。しかし，中国における雇用関係の柔軟化と労働市場の流動性拡大は，もっと早い段階から始まっていた。終身雇用から契約雇用への転換は，80年代から始まっており，東南沿海部の労働集約型加工貿易産業の発展に伴い，農村・農業からの労働力の移動も80年代から徐々に進んでいた。97年の国有企業改革は，人々がこの流れを既定事実として受け入れることを促し，それ以降，中国の労働市場の流動性は急激に高まることになった。

3.2 中国の労働市場の柔軟化

上記のような経済発展と産業構造，所有制構造における変化と相互促進関係にある労働市場における柔軟性の拡大は，雇用制度における契約雇用制度の確立と就業者全体に占める柔軟な雇用形態の変化から説明することができる。

まず，終身雇用制度から契約雇用制度への移行を見ると，契約雇用制度の導入は1980年代の半ばにすでに始まっていた。80年代半ば以降の国有企業改革の深化，拡大により，労働市場構築の必要性が高まり，1986年に雇用制度の改革が行われた。国家による統一管理，統一分配システムが改革され，新規雇用に対しては雇用者と被雇用者双方の契約に基づく，非終身雇用の労働契約制度が実施された。90年代末では，都市部単位労働者（国有企業，集団所有企業，外資系企業の正規雇用者——職工）の98.1％に当たる約1億

[25) 中国の場合は，前者（経営側の要求）が主動（原因），後者（労働者側の要求）が被動（結果）としての性格が強く，両者の同等な目標であり，同時進行的なフレキシキュリティの基本的な考え方と異なる部分がある。しかし，フレキシキュリティにおける柔軟性目標が経営者の一方的な要求だけではないのと同じく，安全性目標も労働者の一方的な要求だけではないことを考えると，労働市場改革の段階によっては，どちらの側（経営側か労働者側か）の要求（必要性）によるかが重要ではあるが，長期的な視点に立てば，柔軟性と安全性の目標（要求）は労使双方にとって望ましい目標でもあると考えることができる。

第 8 章　労働市場の柔軟性と安全性の変化 | 233

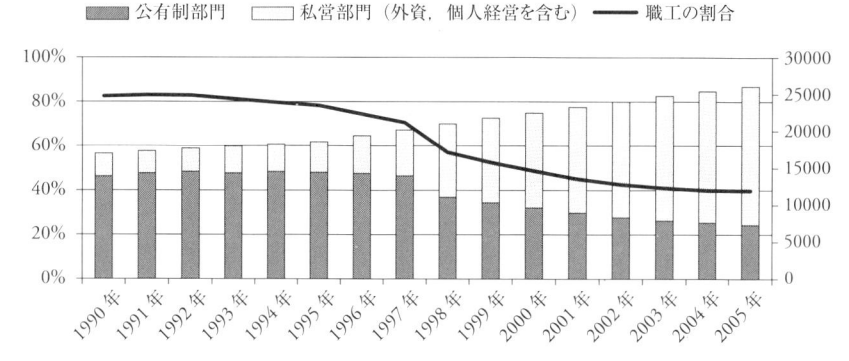

　　■ 公有制部門　　□ 私営部門（外資，個人経営を含む）　　── 職工の割合

図 8-3　都市部就業者全体に占める職工の割合と所有制別構成
注：左縦軸が職工の割合，右縦軸が就業者数を示す。
出所：中国統計年鑑各年版に基づいて作成。

2000 万人が労働契約を締結していた。

　もちろん，国有企業，公務員などの多くは，現在もなお終身雇用とみなすことができるが，契約雇用制度の確立と浸透によって終身雇用制度に対する幻想はなくなり，中国の雇用関係における柔軟性は大きく拡大された。さらに，第 2 章で説明したように，雇用制度と所有権制度の改革過程で生じた制度の未完備により，雇用契約締結率が低く，正当な雇用関係さえ持たないまま，日雇いや非正規雇用として働く労働者が急激に増えた。とりわけ，市場的調整の役割を拡大させる労働市場制度改革の過程で，雇用関係は柔軟化され，中国労働市場における柔軟性は大きく拡大したと言える。

　また，就業者全体に占める雇用形態別割合の変化からも 90 年代以降，中国労働市場における柔軟性の拡大を確認することができる。図 8-3 に示しているとおり，1997 年からの国有企業改革を経て，都市部就業者全体に占める職工の割合は半分以下に低下し，近年では約 40％の水準で推移している。また，都市部在職者に占める国有企業や集団所有などの公有制企業の割合が大きく低下し（1990 年の 82％から，2005 年の 27％へ），外資系企業や個人経営者を含む私営部門の割合は大きく拡大した。これは，中国の労働市場における，硬直的な雇用形態の縮小と柔軟な雇用形態の増加を示している。

　表 8-1 は，2007 年現在の職業仲介機関における雇用サービスの状況をまとめたものである。第 2 章の表 2-1 において，90 年代半ば以降の職業仲介

表 8-1 労働市場における雇用サービスの状況（2007年，単位：件，万人）

	雇用サービス機関数	職員数	求人数	求職者数	就職者数
合計	37,897	12.9	5,441	4,939	2,649
労働局傘下	24,806	8.1	3,615	3,494	1,981
NGO 傘下	2,926	1.2	303	277	127
民間経営（割合）	10,165 (27%)	3.6 (28%)	1,524 (28%)	1,168 (24%)	540 (20%)

注：NGO は，労働組合連盟，全国婦人組織などを指しているが，それが先進国における非政府機関とは異なることを明記しておきたい。
出所：中国統計出版社『中国労働統計年鑑』(2008) に基づいて作成。

機関を通じた求人数と求職者数の推移を示したが，ここでは雇用サービスにおける民間の人材紹介会社の役割も合わせて表している。すなわち，民間経営が雇用サービス機関数で27％を占め，就職者数では20％を占めるなど，流動的労働市場の構築に対する影響が大きいが，全体としては依然として，政府部門による雇用促進政策が主流であることが分かる。

しかし，第2章でも言及したが，雇用拡大や賃金上昇における国家的調整の割合が大きいゆえに，中国労働市場における雇用弾力性の著しい拡大は見られない。一方，産業構造の変化からも確認できたように，第三次産業における雇用の増加は，それに占める非正規雇用や自営業者数の割合が大きいことから，国家的調整に伴う雇用拡大政策の雇用安全性に対する影響が低減される可能性が高い[26]。

このように，中国の労働市場における数量的柔軟性は，1990年代以降急速に拡大したと言える。本章の2で説明したが，デンマークの労働市場における数量的柔軟性の拡大は，機能的柔軟性とそれに伴う雇用安全性の増加，そして失業保険制度の充実などの社会保障制度による所得安全性と結合されながら，柔軟性と安全性の同時拡大を達成した。また，オランダの労働市場の数量的柔軟性の拡大は，ワーク・ライフバランスの考え方と密接にかかわ

---

[26] 一般的に，サービス産業における労働力需要における熟練要求は製造業より低く，流動性も高いとされている（Auer and Casez, 2003）。

る組み合わせ安全性，およびデンマークと同じく充実した社会保障制度に伴う所得安全性によって補完されていた。それでは，中国の労働市場における90年代以降の柔軟性の拡大は，どのような制度および政策措置と補完的であり，どのような柔軟性と安全性の組み合わせとなっているのかについて見てみよう。

3.3 中国の労働市場における柔軟性と安全性の組み合わせ

まず，デンマークとオランダの成功したフレキシキュリティ・モデルを参考にし，中国の労働市場における柔軟性と安全性の相互関係を描くと，図8-4のような労働市場，積極的労働市場政策（雇用促進的労働市場政策，教育・訓練諸施策を含む），社会保障システムからなる三角関係が構築できる。図8-1と同じく，矢印は人々の流れを示しているが，デンマーク・モデルにおける人々の流れのような明確な方向性が見られない[27]。

図8-4に示しているとおり，中国の労働市場における一番大きな流れは，柔軟性が拡大している労働市場と，積極的労働市場政策と生涯教育を含めた教育・訓練システムの間で見られる。これは，デンマークにおける労働市場から社会保障へ，社会保障から積極的労働市場政策へ流れ，積極労働市場政策における職業訓練プログラムへの参加を経て機能的にレベルアップした労働者が労働市場へ再参入する，という流れと大きく異なる。すなわち，中国においては労働市場と社会保障システムの間に見られる人々の流れは，半強制的な希望退職によって年金生活者となる退職者が中心であり，その中の一部の人々が後に自営業，若しくは再就職を通じて労働市場に復帰することである。また，一部の早期退職した労働者が，孫の面倒をみることが中国では一般的であるが，これは一つの組み合わせ安全性の形態としてみることも可能であろう[28]。

---

27) もちろん，これには社会経済システムの大変動期にある中国において，労働市場の改革もデンマークのような先進国よりダイナミックであり，方向性が定まっていないことに由来していることは否定できない。

28) 仕事の家庭（家事）の両立を可能にする諸制度によってもたらされる組み合わせ安全

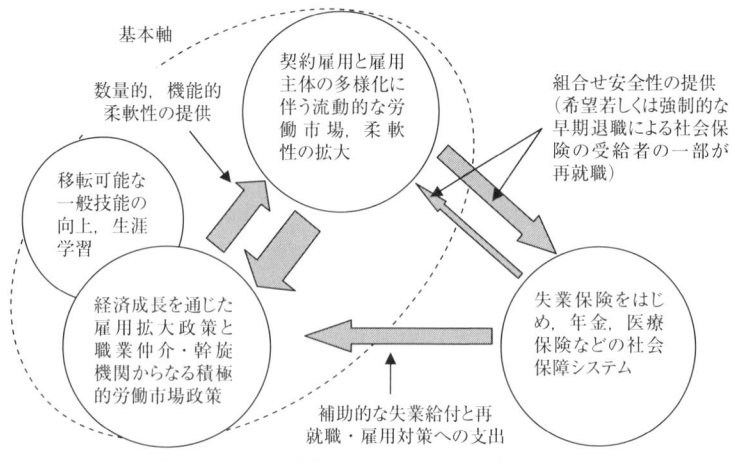

図 8-4 中国の労働市場における柔軟性と安全性の関係
出所:図4を参考に筆者作成。

　また，失業給付を受ける失業者も，この労働市場から社会保障システムへ，社会保障システムから積極的労働市場へという流れに含めることが理論的には可能であるが，実態としての失業保険のカバー率，失業保険の適応率，さらに失業給付による所得代替率を勘案すると，中国の社会保障システムが，デンマークやオランダのモデルにおける社会保障システムと同じ役割を果たしているとは到底考えられない。結果，全体に占めるこの流れは，細い線として表される。

　すなわち，中国における労働市場の数量的柔軟性の拡大に伴う失業者（自発的であるか，非自発的であるかは問わない）の大半は，積極的労働市場政策と拡大する教育・訓練システムへ流れる。ここでの積極的労働市場政策に含まれる諸施策には，再就職サービスセンター[29]が代表的であるが，政府主

　　性は，現在の働く世代の仕事と家庭生活の両立に関する考察を中心としているが，人生設計として，働く期間と退職後の生活におけるバランスをとれることも一つのワーク・ライフバランスである。しかし，オランダのように，広範な社会福祉制度により，所得が保障されている前提のもとでの就労と退職後の生活設計における組合せ安全性と，中国における組合せ安全性には大きな違いがあり，中国では儒教思想や社会慣習によるところが大きいと考えられる。
29) 1997年以降の朱鎔基首相の主導で行われた国有企業の構造改革によるレイオフ労働

導の職業訓練・仲介斡旋機関の拡充，および経済成長率の維持に伴う雇用拡大政策が含まれる（第2章，表2-1を参照）。そして，教育・訓練システムには，高校・大学などの一般教育，技工学校，職業高校などの職業訓練学校教育，生涯教育として見なすことができる成人教育・訓練システムが含まれる。

　近年，労働市場における柔軟性の拡大に伴い同職の安全性が急激に低下した。そして，産業構造の高度化に伴う労働者の技能レベルに対する要求が徐々に高まるにつれ，従来の中等レベルの技能形成システムとしての職業訓練学校の人気は低下し，大学への進学に対する需要が増加傾向にある（第2章，表2-3を参照）。結果的に，転職の可能性を高めるような一般教育へのシフトがみられる。一方，高校・大学，および職業訓練学校教育における社会人（成人教育）の在学生数が大きく上昇しており，生涯を通じた教育・訓練が増えている。

　このように，中国における労働市場の数量的柔軟性の拡大は，積極的労働市場政策によって強く補完されていると言える。数量的柔軟性の拡大に伴う同職安全性の低下を，積極的な労働市場政策を通じた機能的柔軟性と雇用安全性の拡大によって補う，という構造である。また，このような構造が，デンマークやオランダにおける労使協調の伝統に基づく政労使の合意と協働，という制度的調整によって形成されたのとは異なり，中国では国家による制度改革，政策措置に大きく依存していることから，労働市場の変容に対する国家的調整の特徴が浮き彫りになっている。

　すなわち，国有部門がマクロ経済全体に占める割合が大きく低下しているなか，労働市場制度改革は依然として国家・政府の主導で行われている。これは中国の労働組合が有する独特な性格によるところが大きい。とりわけ近年，労働組合の活動領域や役割の拡大がみられるものの，中国共産党および

者の一時的な受け皿として，救済および再就職支援を目的に設立され，1998～2000年，2001～2003年を通じて2回の「3年1000万人」規模の再就職訓練計画を実行し，国有企業から放出された余剰労働力（約3000万人のレイオフ労働者）の再就職促進に大きな役割を果たした。2004年以降は，センターはなくなっているが，その機能や役割は多くの政府系職業訓練・仲介機関などに移管されている。

政府の下部組織としての性格に大きな変化はなかったことに由来する。結果，企業側，労働者側の意見や実需が政策に必ずしも正確に反映されず，政府による諸改革，施策が市場の需要から離脱していく可能性も十分存在する。その一例として，近年大きな社会問題となっている新卒大学生の就職難問題がなかなか解消されないことが挙げられる。

さらに，デンマークやオランダにおける成功したフレキシキュリティとの大きな違いが，柔軟性の拡大過程における所得安全性の著しい低下であり，これは中国式フレキシキュリティの構築におけるもっとも喫緊な課題である。デンマークやオランダでは，伝統的に充実した社会保障制度が，失業者の所得安全性を保障しながら，それをさらに機能的柔軟性と組み合わせ安全性と結合させ，数量的柔軟性と雇用安全性（デンマーク），ワーク・ライフバランス（オランダ）を達成した。

しかし，中国労働市場の柔軟性と安全性の結合において，社会保障システムの脆弱さにより，柔軟性の拡大は所得安全性を大きく低下している。図8-4に示されているように，柔軟性と安全性の相互関係における最大の欠陥は，社会保障システムの一角が正常に機能していない点であると言える。この欠陥は，失業者だけではなく，すべての勤労者のワーク・ライフバランスの問題，および社会経済システムの持続可能性にも悪影響を及ぼす可能性がある。

3.4 さらなる制度改革を通じた安全性の拡大

一般的に雇用の安全性に関する実証は，積極的労働市場政策に対する評価，所得安全性に関する実証は，社会保障システムの水準に対する評価から行われる。前節では，中国における積極的な労働市場政策の中身や社会保障システムに対する検討を行い，その限界的役割について説明した。

それに基づくと，1990年代以降の政府による統一的な管理による硬直的な雇用関係を修正するべく行われた雇用制度の改革により，国有部門の雇用者数が就業者全体に占める割合は持続的に低下した。それは，従来の終身雇用制度による同職安全性が著しく低下したことを意味する。雇用における同

職安全性の低下は，フレキシキュリティ戦略においては，積極的労働市場政策を通じた雇用可能性の向上に基づく雇用安全性の拡大によって補われる。また，その過程で生じうる所得の低下は，社会保障システムによる所得安全性によって保障される。しかし，中国においては，積極的労働市場政策や社会保障システムの限界的な役割により，同職安全性の低下を補うほどの雇用安全性の上昇が見られないし，労働市場の柔軟性の拡大に伴い所得の安全性も著しく低下したと考えられる。

このような安全性の側面における諸要因の拡大を伴っていない柔軟性の一方的拡大は，労働市場における不安定性を拡大させ，それが中国の成長体制の転換や持続可能な発展への転換に対する大きな阻害要因となりつつある。ここでは，上記のような労働市場における行き過ぎた柔軟性の拡大を修正し，雇用と所得の安全性の拡大を目指して実施されている最近の政策に対する概括を行う。

まず，第2章で詳しく説明している「新雇用契約法」の施行が，中国労働市場における雇用柔軟性の拡大との関係について述べる。フレキシキュリティは，労働市場における柔軟性の拡大を目標としているが，それは国家的調整や制度的調整によって保障された流動的労働市場における柔軟性の拡大である。すなわち，中国の労働市場でみられるような経営側と労働者間の力関係の顕著な差異に基づく，低い雇用契約の締結率や労働者に不利な雇用契約の締結による柔軟性ではない。現在の中国における柔軟性は，もっぱら経営側の利益にかなう柔軟性であり，フレキシキュリティ本来の柔軟性とは異なる性質のものである。よって，雇用関係の法制化を目指した「新雇用契約法」の制定，および実施は，中国の労働市場におけるフレキシキュリティの構築とは矛盾しない。

次に，労働組合の役割と中国労働市場における柔軟性と安全性の拡大との関係について説明する。成功したフレキシキュリティ・モデルが，その国における政労使の協調によって可能であったことは前節で述べた。そして，中国における労働組合の性質とその限定的役割については，前項で言及した。第2章で説明したように，団体賃金交渉の拡大により労働組合の役割（制度的調整）が漸次的に拡大しているが，労働市場における柔軟性と安全性の変

化に対する中国労働組合の役割は，極めて低いように思われる。2010年の5月以降における東南沿海部の外資系企業における大型ストライキは，中国労働組合の力を世界に知らしめることになった。しかし，これらの事件が世界のメディアで大きく取り上げられていることは，その珍しさを表すものであり，ルール化や制度化されていない中国の労使交渉の実態を映しているのではないか。また，これらのストライキにおける基本的要求が，賃金上昇であり，フレキシキュリティにおける雇用と所得の安全性の拡大目標との乖離は大きいと考えられる。

　成功したフレキシキュリティが，共に歴史的に形成された労使協調の伝統に大きく依存していることが示しているように，中国においても国家的調整とは別の重要な調整手段としての制度的調整の役割を担う主体としての労働組合の役割拡大は，中国労働市場における柔軟性と安全性の同時拡大を達成する上でもっとも必要な要件である。政府と経営側から独立した労働者の代表組織としての性質を明確にし，政労使協議，合意，協調の一翼を担うような組織の構築が急務となっている[30]。

　そして，従来の戸籍（都市か農村か），企業形態（国有企業か私有企業か），雇用形態（正規雇用か臨時雇用か）などによって分断されていた社会保障システムから，国民全体をカバーする社会保障システムへ転換することが，フレキシキュリティの構築に大いに役立つと考えられる。雇用の柔軟性の拡大と共に労働市場の流動性が急激に増加しているなか，失業保険制度の改革（充実）に向けたさまざまな措置が実施されるようになっている。中国の失業保険制度の一つの大きな特徴は，その中心的機能が失業者の生活救済よりも失業者の再就職促進におかれているところにある。このような特徴は，中国の現代的な失業保険制度（1999年1月22日の「失業保険条例」の公布）の改革母体となった社会主義的失業保険制度（「国有企業就業者待業保険規定」86年制定，93年大幅な改正）の遺産でもある[31]。特に，97年以降の国有企業改革に

---

30) そのためには，まず，政府の下部組織としての性質をあらため，企業内の宣伝・娯楽組織としての役割を担い，経営側から経費を調達するシステムを変えなければならないだろう。

31) 従来の社会主義経済システムにおいて失業，もしくは失業者は存在しなかった。し

伴う大量のレイオフ労働者問題の処理において，再就職サービスセンターの設立・運営関連費用の約3分の1を失業保険基金から支出されたが，この支出の多くは下崗労働者の生活救済よりも，再就職訓練や起業支援に充てられていた。

　この特徴は，単なる失業者への失業給付という事後的な役割から，その予防，さらに雇用環境の改善などの事前的な役割を重視している日本の雇用保険とも似ている[32]。フレキシキュリティの視点からいうと，所得安全性の拡大には一定のマイナスの影響があるが，雇用安全性の拡大のための支出としても見ることができるので，その配分と使用における効率性が問題となる。

　また，99年の新しい失業保険制度は，その対象範囲が従来の国有企業の就業者のみから，都市部の企業・事業単位のすべての就業者に拡大され，失業保険金の徴収が全額企業負担から政府，企業負担と個人負担の結合へ，給付基準を同地域の法定最低賃金より低く，最低生活保障費よりは高い水準に設定するなど，形式的にはILOの国際的基準に近づいた現代的な失業保険制度となった。2007年における失業保険の加入者数は1億1645万人（その内農民工1150万人）であり，1990年の6900万人の1.7倍に増加し，失業保険の積み立て基金の残高が979億元となり，10年前の97年の約10倍の規

かし，実際においては，企業の経営破たんや解雇制度の導入などにより職業を失っているものが存在する。このような職を失った労働者を90年代のはじめまでは「待業者」と呼び，待業保険制度を設けて対応するが，給付基準（標準賃金 ── 国有企業の高福祉・低賃金システムの下，労働者の賃金所得の6割以下と言われている ── の50〜75％）・期間（最長24カ月）の設定の結果でもあるが，保険金支出に占める待業給付の割合は低く，訓練費用及び起業助成費が約6割を占めていた。

32）日本の雇用保険の役割は二つに分かれている。一つ目は，労働者が失業してその所得の源泉を喪失した場合，労働者の雇用継続が困難となる事由が生じた場合，および労働者がみずから職業に関する教育訓練を受けた場合に，生活および雇用の安定と就職の促進のために失業給付を支給する。二つ目は，失業の予防，雇用状態の是正・雇用機会の増大，労働者の能力の開発・向上，その他労働者の福祉の増進を図るために実施される二事業（雇用安定事業，能力開発事業）である（久本2010，p. 90）。フレキシキュリティの枠組みに基づいて捉えると，一つ目の役割は寛大な社会保障の領域に，二つ目の役割は積極的労働市場政策の領域に含まれる。

模に拡大している[33]。

このように，労働市場における柔軟性の一方的拡大を阻止すべく，安全性を増加させるような様々な政策的措置が導入されてきた。しかし，多くの措置が未だに完成されておらず，課題も多い。紙幅の制限から取り上げることができなかったが，失業保険以外の社会保険制度 —— 年金，労災，医療・介護保険などにおける企業レベルでの社会保障制度から社会レベルでの保険制度への移行は労働力の流動性を促す必須条件であり，また雇用や所得，および組み合わせの安全性を保障する重要な要因でもある。

社会保障システムの充実による安全性の諸要因の向上は，労働者個人の移転可能な機能への投資を促し，柔軟な労働市場と教育や再就職訓練システムを促進，補完することができる。よって，図8-4における偏った労働力の移動構造が修正され，数量的柔軟性が拡大された労働市場から，社会保障システム（特に失業保険制度）へ流動し，失業後も一定の所得の安全性を維持しながら新しい技能形成システムを通じて雇用能力を高め，再び労働市場へ還流する，という好循環が生まれると考えられる。

4　フレキシキュリティと成長体制の転換

上記のような労働市場における安全性を欠いた柔軟性の一方的拡大は，勤労者の将来に対する不安を拡大させることにつながり，雇用の拡大や賃金上昇にもかかわらず，国内消費の低迷をもたらすことになった。

2008年の中央経済会議（12月8日から10日まで）では，世界同時不況による輸出需要の急激な低下を補うべく，消費中心の内需主導型成長体制への転換を打ち出し，その実現に向けた諸施策が世界の注目を集めている。しかし，このような輸出主導型成長から消費中心の内需主導型成長への転換という成長戦略の修正は今回が初めてではない。2000年代に入り，中国政府は

---

[33] この数字は，2007年の都市部職工数1億1427万人プラス公表失業者数830万人のほとんどをカバーしているが，都市部就業者総数の2億9350万人に対するカバー率は4割にも達しない低い水準である。

(単位：%)

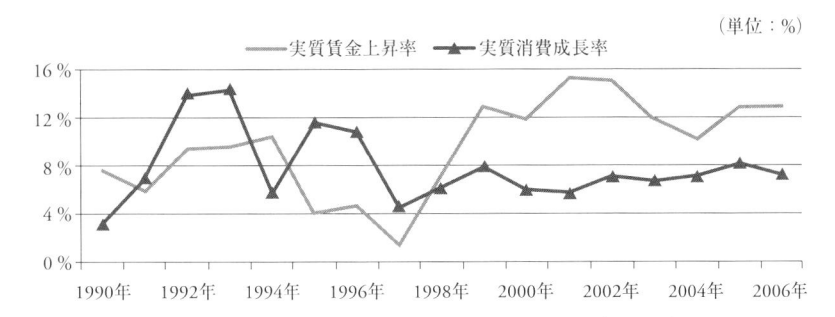

図 8-5　1990 年代以降の賃金上昇率と消費上昇率の比較
出所：中国国家統計局『中国統計年鑑』(2007 年)，World Bank Database に基づき作成。

何度もそのような方向転換を図ろうとしてきた。しかし，その成果は乏しく，図 8-5 に示しているとおり，消費需要の増加率は輸出，投資需要の増加率を大きく下回ったままであり，経済成長の輸出依存度はますます大きくなる一方であった。特に，90 年代の半ば以降の経済システムの構造改革（中国語：国民経済的結構調整）が進むにつれ，労働市場における安全性を欠いた柔軟性が著しく増加したことが，雇用者数の増加と国家的・制度的調整に伴う賃金上昇にもかかわらず，国内消費の伸び率が停滞する要因として働いた。すなわち，97 年以降，実質賃金上昇率と実質消費成長率の逆転が起き，賃金所得の増加が消費需要の拡大に結びつかない構造が続いている。

　1990 年代以降の労働市場制度改革は，従来の中国雇用システムにおける行き過ぎた硬直性を修正すべく，終身雇用制度から契約有期雇用制度への移行を加速し，労働市場の流動性を大きく拡大させた。しかし，雇用制度と補完関係にある社会保障制度や産業構造の変化に迅速に対応できる教育訓練制度などにおける改革の遅れにより，中国の労働市場における安全性が低下した。結果，賃金所得は将来不安への準備資金として銀行に預け入れられ，家計の貯蓄率は 90 年代において急速に上昇し，2000 年代以降も高止まり状態が続けている[34]。このような高い貯蓄率は，一方で国内消費需要の低下を

---

34) 1992 年の中国の家計貯蓄率は 16.7% であったが，1999 年では 24.3% へ急上昇した。その後も緩やかな上昇が続き，2008 年では 28.8% となり，最高記録を更新した。日本の家計貯蓄率の最高記録である 1975 年の 23% 強に比べても約 5% ポイント高い水準となっている。

通じてマクロ経済成長にマイナス影響を与えるのみならず，銀行部門に集まった厖大な資金が，投資効率の低い，消費の増加を伴わない投資の拡大をもたらしていることで，マクロ経済の不安定性がますます拡大している懸念がある。

つまり，マクロ経済成長を通じて雇用拡大や賃金所得の増加を促し，それが国内消費需要の増加に繋がるためには，労働市場における柔軟性と安全性の同時拡大が実現可能なフレキシキュリティ戦略に基づく労働市場制度改革が必要となる。

5　結　論

1990年代以降の中国における急速な経済成長や産業構造の変化と相互依存・促進関係にあり，かつ同時進行的に行われてきた労働市場制度改革が，労働市場における流動性の拡大や雇用の増加をもたらしている。その一方で労働契約制度をはじめとする雇用制度や失業保険をはじめとする社会保障関連の諸施策の実施が遅れていることから，雇用や賃金上昇にもかかわらず，国内消費需要の拡大は妨げられ，経済成長の輸出依存度をますます拡大させている。本章では，このような状況からの脱出に向けて，デンマークやオランダにおける優れた労働市場政策であるフレキシキュリティ戦略に基づく同時進行的な改革が，輸出主導型成長から消費中心の内需主導型成長への転換に必要であることを主張している。

特に，デンマークやオランダにおけるフレキシキュリティ戦略に比べ，中国の労働市場における柔軟性と安全性の組み合わせには，以下のような三つの特徴がある。第一に，同職安全性の低下をもたらした数量的柔軟性の拡大と，積極的労働市場政策を通じた機能的柔軟性と雇用安全性の拡大の結合が核心であり，労働力の流動も社会保障システムを経由しない，労働市場と教育訓練システムの間の双方向的な流動が中心となっている。第二に，デンマークやオランダにおける労使協調の伝統に基づく政労使の共同参加によるフレキシキュリティとは異なり，中国における柔軟性と安全性の結合は，国

家による制度改革，政策措置に大きく依存しており，労働組合の役割は拡大されつつあるが，その役割はまだ限定的である。第三に，デンマークやオランダにおける成功的なフレキシキュリティとのもっとも大きな違いが，柔軟性の拡大過程における所得安定性の著しい低下であり，それが中国の国内消費中心の内需主導型成長体制への転換における足かせとなっていることである。

　最後に，今後の研究課題について述べると，第一に，本章の全体を通じても説明しているが，1990年代以降の中国における労働市場制度改革（社会保障制度改革，教育訓練制度を含め）は，いまだに完成されておらず，現在も激変が続いている。よって，制度改革や実行中の諸制度改革の効果を今後も研究・分析していくことが必要である。第二に，本章の主な分析は，都市部における労働者を中心に行っており，産業構造の変化に伴い都市部に流れ，輸出主導型成長を支えてきた出稼ぎ労働者への言及は必要最小限に止まっている。今後は，これらの新しい勢力をも含む，汎社会的な雇用関係や教育訓練，社会保障システムの解明に向けて研究を広げていかなければならない。

第9章

輸出主導型成長から消費中心の内需主導型成長へ

1 はじめに

　本書における第一の目標は，1990年代以降の中国における輸出主導型成長体制の形成，変容，およびそれの国内的，国際的影響の実態を明らかにすることであった。これまでの各章において，東南沿海部における海外直接投資の拡大に伴う労働集約型輸出産業の発展を中心とする，輸出主導型成長体制の特徴とその制度的要因，そして輸出主導型成長体制の国内的，国際的影響が拡大しつつあることを説明した。また，中国における輸出主導型成長が，国内的，国際的な限界から持続可能性に乏しいことも説明した。さらに，その限界性から，何度も成長体制の転換が指向されているが，国内労働市場における「安全性を欠いた柔軟性の一方的拡大」が，消費需要の拡大を妨げ，経済成長の輸出依存度を高めてきたことを指摘した。

　本章の目的は，これまでの分析に基づいて，輸出主導型成長から消費中心の内需主導型成長への転換において解決しなければならない課題を明らかにすることである。そして，この成長体制の転換が，現在の中国政府が目指している「持続可能な発展（中国語：可持続発展）」戦略の実現を可能にする重要な要因であることを説明する。

　本章の2ではまず，中国における輸出主導型成長から消費中心の内需主導型成長体制への転換の必要性と可能性を説明し，その達成に向けての様々な

課題を概括する。そして3では，この成長体制の転換が，成長から持続可能な発展へというパラダイムの転換における意義を説明する。最後の4では，本章の主な主張をまとめる。

2　消費中心の内需主導型成長体制の構築に向けて

2.1　積極的財政政策と国内投資拡大の役割

本書では，1990年代以降の中国における輸出産業，及び輸出産業が集積している東南沿海部の優先的発展が，マクロ的な需要成長，労働生産性上昇，産業構造の高度化，雇用拡大，および社会経済システムの変容，などに対する牽引的役割に基づいて，その成長体制を輸出主導型成長体制と規定している。

しかし，近年の積極的な財政拡大策を中心に国内投資が急速に増加していることを背景に，投資こそ中国経済成長のエンジンであると主張する学者も多い。例えば，樊綱（2003）は中国の高度成長を支えているのは活発な投資活動であり，90年代の中国経済は投資の伸びに極端に依存する成長パターンであるという。また，中兼（1999）は，改革開放以降の中国における貿易成長とGNP成長の関係における因果関係において，貿易の成長がGNPの成長に牽引されている部分が大きく，貿易の成長に対する「エンジン説」よりも，「仕女説」がやや支持されているという[1]。そして，中国における改革開放以降の直接投資や外資系企業による技術導入や輸出拡大が経済成長に対する影響から「外向型外資経済」と命名する学者も多い（関2006，大橋2006）。また，篠原（2003）は中国のこれまでの経済成長は輸出主導型成長と投資主導型成長の共存によってもたらされたと分析している。

しかし，第1章において説明しているとおり，中国の経済成長に対する輸

---

1) ただし，中兼（1999）における分析の期間が，1952～1995年，1978～1995年であり，中国の輸出が本格的に増加した90年代以降の輸出と経済成長の関係を説明するには不十分であると考えられる。

第 9 章　輸出主導型成長から消費中心の内需主導型成長へ　249

(単位：%)

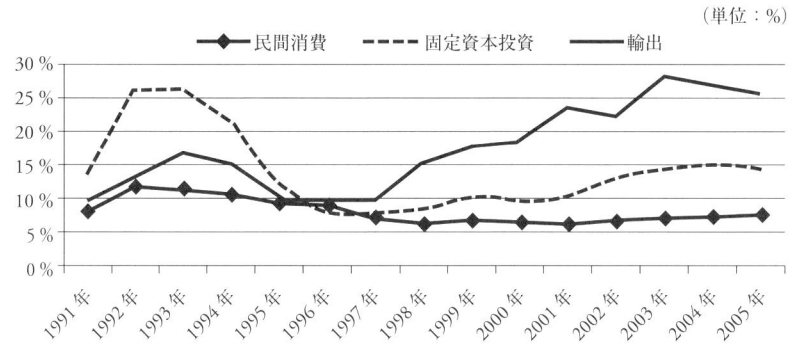

図 9-1　90 年代以降の民間消費，固定資本投資，輸出の変化率の推移
注：各年度における急激な変動要因を除くために，3 年間の移動平均値を示している。
出所：World Bank Database に基づいて作成。

出の影響は，90 年代後半以降さらに明確になっていた。図 9-1 は，90 年代以降の消費，投資，輸出の変化率の推移を時系列で示している。鄧小平による「南巡講話」に始まる社会主義市場経済システムへの転換に伴い，1992 年から 94 年の間の国内投資の伸び率が極めて高くなっていたが，90 年代後半では伸び率が著しく低下した。そして，中国が WTO 加盟を果たした 2001 年以降，再び上昇している。

そして，輸出は，90 年代の半ばにいったん低迷し，10% 前後の伸び率となるが，1998 年から回復していき，WTO 加盟以降では年率 20% 以上の伸びが続いている。一方，民間消費は国内における雇用不安定性の増加や出稼ぎ労働者の低賃金，地域間経済格差の拡大，そして社会保障制度の不備，教育や住宅購入資金の積み立て需要の拡大などにより，伸び悩んでいる。さらに，第 8 章で言及したように，労働市場における安全性の拡大を伴わない柔軟性の拡大により，雇用拡大や賃金上昇にも関わらず，国内消費需要は増加していない（図 8-5 を参照）。

そして，国内消費需要の不振を投資と輸出需要の拡大によって補う構図は，2000 年以降さらに強まっているが，このような財政支出拡大による投資需要の拡大や，低賃金コストと低い為替レートに依存する低価格・低付加価値製品の生産・輸出拡大は限界に近づいており，成長パターンの修正が必要不可欠である。

2001 年以降の投資の高成長は，拡大し続ける東西地域間経済格差を阻止するための積極的財政拡大政策と（2000 年の西部大開発，2003 年の東北振興策が代表例である），中国経済のさらなる開放と持続的成長を期待する国内外の投資が増大した結果である。しかし，財政拡大による国家主導の大型建設を中心とする投資需要の拡大は，マクロ経済レベルでの生産性上昇や需要上昇に対する効果は限定的である（第 3 章参照）。なぜならば，建設部門の労働生産性は一般的に低く，建設部門の需要が固定資本投資全体に占める割合が増加することは，マクロ経済全体の労働生産性の低下を意味し，投資効率の低下につながる。

　また，国有企業改革に伴う失業者（レイオフ労働者や一時帰休者を含む）の増加に対応して，雇用を創出することが必要であるが，この点に関しても建設業の拡大による効果は限定的である。なぜならば，建設部門の需要は雇用を創出するとはいえ，建設業の雇用は非正規雇用が中心で，雇用の不安定性は増加する。実際，このような不安定性を伴う雇用拡大が経済成長に及ぼす効果は限定的であり，民間消費の伸び率は低迷が続き，投資や輸出の伸び率を大きく下回っている。そして，高度経済成長にもかかわらずデフレ傾向は続いている。

　さらに，これまでのような財政拡大政策を維持するにも多くの困難がある。まず，財源が続くかという問題がある。巨額の国債発行による投資資金調達には限界がある。中国の国債発行残高の GDP に対する比率は 98 年の 7.5％から 2002 年の 18％にまで拡大し，2007 年では国債発行残高が初めて 5 兆元を超え，対 GDP 比率が 20％を超えた[2]。そして，今のような国内消費需要の上昇を伴わない投資拡大が続けば，中長期的には過剰設備，過剰生産に伴うデフレ圧力が蓄積されることも懸念される。さらに，投資効率が低

---

2) 近年，中国の国債発行残高は急増しているが，対 GDP 比ではそれほど高くない。その規模は，日本の対 GDP 比 130％（2007 年）に比べるとまだまだ小さい。しかし，単年度で見ると，2007 年の中国における新規国債発行額は，1.55 兆元（約 23 兆円）であり，日本の 25.4 兆円に迫っている。2007 年の日本における国債発行総額（新規プラス借換債）が 143.8 兆円であることを考えると（借換債の発行が新規債の 4 倍以上），国債発行額の急増は，いずれ大きな負担として跳ね返ってくることがわかる。

い「粗放型成長」を続けることは,資源エネルギーの浪費と供給不足により,素材価格や運送コストが上昇する。実際に,電力供給に限界が生じていることなどから,投資がこれ以上増えつづけるには限界があると思われる(白井2004)。

結局,国内消費需要の拡大を伴わない投資の拡大は加熱経済をもたらすだけであり,持続可能性は低いと言わざるを得ない。さらに,輸出の拡大に依存しながら経済成長を維持する輸出主導型成長体制も国内的,国際的限界によって困難であり,消費需要の拡大に基づく内需主導型成長へ転換できるかが,これからの持続的経済成長の重要な要件となる。

2.2 消費中心の内需主導型成長への政策的転換とその可能性

2004年3月の第10期全国人民代表大会第2回会議において,政府は過熱経済の抑制,投資抑制,消費奨励の方針を打ち出し,2005年3月の第3回会議においては,消費主導型成長への切り替え姿勢をさらに強調した。国家発展改革委員会は,2006年からスタートする国民経済の中期計画「第11次5カ年規画」では輸出,投資依存から脱却し,消費主導の安定成長への転換を図ると発表した(人民日報2005年10月20日)。そして,2005年11月29日から12月1日までの三日間に行われた,2006年の中央経済工作会議において,中国政府は投資が原因で過熱しやすい経済体質を改め,個人消費の拡大を促すことを打ち出し,消費主導型成長への政策転換を決定した(日本経済新聞2005年12月1日)。このように2000年代の半ばになり,消費中心の内需主導型成長への政策的転換が始まっている。

実際,輸出主導型成長体制から消費中心の内需主導型成長体制へ転換するためには,社会経済システム全般における大幅な転換が必要であり,すべてを取り上げることは難しい。本書の分析で取り上げた諸エリアを中心に三つの調整に分けて,これからの中国における消費主導型成長体制をイメージすると,図9-2に示すとおりである。

第一に,国家的調整と制度的調整を通じて雇用増加と賃金所得,および雇用と所得の安全性を拡大させることが,国内消費需要の増加を可能にする。

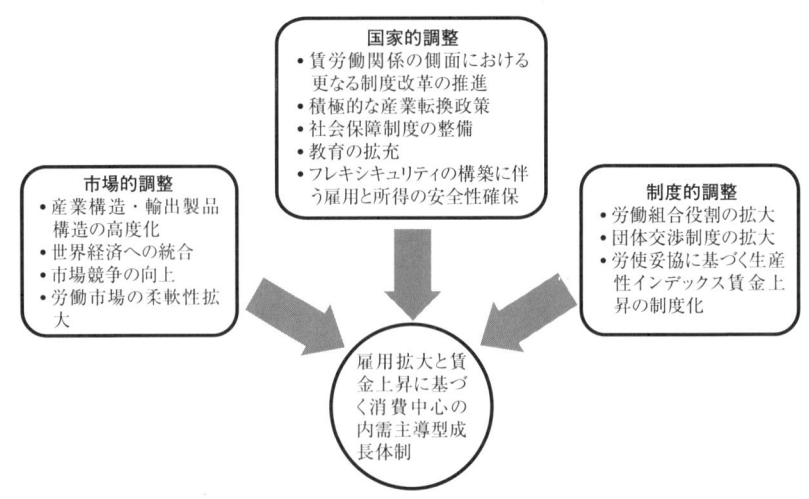

```
                    ┌─────────────────┐
                    │    国家的調整    │
                    │・賃労働関係の側面における│
                    │  更なる制度改革の推進│
                    │・積極的な産業転換政策│
                    │・社会保障制度の整備│
                    │・教育の拡充      │
                    │・フレキシキュリティの構築に伴│
                    │  う雇用と所得の安全性確保│
                    └─────────────────┘
┌──────────────┐           │           ┌──────────────┐
│  市場的調整  │           ▼           │  制度的調整  │
│・産業構造・輸出製品│                   │・労働組合役割の拡大│
│  構造の高度化│                       │・団体交渉制度の拡大│
│・世界経済への統合│                   │・労使妥協に基づく生産│
│・市場競争の向上│                     │  性インデックス賃金上│
│・労働市場の柔軟性拡│                 │  昇の制度化  │
│  大          │                       │              │
└──────────────┘                       └──────────────┘
              ╲          │            ╱
               ╲         ▼           ╱
                ┌─────────────────┐
                │雇用拡大と賃│
                │金上昇に基づ│
                │く消費中心の│
                │内需主導型成│
                │長体制      │
                └─────────────────┘
```

図 9-2 中国にける消費主導型成長体制の構図（賃労働関係を中心に）

出所：筆者作成

　第二に，産業構造の高度化や輸出製品構造の高度化に適応できる雇用制度，賃金制度，技能形成と教育システムに向けた変化が，国内の労働生産性上昇，賃金上昇と国民所得の増加をもたらし，国内消費需要の拡大を可能にする。第三に，公平かつ公正なルール（国家的調整と制度的調整の領域）に基づく市場競争体制の構築と節度ある国際体制への編入が，マクロ需要全体のバランスのとれた成長を促し，消費様式の変化によって促進される第三次産業の発展が，雇用拡大を通じて賃金所得向上に貢献し，最終的に国内消費需要の拡大をもたらす。つまり，国家的調整，制度的調整，市場的調整の三者の共同作用を通じた，雇用の拡大，賃金の上昇，および社会保障システムの構築が，国民所得の増加，国内消費需要の拡大をもたらし，これからの持続的な経済成長を支えると思われる。

　しかし，中国における消費中心の内需主導型成長の実現に関しては，本書では詳しく説明していない要因も含めて，以下に述べるようないくつかの問題がある。第一は，賃金上昇と雇用拡大が実現できるかという問題である。第二は，賃金所得の増加が消費の増加につながるかという問題である。第三

は，経済格差の問題である。第四は，社会中間層が持続的に増加できるかの問題である。第五は，国民の6割を占める農民収入の拡大問題である。

まず第一の問題を検討しよう。第2章で説明したように，労働力供給が需要を大きく上回る状況の下，中国の賃金上昇は主に国家レベルでのマクロ的調整によって決定されている。すなわち，マクロレベルでの労働生産性上昇率と物価上昇率をベースに賃金上昇率が決定されている。このような賃金決定システムでは，外資系企業および輸出産業に従事する多くの労働者の賃金上昇率は，生産性上昇率を下回ることになる。つまり，海外から技術集約的資本財や中間材を輸入し，平均よりも高い労働生産性上昇を達成している企業では，超過利潤が発生する。生産性上昇益の労働者への分配を増やすためには，国家による賃金水準の調整に加えて，産業別・地域別の団体賃金交渉による制度的調整が必要である。

雇用拡大においても，国家レベルでの制度的調整が大きく作用している。政府は持続的経済成長を通じた雇用創出と失業対策，そして産業構造の積極的な転換などを通じて，雇用者総数を拡大している。まず，安定した経済成長を通じて，雇用が拡大している。雇用の経済成長に対する弾力性が低下している（胡鞍鋼2002）ものの，毎年8％以上の経済成長を維持すれば700万～800万の雇用が創出されうる。そして，国有企業の余剰人員の放出に伴う失業対策として構築された再就職サービスセンター，および2003年以降において，再就職サービスセンターの機能を受け継いだ職業紹介機関による，就職促進と労働者技能のレベルアップも雇用増加に大きく貢献していると言える[3]。

このような国家レベルでの制度的調整の存在が，今後においても賃金上昇と雇用拡大のための重要な条件となることは確かであろう。しかし，一方で，第2章で説明したような，企業別の団体賃金交渉の実施企業数が増加しているなど，まだ企業レベルでの制度的調整に止まっているが，国家的調整以外の制度的調整の役割が拡大していることも事実である。このような国家

[3)]2003年以降，都市部失業者（レイオフ労働者を含む）の約52～53％が，職業紹介機構の再訓練・斡旋により再就職している（『中国統計年鑑』各年版）。

レベル以外の制度的調整と国家的調整とを調和させることができるかどうか，できるとすればどのような方法で行うかが，今後，中国が解決すべき大きな課題である。

中国における消費中心の内需主導成長の実現に関する第二の問題は，賃金所得の増加が消費の増加につながるかという問題である。前章の図8-5で示しているが，中国における民間消費の成長率は90年代の半ばまでは賃金上昇率を上回っていたが，90年代後半以降では両者が逆転している。とりわけ，90年代後半以降においては，賃金上昇が消費需要の増加を牽引する効果が小さい。このような賃金上昇と消費上昇の間に存在する乖離を縮小させるためには，次のような諸要因によって生じる将来に関する不安を除かなければならない。

第一に，失業者が増加し，非正規雇用が増加した結果，雇用の不安定性が増加したことがある。第二に，中国の社会保障制度はまだ未熟である[4]。公務員，国営企業職員などの退職者，離職者に対する社会保障制度は存在するが，民間企業（私営，個人経営，外資系企業）には適用されないことが多い。また，低所得者層に対する生活保障制度は都市部にはあるが，農村部には存在しない。このような将来の不安要因が多く存在する限り，人々は消費を抑制し，貯蓄を増やすので，消費主導型成長の足かせになりかねない。政府は消費不振による内需不足を補うために，銀行の貸出増加による投資拡大を通じて内需拡大を狙うが，結果的に過剰投資と将来のデフレ圧力の増加，企業

---

4) 前章でも言及したが，中国における社会保障制度は変化のさなかにある。とりわけ，計画経済時代からの都市部労働者に対する「揺りかごから墓場まで」と言われるほど手厚かった社会保障制度の抜本的改革への要請から，都市部の社会保障における政府の過重負担の軽減と農村地域における政府責任の不在に伴う社会保障制度の整備を同時に進めている途中にある。中国における社会保障に関する統計が非常に不十分であるため，社会保障に関する財政支出を正確に把握することは難しいが，2006年の「社会保障・福祉・救済等」に関する財政支出額（約3032億元）が国家財政支出総額に占める割合は，わずか7.5％に過ぎない。一方，福祉国家とみなされる先進国では，社会保障に関連する支出が4割以上を占めており（日本は，同44.4％），中国との格差は歴然である。また，これらの支出が依然として都市部の社会保障制度関連の支出が中心で，先進国の社会保障制度における普遍性，権利性，公平性が保たれていない欠陥も存在する（王文亮2009，第6章参照）。

収益の悪化，金融機関の不良債権の増加などの不安定要因の拡大をもたらしている。

　消費中心の内需主導型成長の実現のために中国が解決しなければならない第三の問題は，格差の問題である。現代中国には輸出主導型成長による負の影響として，第 1 章で説明した海外直接投資と輸出産業が集積している東南沿海部と中西部との地域間格差，労働集約型輸出産業と技術・資本集約型産業間の発展度合いの違い以外にも，都市と農村間の格差，農村内部の格差，都市内部の格差などが存在する[5]。都市と農村間の所得格差は 90 年代に急速に拡大し，1990 年には都市住民の可処分所得は農村住民の約 2.2 倍であったが，2000 年では 2.8 倍，さらに 2007 年では 3.3 倍へと継続的に拡大している。社会福祉などにおける都市・農村間の格差を考え合わせると実質的な都市・農村格差は 5〜6 倍以上に広がっている（厳善平 2009）。農村内部の格差は主に農家収入に占める非農業収入の比率，非農業就業の多少によって規定されるが，非農業就業ができるか否かはまた，世帯主及び構成員の教育水準に大きく依存する。

　そして，世代主や構成員の教育水準に大きく依存する所得格差は，そのまま次世代の教育へのアクセスを規定し，所得格差は教育格差へ直結する可能性がある。このような教育機会の不平等による社会格差が永久化することを防ぐべく，中国政府は，2006 年 9 月から中国の農村部・貧困地域における義務教育費用の国庫負担を決定し，小中学校における授業料や書籍代などを完全無料化している。これからの農村部における教育の発展と農民の知識レベルの向上が，今後の農民所得の増加，都市と農村間格差の解消に大きく影響すると考えられる。

　都市内部の格差は，産業間に労働生産性の格差が存在すること，賃金に対する市場の影響力が強まったこと，賃金制度改革による企業内部分配システムの変化などによって生じる産業間，企業間賃金格差による部分が大き

---

5) 一国における所得格差を表す指標として一般的にジニ係数が用いられる。1990 年代以降の都市と農村，東部と西部などの地域間格差の拡大を反映して中国のジニ係数は，改革開放当初の 0.28 から 2007 年の 0.48 までに上昇している。一般的に 0.40 を警戒ラインとしているから，中国における所得不平等度は極めて高いと言えるだろう。

い[6]。また，近年の資産運用収入機会の増加により，キャピタル・ゲインが収入の中で占める割合が増加したこと，そして激しい市場競争によって生まれる社会的弱者である失業者，レイオフ労働者，一時帰休者などが増えたことが大きく影響している。都市部の最低生活保障金の受領者が2000年に382万人，2001年に1170万人，2002年に2054万と急速に増加していることは都市部の貧困層の増加を意味しており，都市内部格差の拡大をもたらしている（上原 2003）。

　消費中心の内需主導型成長の実現のために中国が解決しなければならない第四の問題は，消費主導の内需主導型成長体制の構築と社会安定の鍵を握る「社会中間層」を拡大できるかどうかという問題である。中国社会科学院が2001年に行った全国調査では，経営管理者，私営企業家，外資系企業のホワイトカラー，専門職，公務員，個人経営者，商業サービス従業員などが「社会中間層」に分類された。該調査によれば，1978年から1999年の間に，私営企業家層は改革開放当初のゼロから総就業者数（7億586万人）の0.6％（約424万人），個人経営者層は0.03％から4.2％（約2965万人），経営管理者層は0.23％から1.5％（約1059万人），商業サービス業従業員層は2.2％から12％（約8470万人）とそれぞれ上昇しており，その結果，全人口の16～18％の人々が「社会中間層」に分類された[7]（『現代中国における社会構造の変遷に関する研究』(中国語：当代中国社会階層研究報告) 2002）。

　中国全体から見ると社会中間層はまだ十分育成されておらず，依然としてピラミッド型社会構造となっている。李強（2005）の「国際標準職業社会経済地位指数」に依拠した中国社会階層の分析は，中国では都市部だけを考え

---

6) 2004年における都市住民の可処分所得を所得五分位階級別にみると，高所得世代と低所得世代の比率は5.5：1であった。さらに，2000年以降の年平均伸び率を見ると，高所得世代からの順に，14.4％，9.9％，8.2％，4.2％，3.9％となっており，所得が高ければ高いほど伸び率も高いことが分かった（王文亮 2009）。まさに，「富益富，貧益貧」（富めるものはますます富み，貧しいものはますます貧しくなる）傾向を示している。

7) 同2010年の報告書では「2005年における総人口の1％を対象として行ったサンプル調査（中国語：人口普査），香港科技大学と中国人民大学の共同研究チームによる調査，および2006年の社会科学院の全国総合社会調査などのデータを再分析した結果，中国における中間層は約23％である」と指摘している。

ると社会中間層（約26.5％）が存在し，ピラミッド型社会構造であると言えるが，農村部を含む全国範囲で考えると，中国は低所得層が極めて多く，中間所得層，高所得層が少ない，逆「T」字型の社会であると主張している。

これから社会中間層が拡大し続け，中国消費市場の更なる拡大，消費中心の持続的経済成長に寄与するのみならず，中国社会が直面している貧富格差を緩和させ，社会の安定化，ひいては公正かつ公平な市民社会の実現の土台になるためには，今後もこうした社会階層の形成に影響を与え得るさまざまな社会的，制度的改革が引き続き必要となっている。本書の賃労働関係の分析からすると，賃金労働者が安定的な雇用関係を結び，生産性上昇に見合う賃金上昇を享受して初めて，逆「T」字型社会からの脱却が可能であろう。

中国が消費中心の内需主導型成長を実現するために解決しなければならない第五の問題は，国民の6割を占める農民の収入拡大問題である。2006年からの農業税の全面撤廃，農業補助金の給付政策などが，農村と農業に従事する農民の所得増加につながることは言うまでもない。しかし，もっと重要なのは，農業部門における労働生産性を拡大させることである[8]。とりわけ，「社会主義新農村建設」方針に基づく，農業の構造改革，農村インフラ整備，農民教育の強化など施策以外に，戸籍制度の緩和による農村余剰労働力の都市部の第二次，第三次産業への移動を促進し，それを持続可能なものにすることである。

つまり，農業から離れ都市部に進出している出稼ぎ労働者の不安定な雇用関係，低賃金構造を改善することが，「三農問題 —— 農業，農村，農民の問題」解決の大きな要因であると思われる。なぜならば，戸籍制度の制約により都市部に定着できず，安定的な雇用関係を結べないことは，出稼ぎ労働者の熟練や技能形成を妨げる。すなわち，低い賃金水準は労働者の知識や技能

---

8) 中国における農業部門の所得が低く，他産業との格差が拡大している背景には，第一次産業と第二次，第三次産業部門間の労働生産性格差が大きく影響している。とりわけ，本書の序章で示した都市部住民と農村部住民の間の所得格差（図0-2を参照）は，第二次，第三次産業と第一次産業間の労働生産性格差の推移と連動している。厳善平（2009）は，改革開放がはじまった1978年から2006年までの期間における両者の相関関係を分析しているが，それによると両者の相関係数は0.94であった。

習得に対する意欲を奪い，労働力需要とのミスマッチをますます増加させる。結果的に，低賃金構造が産業構造の高度化を妨げ，低付加価値製品生産による企業収益の低下は，さらに低い賃金を企業存続の条件として求めるような悪循環が生じかねない。

　このような悪循環を食い止めるために，現在実行中の農村義務教育の無料化（2006年9月1日より実施）や新しい労働契約法（2008年1月1日より実施），さらには集団的賃金交渉制度（2005年2月22日公布）の推進などによる労働者の雇用・賃金構造の改善が必要であるだろう。そして，上記のような中国の労働市場における諸問題と課題を解決する有効な手段として，労働市場における柔軟性と安全性の同時拡大が可能なフレキシキュリティの構築が必要である。

　以上の分析から，輸出主導型成長体制から消費中心の内需主導型成長体制への転換には，実に多くの課題が残されており，その実現にはかなりの時間と努力が必要であることが予測される。しかし，この成長体制の転換に関わるさまざまな事柄は，中国における経済発展の持続性だけに関わるものではなく，経済成長から持続可能な発展へのパラダイムの転換とも密接に関わる。

3　成長から持続可能な発展へ

3.1　持続可能な発展というパラダイム

　中国における経済成長の限界（limitation）に対する分析には，大きく分けて二つのアプローチが併存する。一つは，環境的な側面における限界，資源・エネルギー問題，水・土壌・空気の汚染問題，などに基づくアプローチである。もう一つは，中国における経済成長の社会的な側面における限界，例えば，地域間・階層間の格差問題，農業・農村の疲弊と農民工問題，政治民主化問題，などに基づいたアプローチである。もちろん，共に経済成長の限界を分析しているために，上記の諸要因は経済的側面，例えば，資源・エネル

ギーの供給や，投資効率，マクロ的需要形成などの関わりで分析されている。

本書の分析は，端的にいえば二つ目のアプローチに属するが，ここでは一つ目のアプローチ，とりわけ，中国経済成長の環境的側面における限界について少し敷衍しておこう。これまでの中国における高い経済成長は，資源・エネルギーの消費を急増させ，大気・水の汚染，地球温暖化の原因となる二酸化炭素の排出量の急激な増大をもたらしている。

まず，資源・エネルギーの消費に関して言うと，「世界の工場」となった中国は「資源を喰う怪物」に喩えられている。特に，重化学産業の比重が高く，粗放型産業発展を続けてきた中国におけるエネルギーの利用効率は低く，日本の50％ぐらいであると言われている（井村 2009）。中国は広大な土地と豊かな資源を持つ資源大国ではあるが，厖大な人口と合わせて考えると，一人当たり資源量は非常に少ない資源小国でもある[9]。また，資源の分布から見ると，経済発展が著しく，資源消費量が急増する東南沿海地域における資源埋蔵量は少なく，多くの資源は中・西部地域に分布しており，資源の利用コストもますます拡大している。そして，工業汚染や都市化の進行に伴う環境汚染や水質汚染が急速に進んでおり，全国の三分の一の都市が深刻な大気汚染に侵され，全国の大きな河川の40％以上が深刻な汚染状態である，という報告もなされている。

図9-3は，世界における二酸化炭素排出量の推移を示している。1990年代以降の急速な経済成長に伴い，中国の二酸化炭素排出量が急激に増加していることが分かる。もちろん，経済成長に伴い二酸化炭素の排出量が増加するのは，中国だけではなく，90年代以降において経済成長の伸び率が高かった韓国やインドなどでも同じく見られる傾向である。しかし，中国ほどの伸びではない。1990年に23億トンであった中国の二酸化炭素排出量は2000年に30億トン，2007年ではその2倍の60億トンへと急増している。結果，

---

9) 中国の一人当たり耕作地の面積は，世界平均の三分の一，水資源量は世界平均の80％，石炭の埋蔵量は世界平均の55％，石油の埋蔵量は世界平均の10％，天然ガスの埋蔵量は世界平均の4％に過ぎない。そして，鉱物資源の一人当たり占有量は，世界平均の半分以下である（胡鞍鋼 2009）。

260 | 第Ⅲ部　中国における経済成長と持続可能な発展

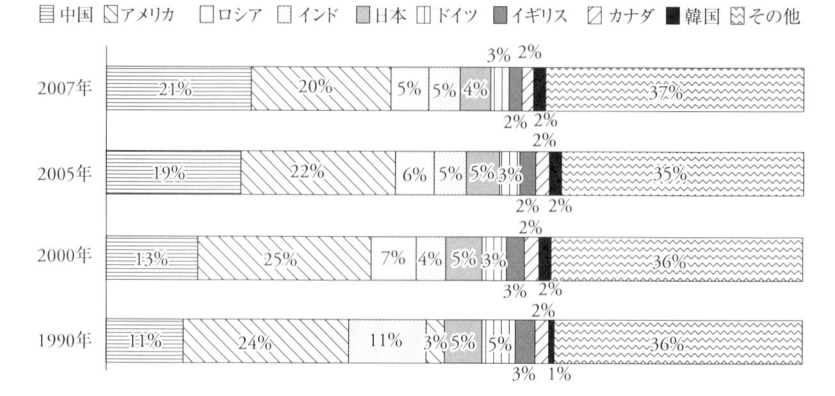

凡例：■中国　◨アメリカ　□ロシア　□インド　■日本　▨ドイツ　■イギリス　▨カナダ　■韓国　▨その他

年	中国	アメリカ	ロシア	インド	日本	ドイツ	イギリス	カナダ	韓国	その他
2007年	21%	20%	5%	5%	4%	3%	2%	2%	2%	37%
2005年	19%	22%	6%	5%	5%	3%	2%	2%	2%	35%
2000年	13%	25%	7%	4%	5%	3%	3%	2%	2%	36%
1990年	11%	24%	11%	3%	5%	5%	3%	3%	1%	36%

図 9-3　主要国の二酸化炭素排出量の推移
出所：EDMC『エネルギー経済統計要覧』2010 年版に基づいて作成。

　世界の二酸化炭素排出総量に占める割合も，1990 年の 11％から 2007 年の 21％へ拡大し，アメリカを超えて世界最大の二酸化炭素排出国となった[10]。

　そして，現在の産業構造（重化学産業の割合が依然として高い）や石炭資源を主体とするエネルギー消費構造は，中国の経済発展の段階，都市化過程とエネルギーの賦存量によって規定されている側面が強く，中長期的には経済成長が二酸化炭素の排出を持続的に増加させる可能性が高い。一方で，本書の第Ⅱ部の各章において説明しているように，途上国としての中国が世界の分業構造の中で受け持つ産業，および加工工程の多くは，エネルギーの消費が多い川下部門であり，先進国における厳しい環境規制を避けて中国に移転した産業部門の割合は大きい。結果，中国における輸出主導型成長によって排出される二酸化炭素の中には，先進国からの「移転排出」の部分が相当含まれているとも考えられる[11]。

　しかし，経済規模の拡大と共に，中国は世界の資源価格高騰と地球環境汚

[10) 一方で，一人当たりの二酸化炭素排出量では，2007 年でも 4.5 トンであり，アメリカの約四分の一，日本の半分にも達していない。

11) 例えば，アメリカにおける家庭消費から排出される二酸化炭素の総量の内，国内物資の消費による部分が 71％，他の先進国からの輸入物資の消費による部分が 7％であり，残りの 22％は途上国からの輸入物資の消費によるものである（紀玉山 2010）。

染の両方において大きな影響を与えている。最近では，世界各国から中国に対して「責任のある経済大国」としての役割を果たすように圧力をかけてきている。すなわち，資源・エネルギーと環境の制約の下，これまでのような経済成長は持続不可能であり，必ず「成長の壁」にぶつかる（関志雄他編 2009）。省エネ技術の推進と共に，経済，社会の側面での制度的調整が必要であるが，環境問題のような外部不経済に対処するためには，国家的調整の役割は強調しなければならない。ただし，国家による直接的なコントロールよりも，国家的調整による市場的調整と制度的調整に対する規制と推進が必要なのである。

　本書では，主に二つ目のアプローチに属する議論，とりわけ，持続可能な発展を阻害する経済的な限界要因，社会的な限界要因の分析を行っているが，近年ではこれらの経済成長を制約する諸問題の解決に向けた動きも積極的になっていることは事実である。特に，胡錦涛・温家宝体制が発足して以来，科学的発展観に基づく「調和の取れた社会（中国語：和諧社会）」や「持続可能な発展（中国語：可持続発展）」という理念は，中国における社会経済システムの変革における主要なテーマとなっている。しかし，本書で取り上げた中国の経済成長と制度改革の過程で見られる諸問題は，依然として解決されず，持続可能な発展（Sustainable Development）が目指している目標との乖離はまだ大きい。

　Daly（1996, 2008）が強調しているように，持続可能な発展は「定常状態[12]」（stationary state）における質的改善を通じた発展を指す。ここでの「定常状態」は，環境的持続可能性を前提とし，経済的持続可能性を一つの手段とし，社会的持続可能性を最終目的・目標としながら，この三つの側面が均衡している状態である（矢口 2010）。このような持続可能な発展の定義に基づいて，デイリーは「成長志向の経済はすでに失敗しており，定常状態の経済に基づく質的改善」を通じた持続可能な発展へのパラダイムの転換をうったえている。また，量的成長の環境的制約の側面を強調しながら，既存の主

---

[12] J. S. Mill（1848）の『経済学原理』において初めて展開された概念であり，人口と物理的な資本ストックの増加がゼロであるのに，技術と論理は継続的に改善していくような状態を指す。

流経済学(新古典派経済学)における「GDPの量的拡大が,格差の是正,貧困の削減を通じて人々の生活水準の向上をもたらす」という主張を批判する。そして,国際資本移動の自由化に伴う国際貿易の経済発展に対する有効性の低下を強調しながら,IMF・世界銀行・WTOが主張する「自由貿易とグローバル化が,途上国の社会経済発展に対する促進作用」に対しても異論をたたき付けている(Daly 1996)。

さらに,植田(2010)は,発展(Development)の目的は,福祉(Well-Being)の向上にあるとし,その福祉の向上を実現する発展パターンが持続可能な発展であるという。すなわち,ある社会が目指すべき福祉の向上は,経済成長を追求すれば自動的に達成されるものではなく,GDPを廃止すればそれで済む問題でもないが,人間の自由の保障(Sen 2001)や一人当たり福祉の持続的向上(Dasgupta 2001)を中心に置いた発展観こそが,持続可能な発展への道である。

これらの持続可能な発展における「量的成長」に対する批判は,これまでの中国における経済成長の軌跡に対する批判でもあるし,経済成長率に対する盲目的な追求に対する批判でもあるように思われる。例えば,8%という経済成長の最低ライン(中国語:基本線)が,その代表的なものである[13]。もちろん,これは労働市場への新規参入者の就業問題を解決するという社会的安定に関わる目標でもあるが,これまでの資源,資本,労働力の投入量の増大に依存してきた経済成長は,いずれは成長の限界に到達する。

3.2 本書における成長体制分析と持続可能な発展の関係

これまでの中国における持続可能性に関する議論の多くが,環境の側面で行われているのが実情であり,最近では,資源・エネルギー,環境汚染などの側面から中国の経済成長体制を批判する声が高くなっている。しかし,持

---

13) このような最低成長ライン設定の弊害の一つとして,経済成長率が地方政府のトップに対する業績評価における一番重要な基準となっていることを挙げられる。成長率を最重要評価基準としていることから,GDP数値の水増しや,地方における秩序なき開発と建設をもたらしていることはよく知られている。

続可能な発展に関して，ヨハネスブルク・サミット[14]では，環境的持続可能性，経済的持続可能性，および社会的持続可能性の三つの側面を「相互に依存し，補強しあう支柱として統合することが持続可能な発展である」としている。つまり，環境，経済，社会のそれぞれの側面から中国の経済成長，および持続可能な発展問題にアプローチすることは，時代遅れの議論になってしまう可能性がある。

本書の中国における輸出主導型経済成長の限界性，および新しい成長体制への転換に関する分析も，上記のような経済的持続可能性，社会的持続可能性，および環境的持続可能性との関わりの中で行われている。特別な章立てによる議論はしていないが，マクロ需要形成，労働生産性上昇と賃金上昇の関係，産業構造の高度化，労働市場における雇用と所得の安全性，などの分析の背景には，経済的持続可能性のみならず，社会的持続可能性や環境的持続可能性への統合的な考慮が含まれている。

本書の分析は，以下のような四つの側面において，持続可能な発展と関わっている。

第一に，輸出主導型成長体制からの脱却をうったえている本書の主張は，持続可能な発展における自由貿易体制やグローバル化が，途上国の経済発展に対する貢献を過剰評価してはならない，とする持続可能な発展の基本的主張と軌を一にしている。近年，中国経済や中国との貿易額が，世界経済および国際貿易全体に占める割合が増加するにつれ，中国政府による外国資本や企業に対する規制を批判する声もアメリカを中心に高くなっている。現在のところ，中国政府は外圧に屈せず，国家的調整の役割をある程度維持しているが，現在のような輸出主導型成長体制が続けば，いずれは先進国が推し進める貿易自由化の波に呑みこまれる可能性は否定できない。

---

14) 1992年の「地球サミット」と呼ばれた環境と開発に関するUN総会における「アジェンダ21」の実施状況と実施過程で生まれた新しい課題などを検証するために，2002年8月26日から9月4日まで，南アフリカのヨハネスブルクで行われたUN総会である。特に，環境と開発に関する「宣言」と「実施計画」に関する国際的合意がなされた点で，高く評価されている。さらに詳しい国際社会における持続可能な発展理念の形成過程については，梁ジュンホ（2010）を参照せよ。

第二に，本書の分析が目指した新しい成長体制が，単なる内需主導型成長ではなく，労働市場制度改革，社会保障システムの転換を通じた雇用と所得の安全性に基づく，国内消費需要の拡大による消費中心の内需主導型成長体制である点である。本章の第 2 節でも述べたように，輸出に変わって投資が成長を牽引する投資中心の内需主導型成長体制は，まさに「成長主義」であり，持続可能な発展の論理と完全に矛盾する転換である。本書では，投資中心ではなく，消費中心の内需主導型成長体制へと転換するためには，生産性インデックス賃金（制度的調整）や最低賃金制度（国家的調整）などを通じた賃金上昇，および積極的な労働市場政策（国家的，制度的調整）を通じた雇用の増加が，国内消費需要の拡大に結びつくための諸施策を明らかにしている。

　第三に，産業構造の高度化に関する議論は，「質的改善」を謳う持続可能な発展の重要な内容である。本書の第 1 章では，中国における国内産業構造の高度化と輸出製品構造の高度化について分析し，第 2 章では，これらの産業構造の変化と相互補完関係にある賃労働関係の変化について明らかにしている。これらの議論は，「粗放型成長パターン」と呼ばれ，資源・エネルギーの浪費，環境汚染，低い投資効率，などと批判されている中国の経済成長が，成長（量的拡大）から発展（質的改善）への転換に向けて，産業の高度化と労働力の質的改善の両面で変化していることを示している。すなわち，これらの事柄は環境的持続可能性のみならず，社会的持続可能性の実現に関わる重要な問題である。

　第四に，第 8 章のフレキシキュリティに基づく中国の労働市場における柔軟性と安全性の分析は，成長体制の転換のみならず，持続可能な発展とも密接に関わっている。フレキシキュリティの究極な目標は，雇用と所得の安全性の確保による，働く人々の仕事と家庭生活の両立が可能な組合せ安全性の実現であり，労働市場の柔軟化を通じた企業の経営環境の改善や，競争力の強化ではない[15]。すなわち，経済成長のために進められる安全性の拡大を

---

[15] 韓国におけるフレキシキュリティの議論が，その代表的な例である。フレキシキュリティ戦略を労働市場の改革に導入することに積極的な韓国においては，持続可能な発展の視点が欠如し，経済構造調整，企業の経営環境改善，国際競争力の向上，経済成長などの側面に偏っており，社会的持続可能性の視点から分析したものはほとんど

伴わない柔軟性の拡大は，消費需要の拡大に対する制約から，経済成長の持続可能性を損ねるだけではなく，人間生活の質的改善および福祉の向上を妨げ，究極的には社会的持続可能性の阻害となる可能性が高い。

4 結　　論

　本章では，輸出主導型成長から消費中心の内需主導型成長への転換過程で解決しなければならない課題を検討し，成長体制の転換が成長から持続可能な発展へというパラダイムの転換に対する影響について説明した。本章の主な主張をまとめると，以下の三点が挙げられる。

　第一に，中国経済は輸出主導型成長から脱却し，新しい成長体制への転換が必要であるが，その成長体制は，政府の財政投資の拡大を通じた投資主導型成長体制ではなく，国内消費需要の拡大を通じた消費中心の内需主導型成長体制である。なぜならば，投資主導型成長は，財政的限界に加えて社会経済的・環境的側面からの効率が低いゆえに，経済的持続可能性のみならず，環境的持続可能性，社会的持続可能性にも乏しいからである。

　第二に，消費中心の内需主導型成長体制へ転換するためには，本書が詳しく分析してきた，雇用・賃金制度，社会保障制度，教育・訓練制度などが相互作用する労働市場における諸問題の解決以外にも，格差の是正，社会中間層の拡大，農業・農村・農民からなる三農問題の解決など，多くの課題をクリアしなければならない。

　第三に，本書における成長体制の転換，国内産業構造の変化，労働市場における柔軟性と安全性の変化などに関する分析は，「成長」から「持続可能な発展」への転換と密接に関わる事柄である。経済成長主義から脱却し，働く人々の仕事と家庭生活のバランスをとれる社会的な持続可能性を目標とすることは，中国における「調和の取れた社会」の構築や「持続可能な発展」の理念の実現に貢献できる。

見られない（厳 2010）。

終　章

中国経済発展の
レギュラシオン理論

1　はじめに

　これまでの各章において，1990年代以降の中国における輸出主導型成長体制に基づく経済発展の実態，および成長体制と密接に関わる国内制度変化における国家的調整メカニズムについて明らかにした。その実証分析の理論的バックボーンは，成長体制および調整様式の分析を通じて，資本主義の時間的可変性と空間的多様性を分析しているレギュラシオン理論であった。特に，レギュラシオン理論における諸制度形態間のヒエラルキー（階層性）を重視した制度的補完性アプローチを参考に，中国における経済発展と制度変化の相互関係の実態を解明することを目指した。

　レギュラシオン理論の理論的枠組みに基づいて言うと，本書の内容は，成長体制（蓄積体制）としての輸出主導型成長と，調整様式（レギュラシオン様式）の基軸としての国家的調整との整合性に関する分析である。レギュラシオンという概念は，英語における政府による統制の意味合いが強い「規制」ではなく，体制内部の諸要素間の競合・対立・闘争を経て統一される「調整」，「調節」，「制御」を表すフランス語の régulation に由来している。このようなレギュラシオンという概念の意味合いを正確に理解すると，本書が提起している国家的調整という中国の調整様式の基軸が，中国の計画経済時代における国家による「統一管理」とは異なる概念であることが分かるだろ

う。とりわけ，本書でいう国家的調整という調整様式は，市場的調整や制度的調整と共存しているが，ヒエラルキーの上位に位置し，後の二つの調整様式の変容を方向付けているのである。

本書はレギュラシオン理論の入門書ではないため，その理論展開に関する詳しい説明は省いている。レギュラシオン理論が誕生して30数年が経ち，その理論的発展はもちろんだが，分析対象も製造業から情報・金融へ，OECD諸国からアジアやラテンアメリカなどの諸国や移行経済諸国へ，賃労働関係から国際体制・金融体制へと広がり，社会経済学（Political Economy）の重要な構成部分として進化を続けている[1]。しかし，レギュラシオン理論に基づく中国の経済発展に関する実証分析は，現在のところまだ存在しない[2]。本書では，この成長と危機，資本主義の時間的可変性と空間的多様性を分析する理論的枠組みに基づいて，中国経済発展の実態を解明することを目指した。

この終章の目的は，本書がこれまでに行った中国の経済発展と制度変化に関する実証分析とそのインプリケーションを，レギュラシオン理論の枠組みに基づいて整理することである。本章の2ではまず，中国における成長体制として輸出主導型成長と，調整様式の基軸としての国家的調整のメカニズムを概括し，3では，レギュラシオン理論における資本主義多様性に関する議論に基づいて，中国の社会主義市場経済システムの独自性を説明する。そして最後の4では，今後の課題について述べる。

2　中国経済発展のレギュラシオン

レギュラシオン理論では，第2次世界大戦後の資本主義経済の黄金期（約30年間）を支えた成長体制を「フォーディズム」と規定している。フォー

---

1) 山田（2005）を参照。
2) 中国におけるレギュラシオン学派（中国語：調節学派）に関する一般的な紹介は，李（2004）や呂（2009）などにおいてなされている。

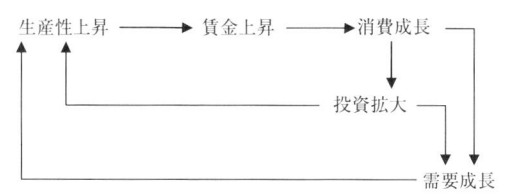

```
生産性上昇 ──→ 賃金上昇 ──→ 消費成長
   ↑    ↑                    │
   │    │         投資拡大 ←──┤
   │    │            │       │
   │    └────────────┼───────┤
   │                 ↓       ↓
   └──────────────── 需要成長
```

図 10-1　賃金主導型成長
出所：山田 (2001), p. vii。

ディズム[3]とは，要約して言えば，「生産性インデックス賃金—テーラー主義」の調整様式に立脚する「大量生産—大量消費」の成長体制のことである (山田 2005)。図 10-1 で示しているように，フォード主義的労使妥協 (テーラー主義的労働編成の原理を受け入れる代わりに，生産性上昇率に等しい賃上げを行うことの制度化) が，需要レジーム (生産性上昇から需要成長に至る経路) と生産性レジーム (需要成長から労働生産性上昇に至る経路) からなる蓄積体制における好循環を支えた。1970 年代以降，テーラー主義的労働編成の疲弊と，生産性上昇を上回る賃金上昇による利潤率低下とが投資需要の拡大を妨げ，生産性上昇の源泉が徐々に枯渇した。結果，フォーディズムは構造的な危機に陥り，先進資本主義諸経済は多様な国民的軌道 (成長体制) へと進んでいくことになった[4]。しかし，ボワイエが指摘したように，第二次大戦後から 1970 年頃までの主要な先進資本主義経済が「基本的にはフォーディズムモデルに沿った国民的諸軌道」(Boyer, 1990) を辿ってきたことから，フォーディ

---

[3] フォーディズムという用語は，1920 年代にベルトコンベアに基づく流れ作業を導入して大量生産を可能にし，他方で自社製品の販路を拡大するために高賃金政策を採用したアメリカの自動車メーカー・フォード社 (およびその創始者の 1 人であるヘンリー・フォード) に由来している。しかし，レギュラシオン理論における「フォーディズム」とは，資本蓄積の中長期的な発展を可能にする社会的経済的規則性の総体を指し，それにはテーラー主義的労働編成，労使間の妥協に基づく生産性インデックス賃金上昇という所得分配，勤労者の賃金上昇に伴う大量消費需要の形成，および労働者の再生産などの技術的制度的諸要因も含む (宇仁・坂口・遠山・鍋島 2004)。

[4] アフター・フォーディズム時代における国民的軌道の分岐を示す先進資本主義国の労働編成と所得分配の多様性に関しては，宇仁・坂口・遠山・鍋島 (2004, pp. 327-331) を参照せよ。

ズムの解明に向けた理論的枠組みや分析視角は,レギュラシオン理論の重要な構成部分として,今日の制度的補完性に基づく資本主義の多様性分析の出発点にもなっている[5]。

本書の実証分析では,1990年代以降の中国の成長体制を「輸出主導型成長体制」と規定し,調整様式の基軸を「国家的調整」と規定した。以下では,本書で取り上げた,中国の経済発展と制度変化に関する多くの事柄を,レギュラシオン理論の成長体制概念と調整様式概念と明示的に結びつけて整理する。

2.1 中国の成長体制

本書では,1990年代以降の中国において,東南沿海部に集積している輸出産業の発展が,マクロ経済成長,雇用拡大,労働生産性上昇,産業構造の高度化,および制度変化を牽引していることから,1990年代以降の経済成長体制を輸出主導型成長として規定している(第1章参照)。1970年代までの資本主義経済における黄金期を特徴づけたフォーディズム体制が,二度にわたる石油ショックによって,その終焉を迎えた後,世界経済はグローバル化という荒波の中に突入した。そのなかで,フォード主義的労使妥協は,アメリカをはじめとする多くの国で放棄された結果,図10-1が示しているようなフォーディズム(「大量生産―大量消費体制」の好循環)は崩壊し,先進資本主義経済は危機の中で新たな成長体制と調整様式の結合を模索していく。

結果,各国のマクロ経済的パフォーマンスも多様化していくが,それを決定するのは,経済規模(市場の大きさ)やイノベーション能力だけではなく,さまざまな制度も生産性レジームと需要レジームに影響を与えることを通じてマクロ経済的パフォーマンスを左右する(第3章参照)。フォーディズムの崩壊以降,制度化された労使妥協が維持されていたドイツやスウェーデンなどの北欧諸国と,完全に放棄したアメリカをはじめとする市場主導型経済に

[5) 例えば,日本におけるレギュラシオン理論の理論的展開や日本資本主義分析も,「フォーディズム論争」からはじまったのである。詳しくは山田(2005)を参照せよ。]

おけるマクロ経済的パフォーマンスの違いは多岐にわたるため，一概に優劣をつけることはできない。しかし，グローバル化戦略のもと，労働者に賃金抑圧と労働強化を押し付けてきたアメリカと，共同決定制度などを通じて，労働組合が交渉力を維持しているドイツ（ボワイエ 2010）において，労働者への生産性上昇成果の配分の割合や配分の平等度は著しく異なる。

　フォーディズム崩壊以降のグローバル化の過程において，各国経済がアメリカのような市場主導型モデルへ収斂していくという説が有力となったことがある。この収斂説への反論の根拠として，アメリカ経済よりもすぐれた社会・経済パフォーマンスを示した成功例であるドイツと日本のモデルがとりざたされてきた[6]。日本モデルは次の3点によって特徴づけられる。第一に，「トヨティズム」として世界中で称賛されたミクロレベルでの効率的な日本的経営，第二に，投資主導→消費主導→輸出主導というマクロレベルでの連続的需要構造変化（宇仁 1998），第三に，「企業主義的レギュラシオン」（山田 1999）とよばれる補完的諸制度である。その日本モデルのなかから，1980年代における輸出主導型成長体制（蓄積体制）の構図を簡単にまとめると，図10-2のようなマクロ的好循環が描かれる（宇仁ほか 2003）。

　とりわけ，輸出財部門における高い労働生産性上昇，賃金上昇の抑制（生産性上昇率を下回る賃上げ），円安（対ドルの輸出財購買力平価は円高傾向にあったが，実勢レートは円安状態で推移した）が，日本の輸出製品の価格低下と需要の拡大をもたらし，輸出需要の拡大が国内の投資需要をも促進する形で，マクロ全体の需要成長を支えた。しかし，このような輸出主導型成長は，国内における生産性上昇の成果を海外に漏出させ，国内の労働者に対する配分を低下させる。そして，世界第2位の経済大国の日本における輸出拡大は，貿易相手国（特にアメリカ）における貿易赤字を累積させることによって，為替レートの修正と輸出の自主規制をアメリカなどから迫られたのである。

　一方，図10-3に示しているように，1990年代以降の中国の輸出主導型成長体制のメカニズムも，基本的には上記のような輸出主導型成長体制の基本

---

[6] 資本主義の多様性研究の歴史的な軌跡を辿ると，アメリカ型の市場主導型経済の対極として，ドイツのライン型（Albert, 1991），社会契約的コーポラティズム国家モデル（青木 2001），日本モデルなどが取り上げられてきた。

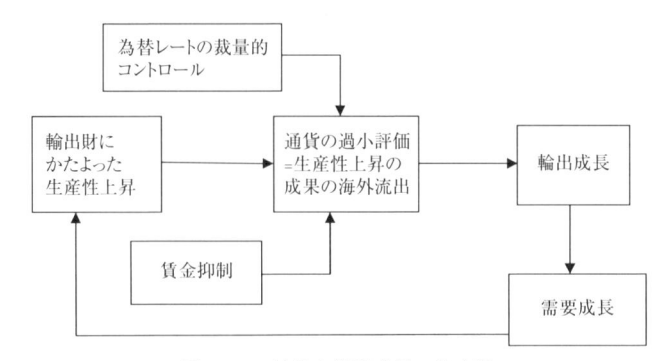

図 10-2 輸出主導型成長の基本型

出所：宇仁ほか（2003），p.2。

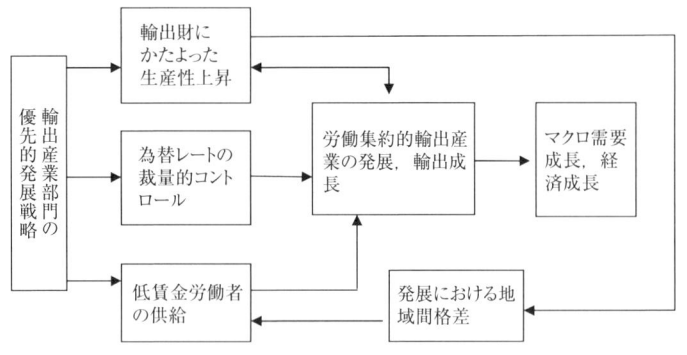

図 10-3 中国の輸出主導型成長体制

出所：上記の図 10-2 を参考に筆者作成。

的特徴を有している。大きな違いは，中国の輸出主導型成長の方が，国家によるコントロールの色彩がより強い点と，外資への依存度が高い点であろう（第1章，2章参照）。すなわち，このような成長体制の構築自体が，国家の発展戦略と改革を通じた制度変化に大きく依存しており，政府の政策的関与が強く現れている。また，この輸出主導型成長体制は，近隣アジア諸経済（日本やNIEs）における，国内賃金上昇や自国通貨の対人民元為替レートの上昇，および多国籍企業のグローバル経営志向の高まりに伴う生産拠点の海外移転と密接に関わっていた。

特に，海外からの直接投資は，1992年の鄧小平の「南巡講話」からはじ

まった社会主義市場経済システムの構築に伴い急速に増加してきたが，その多くは労働集約型産業および製造工程の中国への移転であった（第1章参照）。しかし，海外直接投資がもたらしたのは，単なる資金だけではない。とりわけ，これらの海外直接投資は，単なる資本や技術の個別の移転ではなく，企業経営に必要なほとんどすべての経営資源[7]の「パッケージ移転」であり（渡辺 2010），中国の輸出主導型成長を支える大きな原動力となった。

1990年代における需要レジーム関数と生産性レジーム関数の変化は，海外直接投資による輸出財部門の生産と輸出需要拡大の影響を多く受けていたことは第3章で説明した。そして，海外直接投資による中国国内での生産拡大は，本国からの中間財の輸入と完成品の逆輸入を拡大させる形で，中国の経済成長の国際的波及効果は大きく拡大していくのである（第4章，5章参照）。本書の第Ⅱ部では，主にこれらの国際的波及の実証分析を行っているが，その影響はもはや繊維産業のような労働集約型産業（第6章参照）だけではなく，自動車産業のような資本・技術集約型産業（第7章）においても明らかになっている。

しかし，このような国家による政策的なバックアップに強く支えられて維持されてきた中国の輸出主導型成長体制の限界性は明らかであり（第1章，9章参照），かつての日本における輸出主導型成長（1980年代）が，フォーディズムに代わる新しい成長体制ではなく，その危機の一部修正の上に成り立つ，アフター・フォーディズム時代における一時的な成長体制であるに過ぎなかった（宇仁 1998）ように，その持続可能性は乏しい。もちろん，日本において輸出主導型成長体制が維持されていた期間に比べると，中国における輸出主導型成長体制はかなり長く持続しているようにも見えるが，それは，国家による制度改革やマクロ的コントロールが，当時の日本よりも強く影響

7）ここでの経営資源（management resources）とは，小宮隆太郎の言葉を借りれば，「企業経営上のさまざまな能力を発揮する主体であり，外面的には経営者を中核とし，より実質的には経営管理上の知識と経験，パテントやノウハウをはじめ，マーケティングの方法などを含めて広く技術的・専門的知識，販売・原料購入・資金調達などの市場における地位，トレード・マークあるいは信用，情報収集・研究開発のための組織を指す」（渡辺 2010, p. 148）。

していることによるところが多い。

　現在の中国における輸出主導型成長は，国際的には，当時の日本が直面したような為替レートや貿易収支不均衡の修正圧力を受けているのみならず，国内的にも次のような矛盾を抱えている。つまり，輸出部門（輸出財産業と輸出が集積している東南沿海地域）から内需部門（投資・消費財産業と内陸地域）への波及効果が限定され（第4章，7章参照），産業・地域間格差はますます拡大している。2000年代の半ばから，中国政府は新しい成長体制への転換を試みているが，その転換には実に多くの解決しなければならない課題が存在し，その前途は必ずしも明らかではない。特に，成長体制を転換するには，その社会的・経済的規則性を維持するための調整様式の転換が必要であるが，それには，政治改革をはじめ，さらに多くの解決すべき課題が山積している（第9章参照）。

2.2　調整様式

　上記の輸出主導型成長体制が立脚している調整様式（レギュラシオン様式）の基軸を，本書では「国家的調整」として規定している。この国家的調整は，資本主義における国家による規制とも異なり，従来の計画経済時代の「国家の管理」とも異なる。国家的調整は市場的調整と制度的調整と同じく一つの調整様式ではあるが，階層性（ヒエラルキー）の上位に位置し，後の二つの調整の内容と変容を方向づけていることは，すでに説明した（序章，第2章参照）。

　レギュラシオン理論における調整様式という概念の重要性については本章の冒頭で述べた。フォーディズム時代における制度化された労使妥協は，アフター・フォーディズム時代では，アメリカをはじめとする市場主導型資本主義においては完全に放棄されたが，そのほかの国々では（程度の差はあれ）残されていることから，アメリカ資本主義との制度の違いが説明される。さらに，制度諸形態における補完性と階層性の相違から，現代資本主義における産業競争力や生産システム，とりわけ，「社会的イノベーション・生産システム」の違いが説明される（Amable, 2003）。

このような一つの国における，ある時代の国際比較優位を決定づける「社会的イノベーション・生産システム」は，その根本をなす制度的基礎に依存しているが，これらの制度の中身，および制度間の補完性を考える際に，レギュラシオン理論は制度的階層性（ヒエラルキー）を強調する。制度的階層性に関する論争――それぞれの時代において，ヒエラルキーの最上位にある制度形態はなにか――は，現在も続いている（第2章参照）。これまでのレギュラシオン理論における資本主義多様性が依拠する制度的階層性の議論において，フォーディズム時代では賃労働関係が，アフター・フォーディズムのグローバル化時代では国際体制と競争形態が，そして，サブプライム危機までのアメリカ金融主導型成長体制では貨幣・金融制度がヒエラルキーの最上位に君臨し，他の制度形態を支配・規定してきた。

　この階層性の最上位にある制度は，社会的・分配的コンフリクトをめぐる政治的均衡ないし政治的妥協の産物として存在し，社会・政治勢力の死活に関わる（山田 2005）。本書では，中国においては，「国家形態」という制度が諸制度の最上位に位置していると考えている。とりわけ，「全国民に対する高度成長の恩恵と引き換えに共産党が政治権力を独占する」という基本的な妥協（ボワイエ 2010）の下，国家がほかの四つの制度形態――賃労働関係，貨幣・金融制度，競争形態，および国際体制への編入――を規定し，その階層性のもとで中国独自の制度的補完性が生まれるのである（第2章，8章参照）。

　このような階層性に基づく補完性の総体としての調整様式（レギュラシオン様式）が，ある特定の社会における諸主体の相互に矛盾した対立的な行動を調節し，成長体制（蓄積体制）の全体的な原理に適応させようとする。本書における「国家的調整」というレギュラシオン様式は，中国における輸出主導型成長体制を維持し，「操縦」する要素として，現在に至る中国の経済発展を支えている。さらに，本書の分析の中心的な課題でもある「成長体制の転換」は，この調整様式の転換とも密接にかかわり，二つの転換は相互促進，相互依存的な関係にあると言える。そして，「国家的調整は，市場的調整と制度的調整と共存しながら，後二者の内容の充実や役割拡大をコントロールしている」，という三つの調整様式間の関係は変化のさなかにあるこ

とは確かであるが，中国における政治・社会システムの現状を考慮する限り，三者間の構図が短期間で劇的に変化し，市場的調整，もしくは制度的調整が主導的な地位に立つような新しいレギュラシオン様式が出現すると予測することは，あまり現実的ではない。

　しかし，「国家的調整」が，計画経済時代のような「国家の管理」ではないということによって，「国家（政府）の失敗」をある程度克服しているとは言え，完全に乗り越えることにはならない。本書で取り上げた，波及効果の限界，地域間・産業間の格差，労働市場制度，教育・訓練システム，社会保障制度などにおける諸問題は（第2章，8章参照），国家的調整における欠陥の一部としてみることもできる。さらに，最近の中国における権力と利益の結合としての腐敗（レントシーキング）の蔓延と悪しき官僚主義の復権は，資源配置の効率性低下，生産コストの上昇，市場価格のゆがみ，公共財としての行政サービスの需給不均衡とそれへのアクセスにおける不平等など，さまざまな問題を引き起こしている（許 2010）。

　これらの問題を解決するための処方箋として，中国経済学界の「新自由主義者」たちは，「市場経済化をさらに徹底し，小さな政府，私有財産権の確立と市場経済に基づいた効率的な所得分配」を主張している。とりわけ，市場的調整のさらなる拡大を主張している。一方で，「新左派」は，「市場経済自体を問題視し，結果の不平等をもたらす私有財産制度と自由市場経済をなくし，公有制を維持する」ことを主張している[8]。とりわけ，市場的調整に反対し，国家の介入を拡大させることを主張している。もちろん，これまでに何度も説明したように，このような「国家的介入」は，本書でいう「国家的調整」とは異なる。

　ボワイエ（2004）が述べたように，「純粋市場も，国家も，ましてアソシエーションやコミュニティも，単独では効率的システムの基盤とはなりえないのであるが，それらの結合は，純粋システム，つまり単一のロジックに支配されたシステムよりも，はるかに満足すべき力を発揮しうる」。市場か

---

[8] 中国の経済学界における，小さな政府と市場経済を標榜する「新自由主義者」と公平性を重視するという旗を掲げる「新左派」の対立論点，代表的人物と主な主張，およびその理論的形成に関しては，関（2007）において詳細に整理されている。

国家か、という二元論的思考ではなく、この国家的調整も含めて、市場的調整、制度的調整の中身や役割、さらに三者の間に存在する補完性と階層性を考慮しながら、その国その時代にとって望ましい経済調整の仕組みを構築することが重要なのである。

3　新しい市場経済システムの誕生か

3.1　世界経済システムの多様性

　先進資本主義経済における成長体制はフォーディズムの崩壊以降、多様な国民的軌道をたどり、各国における成長体制と調整様式の違いから、資本主義の空間的多様性はますます鮮明になった。表10-1は、ボワイエ（2004）によって説明された、現代資本主義における四つの類型――市場主導型、メゾ・コーポラティズム型、公共的/統合型、および社会民主主義型――に、中国の国家的調整型を加え、五つの社会経済システムを規定している総体的ロジックと支配原理、および調整様式を示している。とりわけ、本書の序章で提示したように（表0-1を参照）、中国の国家は「社会単位での権力・命令ベースの制度的調整」つまり「規制」の実行主体として役割を果たすだけではなく、「国家的調整」を通じて市場的調整と制度的調整の変化をコントロールするという役割をもつ。このような中国独自の経済調整の総体的ロジックとレギュラシオン様式の特徴を加えたものである。

　昨今のサブプライムローン問題を発端とする世界金融危機の波及と危機からの回復過程において、世界各国は、それが依存している総体的ロジックと支配原理とレギュラシオン様式の違いに基づいて、異なる対応とパフォーマンスを示している。とりわけ、アメリカの金融主導型成長体制への信任は崩壊し、世界経済システムが標準的な形態の資本主義に向けてやがて収斂していく、という仮説はもはや非現実的になった。世界の社会経済システムは一層多

表 10-1 レギュラシオン理論による資本主義の多様性

	総体的ロジックと支配原理	レギュラシオン様式の特徴
市場主導型（例：アメリカ）	市場ロジックがほとんどすべての制度諸形態の編成原理	精緻な法的装置のコントロール下での非常に広範囲の市場的調整
メゾ・コーポラティズム（例：日本）	生産が多様化された大規模生産単位内での連帯と可動性の原理	企業単位でのコーディネーション，市場と国家は二次的役割
公共的/統合型（例：フランス）	生産・需要・制度的コード化の面での公共的介入が生み出す経済循環	マクロ経済的調整の中心は国家，市場と企業は国家のゲームルールに従う
社会民主主義型（例：北欧諸国）	社会・経済の多部分の構成要素を規制するルールに関する社会的パートナー間の交渉	制度諸形態の中核には，政労使という三者間の交渉がある
国家的調整型（例：中国）	集権的計画経済からの脱却，単一政党と政府支配下での市場ロジックと社会交渉原理の漸次的拡大	ヒエラルキーの最上位にある国家的調整のコントロールに基づく，市場的調整と制度的調整の役割拡大

出所：ボワイエ（2004, pp. 119-120, 表 5）に一部追加。

様化し，レギュラシオン理論が見出す資本主義の類型はさらに増加した[9]（ボワイエ 2010）。

　その中でも，厖大な人口に基づく巨大市場，低価格（低付加価値）製品の国際市場における比較優位，さらに強力な政府による景気刺激策によって，世界に先立って回復し，世界経済の回復を牽引している中国経済に注目が集まっているが，その背景にあるのが本書で分析した中国の成長体制と調整様式の独自性である。

---

[9] ボワイエ（2010）は，世界各国における自然資源や制度的組織的能力の賦存状況が多様であることから，各種の制度的構図間の補完性の追求が促進され，金融支配型（アメリカ，イギリス），従属金融型（ハンガリー，アイルランドなど），イノベーション/輸出型（ドイツ，日本），レント型（石油賦存に依存するロシア，中東諸国など），大陸経済型（中国，インド，ブラジル），不利な国際的編入によって支配されるハイブリッド型（アルゼンチン，メキシコなどのラテンアメリカ諸国），および世界市場からの切断型（アフリカ諸国）などの七つの類型を提示している。

3.2 社会主義市場経済システムの独自性

　本書の中心的な概念の一つとしての「国家的調整」という調整様式の中身が，従来の計画経済における「国家の管理」，資本主義における「国家による規制」などと異なっていることは，これまでの分析から明らかになった。以下では，このような国家的調整に基づく社会主義市場経済システムの独自性を説明する。

　「市場経済」という表現は，改革開放の当初（1970年代末）までは論ずること自体もタブー視されていた。1980年代においては，「社会主義商品経済」，「計画経済を主とし，市場経済を補助とする（中国語：計画為主，市場為補）」，「国が市場をコントロールし，市場が企業を誘導する」，などの表現が使われ，1990年代において，紆余曲折を経て，「社会主義」と「市場経済」がはじめて結合し，「社会主義市場経済」（1993年11月の中国共産党第13期大会第3回中央会議）という概念が成立した。これにより，長期に渡る「計画」vs「市場」の論争は，後者の勝利という形で幕を閉じた（関2007）が，現在の中国における社会経済システムに関する「資本主義」vs「社会主義」の論争は終わっていない。とりわけ，日本をはじめ，海外の多くの研究者が，もはや中国は「社会主義ではなく，資本主義と呼ぶべき」であると主張している。また，「名称がどうあれ，その本質はすでに資本主義である」という指摘は，至るところから目にすることができる。

　本書では，この「社会主義か資本主義か（中国語：姓社姓資）」という生産的でない論争に加わることはしないが，あえて言うのであれば，筆者は基本的に，鄧小平の次のような見解に同意する。「計画が多いか，それとも市場が多いかでは，社会主義と資本主義を本質的に区分することはできない。計画経済イコール社会主義ではなく，資本主義にも計画がある。また，市場経済イコール資本主義ではなく，社会主義にも市場がありうる。計画と市場はどちらも経済調整の手段である」（鄧小平1993）。そのうえで，本書の分析対象である中国の「社会主義市場経済システム」における調整様式 —— 国家的調整に基づく，市場的調整と制度的調整の役割の漸次的な拡大 —— と，それに立脚する輸出主導型成長体制 —— 国家による経済発展戦略と政策的

な推進に強く依存している —— が，これまでの先進資本主義諸国における調整様式と成長体制とは，本質的に異なっており，独自なものであることは強調されなければならない。

一方で，「市場経済」である以上，中国の「社会主義市場経済システム」においても，商品価格，賃金，利潤，利子，株価，地価などの様々な経済変数が存在している。現代の先進資本主義諸経済においても，これらの変数が純粋に市場メカニズムの調整によって決定されていない[10]のと同じく，中国においても上記の経済変数は，市場の需給状態の影響を色濃く受けていることは言うまでもない。しかし，本書が提示しているように，国家的調整の存在により，上記の諸変数に対してもっとも大きな影響力をもつのが国家である。もちろん，ここでいう国家的調整は，従来の計画経済時代の国家による集権的な「管理・支配」とは一線を画すものである（序章参照）。すなわち，本書における国家的調整とは，市場的調整や制度的調整と共存しているが，ヒエラルキーの上位に位置しているレギュラシオン様式なのである。

このような国家的調整を基軸とする経済調整様式のもと，上記の諸変数は市場的調整の影響を受けながらも，他の二つの調整，特に国家的調整のコントロールによって比較的に安定的な動き（物価や利子率，為替レートなど，多くの変数に関して政府がその変動幅をコントロールしている）を示している。商品価格は，市場の需給状態の影響を受けるようになり，「価格調整」が主となっているが，国家による「数量調整」の余力と範囲は依然大きい。政府は，今も存続する大型国有企業の経営に対する直接的関与は避けているが，人事権や行政指導力を維持することを通じて国有企業の経営に影響を及ぼしている。また，行政指導以外にも，財政政策や金融政策を通じて選定された産業や企業に対し，補助もしくは規制をしながら，市場における需給ギャップを安定させる努力をしている。とりわけ，資本主義における寡占企業のマー

---

10) 逆説的ではあるが，新古典派経済学者たちのような完全市場の信奉者の主張，つまり「市場の機能を阻害するすべての要因（公的介入や制度の影響など）を払拭すれば，市場メカニズムによる最適な資源配分が達成されうる」という主張も，これらの経済変数が，実際には市場の需給状態以外のさまざまな要因に影響されている事実を認めていることになる。

クアップによる価格決定方法は強く制限されている。

このような政府のコントロールに基づく数量調整は，賃金の決定においても明らかである。もともと供給が需要を大きく上回っている中国の労働市場において，賃金が市場の需給ギャップによって決定されることには弊害が多く，賃金決定は主に国家的調整によって行われる。また，中国における労働組合が賃金決定に対する限定的な影響から，制度的調整（労使協議に基づく大陸ヨーロッパや社会民主主義国家型の賃金決定システム）の割合はそれほど大きくない（第2章，第8章参照）。政府は，農村余剰労働力の秩序ある移動の促進や「賃金指導ライン制度」の策定，などを通じて賃金決定に影響を及ぼしている。

そして，国家的調整は企業の投資と利潤率の決定においても見られる。投資に関して言うと，90年代以降における国有企業改革の深化は，国家が計画的に管理・支配していた投資決定メカニズムを弱体化させた。投資は基本的に企業の自主的な決定に基づいて行われている。しかし，国家によるコントロールがなくなったわけではない。とりわけ，政府は残された国有部門の投資決定に関する行政介入以外でも，金融政策や財政政策を通じて社会全体における投資額の変動をコントロールしている（第3章参照）。また，産業政策を通じて特定の産業部門や企業の投資に影響を及ぼしている。結果，私的部門の増加により投資の弾力性は高まったが，経済全体における投資は90年代以降，比較的に安定的な推移を示している（図9-1参照）。2008年以降，輸出部門の投資は世界金融危機の影響を受け大きく減少したが，政府による大型財政拡大策による内需関連投資が増加し，投資全体の低下幅は比較的に小さかった。ケインズがいう「投資の社会化」は，現在においても維持されていると言える。

その結果，利潤（率）も資本主義において一般的な「投資による利潤支配」の傾向が見られる一方，国家による価格，賃金，利子，補助金等に関する国家的調整の影響を強く受けている。本書の第3章で示した工業部門における利潤率の変化（図3-1参照）は，その一例である。市場における供給過剰による商品価格低下，および賃金シェアの増加が企業の利潤を低下させると，金融の引き締め（利子率の引き上げを含む）や公的企業（国有企業と集団所有企

業）の余剰労働力の放出 ―― 賃金シェアの調整 ―― する，などの政策や改革を通じて利潤率を回復させている。とりわけ，企業の利潤シェアに対する国家的調整の影響は依然として残されている。

　また，バブル傾向にある不動産投資への注目度が高くなるにつれ，現在の「土地の所有権と使用権の分離」に関する議論も激しくなっている。社会主義の中国において，土地の所有権は国が有し，企業や個人はその使用権しかもっていない。市場経済の深化に伴い，所有権制度も整備されているが，土地の私的所有権は認められておらず，市場の需給状況によって変動する地価は土地使用権の価格である。しかし，土地は比較的長い（住宅用地 ―― 70年，工業用地 ―― 50年，商業用地 ―― 40年，農業用地 ―― 30年）使用期間が法律によって保護されている。とりわけ，私有制に近い形をとりつつも，その完全な所有，および自由な売買・譲渡は制限され，中国の公有制（もしくは社会主義）的性格を裏付ける重要な側面となっている。

　そして，利子率に加え，行政的な指導によって，中国の金融・資本市場は強くコントロールされている。資本主義における証券（株式・債券）市場は，資本の効率的かつ最適な配分を目的としているが，中国の証券市場は当初から「国有企業に傾斜し，国有企業への融資に奉仕する」ことを目的としていた（呉敬璉 2003，2007）。現在でも，大半の非流通株は国家によって所有されている（序章参照）。また，政府による株価対策（アナウンスメント効果も含む）が頻繁に行われている。このような政府の強い関与は，金融・資本市場の健全かつ自由な発展を阻害する側面もあり，国内においても国外からも批判が多い。しかし，国家による信用システムに対する確実な統制に基づく中国の金融システムは，今回のような世界金融危機による影響を抑え，復活を支えていることから，アメリカ的市場主導型金融システムに対するオルタナティブとして注目されている（ボワイエ 2010）。さらに，為替レートや外国資本の流入に対する強いコントロールは，国内における成長戦略の確実な実行や国外経済変動による影響を最低限に抑えることを可能にした。

　上記のような市場経済の諸変数に対する国家的調整は，「社会主義市場経済システム」の独自性，さらには中国の経済調整の「社会主義」的特徴を構成する主要な要因であると言える。「ビッグバン・アプローチ」を採用した

ロシア・東欧諸国に比べ，中国の漸進的改革による体制移行の経済パフォーマンスと社会の安定が優越していることも，このような国家的調整の存在に依存するところが多い。とりわけ，国家的調整を基軸としながら市場的調整と制度的調整の役割を徐々に拡大させていく，という中国の経済調整は，旧体制の周辺で新体制を育成，発展させ，新体制の成長を通じて旧体制を改革するための条件を創出する（樊鋼 2003），という中国の漸進的改革の成功の基となっていると言える。

4　結びにかえて

　本書の中心的課題は，1990 年代以降における中国における輸出主導型成長体制の理論的，実証的解明であった。今日の世界経済がサブプライムローン危機を発端とする金融危機の影響からの脱出に向けて，新たな成長体制と調整様式を模索し始めている中，中国政府は内生的かつ自己求心的な成長 ── 消費中心の内需主導型成長 ── への転換を掲げ，国内市場刺激に向けた漸進的な再編をはじめているように見える。とりわけ，国家形態を諸制度のヒエラルキーの最上位に置いた，国家的調整，市場的調整および制度的調整の結合に基づく中国の成長体制は，既存の先進資本主義諸経済の発展過程では見られなかった新しい社会経済システムの発展様式（mode of development）を構築し，今日の世界経済システムをさらに多様化させている。

　上記の中国における成長体制と調整様式の実態解明に関する分析は，理論的に，現代資本主義の時間的可変性と空間的多様性の分析を中心的課題とするレギュラシオン理論の分析枠組みを多く取り入れているが，その他にも社会経済学，制度経済学，開発経済学，国際経済学，および労働経済学などの多くの先駆的研究からの示唆に依存している。しかし，急速な経済発展に伴う社会変容のすべての側面を捉えきれない困難さ，そしてなによりも，本書のレギュラシオン理論に基づく中国経済発展の実証分析，フレキシキュリティ，持続可能な発展，などの多くの内容が，まだ試論的研究の段階にあることから，20 年間に渡る中国経済の発展に関する本書の理論的，実証的分

析には，多くの課題が残されている。それらをまとめると，主に以下のような四つの領域に関する課題である。

　まず，中国経済発展の理論的考察に関しては，成長体制と調整様式というレギュラシオン理論の中心的な概念から出発して，階層性に基づく制度的補完性の解明を試み，諸制度間の補完性によってもたらされる調整様式として「国家的調整」という新しい調整様式概念を定義している。しかし，宇仁(2009)が指摘しているように，単に補完性を論じるだけでは不十分であり，市場的調整や制度的調整との関係を明らかにすることが必要である。本書では，市場的調整と制度的調整と，それらの上位にある国家的調整との間に存在する関係については，概ね後者による前二者のコントロールという側面を強調しているが，その関係の変化についてはそれほど詳しく分析することはできなかった。特に，輸出主導型成長体制から消費中心の内需主導型成長体制へ，という成長体制の転換は，かならず，調整様式の転換を伴わなければならないが，この調整様式の転換過程で，三つの調整様式の内容，および相互関係の変化は，これからの大きな課題として残っている。

　次に，本書における実証分析は，基本的に「社会的イノベーション・生産システム」としての輸出主導型成長体制，というマクロレベルでの経済動態に焦点を合わせており，ミクロレベル，特に企業レベルでの考察はほとんど含まれていない。しかし，社会主義市場経済システムの深化と共に，ますます独立した経済主体になりつつある企業におけるイノベーション問題や雇用・賃金決定，技能訓練と人材養成，資本調達などのコーポレートガバナンスの問題は，成長体制と調整様式の転換を分析する際に，看過できない大きな課題である。特に，これらの企業レベルでのイノベーションやコーポレートガバナンス，および経営戦略に関する実証分析は，本書の中心的課題である産業発展の波及効果 —— 後方連関効果と前方連関効果 —— を分析する際にも大きな意義があると考えられる。

　第三に，本書の中国の経済発展による対外波及効果の地理的な研究対象（地理的領域）としては，主に東アジア，中でも日本と韓国を重視して説明され，他のASEAN，NIEsやアメリカなどに対する影響の分析は，必要最小限に止まっている。しかし，本書の第Ⅱ部における国際産業連関分析や産業発

展の影響に関する分析は，これらの諸経済に関する詳細な分析を含むことで完全なものとなる。特に，中国における輸出主導型成長体制は，東南沿海部に集積した海外直接投資に大きく依存しているが，それらの投資によって生産された中間財や最終消費財の輸出先としてのアメリカの地位は非常に大きい。ボワイエ（2010）が指摘しているように，中国経済の運命は，長期的には輸出に代わる内需とイノベーション源泉の自律化に立脚した成長体制の構築に関わるが，少なくとも今後10年間の中国経済の推移は，アメリカ経済が安定した成長経路を再発見できるかどうかに決定的に依存している。さらに，世界政治・社会・経済全般に対して中米両国は大きな影響力を有するので，世界における持続可能な発展を考慮する際にも，分析領域をさらに広げていかなければならない。

　最後に，持続可能な発展に関する問題であるが，本書では，1990年代以降の中国経済における変化を「経済成長」ではなく，「経済発展」として分析し，輸出主導型成長体制の限界として，経済的持続可能性だけではなく，社会的持続可能性からの説明も試みた。とりわけ，賃労働関係の変容やフレキシキュリティの構築における中心的な課題 ── 教育システムや社会保障システムなど ── は，経済的な持続可能性の側面だけではなく，中国の社会的持続可能性の側面に大きく関わっている。本書では，基本的に人間の自由や福祉の向上を持続可能な発展の本質として理解はしているが，その構成要素の指標化や達成に至る経路については，ほとんど説明していない。筆者は「国家的調整によって規定される市場的調整と制度的調整」という調整様式の現在の構図において「制度的調整」が三つの調整様式の中で果たす役割の重要性に着目しており，引き続き今後もこの観点から研究を深めてゆきたい。

あとがき

　2010年のノーベル化学賞を受賞した根岸英一教授は,「日本の若者はもっと海外に出よ,外から日本を見ることも大事である」と話している。本書は,「中国から海外に出て,中国をみた」私なりの,中国の経済発展に対する理解であり,それが抱える諸問題に対する処方箋でもある。この「外から見た」見方が必ずしも正しく,「内から見た」見方が絶対に間違っているとは限らないが,久々に中国で参加した学会(世界政治経済学会,中国蘇州,2010年5月)での国内学者たちの報告を聞いて,私の見方がかれらの見方とは幾分異なっていることを実感した。それが,本書を執筆する際の大きな原動力となった。

　1990年代以降の中国における目覚ましい経済成長の結果,中国経済の世界に対する影響はますます大きくなっている。また,拡大する経済規模をたてに,世界の政治舞台における中国の影響力も日々増し,「チャイナ・アズ・ナンバーワン」という本まで出ている。本書では,このような中国における経済発展の実態,変容,そして近隣アジア諸経済への影響を明らかにすることを目指した。本書の第II部の分析が明らかにしているように,中国の経済発展が日本をはじめとする近隣諸経済へ波及効果は拡大しており,そのなかで中国の経済成長の影響をもっとも多く受けているのが日本であった。このような中国経済成長体制の分析に関する本を日本で出版することにはそれなりに意義があると考えている。

　本書では,中国における経済成長に関わる多くの問題に関して,持続可能な発展の視点からアプローチすることを心かけた。経済的持続可能性のみならず,社会の持続可能性の側面に関わる事柄を多く取り上げ,経済・環境・社会の側面におけるバランスのとれた発展についての私の試論的な研究である。輸出主導型成長体制から消費中心の内需主導型成長体制への転換における課題の分析は,中国が「成長」から「持続可能な発展」へというパラダイム転換に対する提案としても一定の意義があると考えている。

　本書は,2009年に京都大学大学院経済学研究科に提出した博士学位論文

を加筆修正したものである。これまでの京都大学大学院経済学研究科における学習と研究，および本書の執筆に当たり，多くの方々からご指導と助けを賜った。

まず，研究生として受け入れて下さり，入学から今日まで指導して下さった恩師の宇仁宏幸先生には，研究，私生活ともに大変お世話になった。先生からは，学問のみならず，学問に真摯に取り組む研究者としての姿勢も伝授していただいた。大学において国際貿易を専門とし，豊富な労働力と低賃金コストの比較優位に基づく中国の対外貿易戦略の正当性を信じてやまなかった私にとって，輸出主導型成長体制の限界性を分析した先生の著作──『構造変化と資本蓄積』(有斐閣, 1998 年)の刺激は大きかった。以来，先生の指導の下，制度と調整の経済学に基づく中国の成長体制の研究を続けてきた。本日までの私の研究が少しでも成果があるものであり，本書が中国の成長体制の解明に微小ながらも貢献ができたとしたら，それは先生のご指導のおかげである。

もう一人の指導教官である久本憲夫先生からは，修士課程からゼミナールに出席しながら長い間，多くの指導を受けることができた。久本ゼミナールで労働経済学の理論や日本の社会政策に関する最新の研究に接してきたことは，本書における賃労働関係を中心とした成長体制研究の礎となっていることは言うまでもなく，これからの私の研究にも大きく影響するだろう。これまでの久本先生の温かいご指導に深く感謝したい。

他に，京都大学大学院で指導を賜った上原一慶教授(現・大阪商業大学)，中野一新教授(現・大妻女子大学)，八木紀一郎教授(現・摂南大学)，岡田知弘教授に心から感謝を申しあげたい。そして，京都大学の宇仁ゼミナールで一緒に研究に励んできた先輩，後輩たち，大学時代からの友人であり日本に留学して以来大変お世話になっている，親友の李輝氏などから受けた学問的刺激，激励および助けに感謝したい。また，本書の一部内容の投稿および学会報告の際に有益なコメントを下さった，稲富信博教授(九州大学)，高松亨教授(大阪経済大学)，長谷部勇一教授(横浜国立大学)，劉徳強教授(京都大学)，植村博恭教授(横浜国立大学)，R. ボワイエ教授，および谷合佳代子氏をはじめとする大阪社会運動協会の皆さまに感謝を述べたい。

また，本書には「京都エラスムス計画 ── 大航海プログラム（日本学術振興会）」による国際研究機関派遣の研究成果の一部が含まれている。その際にご指導と助力を賜った大西広教授，若林直樹教授をはじめ，お世話になった事務職員の皆さまに感謝を述べたい。そして，韓国の仁川大学での在外研究の際に，大変お世話になった大学院先輩の梁峻豪教授と梁ゼミナールの皆さま，および仁川大学経済学部の先生方に感謝したい。

　なお，本書の刊行にあたっては，京都大学の「平成22年度総長裁量経費若手研究者に係る出版助成事業」による助成を受けた。また，京都大学学術出版会の斎藤至氏には最初の読者兼批判者として，原稿の内容を細かくチェックし，修正に関して多くの建設的な提案をいただくなど，大変お世話になった。心より感謝を申し上げる。もちろん，内容における間違いはすべて筆者の責任である。

　最後に，私事で恐縮だが，老後の生活に必要な長年の蓄えを出して私を日本に留学させ，息子の学成帰来を心待ちしている母国の両親に本書を捧げたい。そして，長い留学の間，私に代わって両親の世話をしてくれた姉の夫妻にお礼を述べたい。そして，つつましい家計をやりくりしながら私の学業を献身的にサポートしてくれた妻美善に感謝したい。

　2011年1月

厳　成男

初出一覧

第 2 章

「中国における賃労働関係の変化と蓄積体制の転換 ―― 輸出主導型成長から内需主導型成長へ」,『経済論叢別冊 調査と研究』第 31 号, 2005 年 3 月を加筆修正。

第 3 章

「1990 年代の中国における成長体制 ―― 累積的因果連関と制度変化の観点から」,『進化経済学論集』第 11 集, 2007 年 2 月を加筆修正。

第 4 章

「中国の輸出主導型成長と東アジア諸国への連関効果 (1), (2)」,『経済論叢』第 181 巻第 5・6 号, 2008 年 5-6 月, 第 182 巻第 3 号, 2008 年 9 月を加筆修正。

第 5 章

「中国における産業発展が韓国製造業の空洞化に対する影響」,「京都エラスムス計画 ―― 日本学術振興会大航海プログラム」による国際研究機関派遣に対する研究成果報告論文, 第 2 章, 2010 年 10 月を加筆修正。

第 6 章

「中国の影響で進む繊維産業の空洞化」,『大阪社会労働運動史』第 9 巻第 1 章第 II 節第二項, 2009 年 11 月を加筆修正。

第 7 章

「中国自動車産業の発展と日韓自動車産業への連関効果分析」,『経済論叢』第 183 巻第 4 号, 2009 年 10 月を加筆修正。

第 8 章

'Flexibility and Security Changes in Labor Market and Consumption-led Growth in the China', *Discussion Paper Series, No. E-09-005, Research Project Center, Graduate School of Economics, Kyoto University*, March, 2010 を加筆修正。

参考文献

日本語版

青木昌彦(1995),『経済システムの進化と多元性 —— 比較制度分析序説』東洋経済新報社。
——— (2001),瀧澤弘和/谷口和弘訳『比較制度分析に向けて』NTT出版,2001年。
青木昌彦・奥野正寛編著(1996),『経済システムの比較制度分析』東京大学出版会。
青木昌彦・金瀅基・奥野正寛編(1997),『東アジアの経済発展と政府の役割 —— 比較制度分析アプローチ』東洋経済新報社。
アルベール,M.著(1991),小池はるひ訳『資本主義 対 資本主義』竹内書店新社,1992年。
磯谷明徳(2004),『制度経済学のフロンティア』ミネルヴァ書房。
伊丹敬之・伊丹研究室(2001),『日本の繊維産業 なぜ,これほど弱くなってしまったのか』NTT出版。
伊藤正一(1998),『現代中国の労働市場』有斐閣。
伊藤元重(2008),「グローバル経済と格差問題」(伊藤元重編著『リーディングス 格差を考える』日本経済新聞出版社)。
伊藤元重・下井直毅(2006),「中国の経済発展と貿易・直接投資」(深尾光洋編『中国経済のマクロ分析 —— 高成長は持続可能か』日本経済新聞社,159-186ページ)。
稲垣清・21世紀中国総研(2005),『中国進出企業地図』蒼蒼社。
井村秀文(2009),「資源・エネルギーという成長の壁」(関志雄・朱建栄・日本経済研究センター・清華大学国情研究センター編『中国経済成長の壁』勁草書房,第1章)。
植草益・大川三千男・冨浦梓編著(2004),『素材産業の新展開』NTT出版。
植田和弘(2010),「持続可能な発展と人間発達」『人間発達の経済学第3回日中会議報告論文集』(京都大学),2010年12月。
上原一慶(2003),「中国経済発展の展望」『蒼蒼』第111号 2003年6月。
——— (2006),「持続的成長の中国経済 —— 不安定な大国化の可能性」『東亜』第474巻,2006年12月。
宇仁宏幸(1995),「日本の輸出主導型成長」『経済理論学会年報』第32集。
——— (1998),『構造変化と資本蓄積』有斐閣。
——— (2004),「雇用制度と金融制度の補完性とマクロ経済的安定性」(宇仁宏幸編『経済制度の補完性と経済調整の安定性との関連の研究,平成13年度〜平成15年度科学研究費補助金(基盤研究(B)(1))研究成果報告書』)。
——— (2007a),「1990年代の日本とアメリカの成長体制」『進化経済学論集』,第11集。
——— (2007b),「ミュルダールとカルドアの累積的因果連関論の展開」『進化経済学論集』,第12集。

―――― (2008),「通貨統合の諸条件の比較分析 ―― Eurostat 産業連関表とアジア国際産業連関表を使用して」, 環太平洋産業連関学会大会報告資料, 2008 年 11 月．
―――― (2009),『制度と調整の経済学』ナカニシヤ出版．
宇仁宏幸・宋磊・梁峻豪 (2003),「韓国と中国の輸出主導型成長 ―― N．カルドアの観点から (Ⅰ),(Ⅱ)」『経済論叢』, 第 172 巻第 1 号 2003 年 7 月, 同第 2 号, 2003 年 8 月．
宇仁宏幸・坂口明・遠山弘徳・鍋島直樹著 (2004),『入門　社会経済学 ―― 資本主義を理解する』ナカニシヤ出版．
王文亮 (2009),『社会政策で読み解く現代中国』ミネルヴァ書房．
大川三千男・平井東幸 (2004),「世界と日本の繊維産業」(植草益・大川三千男・冨浦梓編著『素材産業の新展開』NTT 出版, 第 2 章)．
大塚啓二郎・劉徳強・村上直樹 (1995),『中国のミクロ経済改革』日本経済新聞社．
大橋英夫 (2003),『シリーズ現代中国経済 5　経済の国際化』名古屋大学出版会．
―――― (2005),『現代中国経済論』岩波書店．
―――― (2006),「迫られる外資依存経済からの脱却」(日本経済研究センター・清華大学国情研究センター編『中国の経済構造改革 ―― 持続的な成長を目指して』2006 年, 日本経済新聞社, 第 7 章)．
岡本信広・桑森啓・猪俣哲史編 (2007),『中国経済の勃興とアジアの産業再編』IDE-JETRO．
尾崎タイヨ (2006),「東アジア各国の FDI 受入れと経済成長」(山田光男・木下宗七編著『東アジア経済発展のマクロ計量分析』勁草書房, 147-166 ページ)．
加藤弘之・上原一慶編著 (2004),『中国経済論』ミネルヴァ書房．
関志雄 (2005),『中国　経済革命最終章』日本経済新聞社．
―――― (2006),「調和の取れた発展を目指す中国」(前掲日本経済研究センター・清華大学国情研究センター編, 序章)．
―――― (2007),『中国を動かす経済学者たち ―― 改革開放の水先案内人』東洋経済新報社．
―――― (2009),『チャイナ・アズ・ナンバーワン』東洋経済新報社．
関志雄・朱建栄・日本経済研究センター・清華大学国情研究センター編 (2009)『中国経済成長の壁』勁草書房．
木村福成・丸屋豊次郎・石川幸一編著 (2002),『東アジア国際分業と中国』ジェトロ．
木下宗七 (2006),「東アジア経済の発展と要因」, (前掲山田・木下編著, 勁草書房, 3-21 ページ)．
金堅敏 (2005),「外資直接投資が中国産業発展に与える影響とその示唆 ―― ケーススタディを中心に」富士通総研研究レポート：No. 230, 2005 年 5 月．
黒岩郁雄 (2006),「東アジアの国際産業連関と生産ネットワーク」(平塚大祐編『東アジアの挑戦 ―― 経済統合・構造改革・制度構築』アジア経済研究所, 109-136 ページ)．
厳成男 (2010),『韓国の労働市場における柔軟性と安全性の変化に関する考察』「京都エラスムス計画 ―― 日本学術振興会大航海プログラム」海外派遣報告論文, 2010 年 10 月．
厳善平 (2009),「格差是正と農民の権利回復」(前掲関志雄・朱建栄・日本経済研究セン

ター・清華大学国情研究センター編，第 5 章)。
胡鞍綱 (2002)，「深刻化する中国の失業問題 ── 求められる雇用重視の発展戦略への転換」『中国経済新論』，2002 年 6 月。
呉敬璉著，青木昌彦監訳，日野正子訳 (2007)，『現代中国の経済改革』NTT 出版。
小林英夫 (2003)，『産業空洞化の克服 ── 産業転換期の日本とアジア』中央公論新社。
─── (2004)，『日本の自動車・部品産業と中国戦略』工業調査会。
小林英夫・竹野忠弘編著 (2005)，『東アジア自動車部品産業のグローバル化』文眞堂。
篠原三代平 (2003)，『中国経済の巨大化と香港』勁草書房。
白井早由里 (2004)，『人民元と中国経済』日本経済新聞社。
シャバンス, B. 著 (2007)，宇仁宏幸ほか訳『入門　制度経済学』ナカニシヤ出版, 2007 年。
アジアクラブ「アジアビジネス研究会」編 (2003)，『中国産業の興隆と日本の試練 ── 日中共生の可能性を探る』エルコ。
朱炎 (2006)，「中国経済の対外依存構造の現状と課題」，富士通総研研究レポート：No. 259，2006 年 4 月。
関満博 (1997)，『空洞化を超えて』日本経済新聞社。
関満博・池谷嘉一編著 (1997)，『中国自動車産業と日本企業』新評論。
戴二彪 (2010)，「中国における地域間所得格差の動向 (1978〜2008 年) ── 西部大開発戦略の効果」，国際東アジア研究センター，ワーキング・ペーパー・シリーズ，Vol. 2010-7，2010 年 3 月。
田多英範編 (2004)，『現代中国の社会保障制度』流通経済大学出版会。
陳光輝・橋口善浩 (2004)，「中国国有工業企業の長期時系列データと余剰労働力推計」『国民経済雑誌』第 190 巻第 5 号，2004 年 11 月。
張艶 (2006)，『中国のマクロ経済と物価変動の分析』成文堂。
通商産業省生活産業局編 (1994)，『世界繊維産業事情 ── 日本の繊維産業の生き残り戦略』通商産業調査会。
塚本隆敏 (2006)，『中国の国有企業改革と労働・医療保障』大月書店。
辻美代 (1998)，「繊維産業の発展と外資 ── 香港・日系企業の牽引による「アパレル王国化」」(石原享一編『中国経済と外資』，アジア経済研究所，pp. 188-189)。
─── (2003)，「質的飛躍を目指す繊維産業」(日中経済協会編『対中ビジネスの経営戦略』，第 6 章，蒼蒼社)。
鶴光太郎 (2009)，「「日本版フレキシキュリティ・アプローチ」の導入を ── 「安心」，「育成」，「柔軟」三位一体の雇用制度改革を目指して」，RIETI，2009 年 2 月 18 日。
鶴田俊正・伊藤元重 (2001)，『日本産業構造論』NTT 出版。
遠山弘徳 (2007)，「諸制度の補完性，資本主義の多様性および経済パフォーマンス」，山田鋭夫・宇仁宏幸・鍋島直樹編著『現代資本主義への新視角 ── 多様性と構造変化の分析』，第 3 章，昭和堂。
唐成 (2005)，『中国の貯蓄と金融 ── 家計・企業・政府の実証分析』慶応義塾大学出版会。
東洋経済新報社 (2006)，『海外進出企業総覧』。
東レ経営研究所編 (2003)，『繊維トレンド』2003 年 1 月，2 月号。

杜進 (2002),「中国の拡張的財政政策は持続可能か？」『東亜』2002 年 6 月号.
トラン・ヴァン・トウ (2007),「中国の台頭と ASEAN」(トラン・ヴァン・トウ / 松本邦愛編著『中国 —— ASEAN の FTA と東アジア経済』文眞堂, pp. 3-17).
中兼和津次 (1999),『中国経済発展論』有斐閣.
———— (2002),『シリーズ現代中国経済 1　経済発展と体制移行』名古屋大学出版会.
21 世紀中国総研編,『中国進出企業一覧　2007～2008 年版 (上場企業編, 非上場企業編)』蒼蒼社.
日本化学繊維協会編 (2003),『繊維ハンドブック　2003』.
日本自動車部品工業会 (2003),『自動車部品産業競争力調査研究会報告書』.
樊綱著, 関志雄訳 (2003),『中国　未完の経済改革』岩波書店.
日置史郎 (2004),「中国の地域格差と沿海地域から内陸地域への浸透効果 —— 地域間産業連関分析による一考察」『比較経済体制学会年報』, Vol. 41, No. 1.
樋口美雄・財務省財務総合政策研究所編著 (2006)『転換期の雇用・能力開発支援の経済政策 —— 非正規雇用からプロフェショナルまで』日本評論社.
久本憲夫 (1998),『企業内労使関係と人材形成』有斐閣.
———— (2003),『正社員ルネサンス —— 多様な雇用から多様な正社員へ』中央公論新社.
———— (2008),「社会政策の現在」(久本憲夫・玉井金五編 (2008)『社会政策 I　ワーク・ライフ・バランスと社会政策』法律文化社, 序章).
———— (2010),『日本の社会政策』ナカニシヤ出版.
藤原貞雄 (1999),「日中自動車産業提携の現状と課題」『山口経済学雑誌』(山口大学), 第 47 巻第 1 号, 1999 年 3 月, pp 329－360.
卞載雄 (2007),「韓国における産業空洞化に関する研究」,『桃山学院大学総合研究所紀要』第 32 巻第 3 号, 2007 年 3 月.
フォーイン (2008),『韓国自動車・部品産業』.
ボワイエ, R. 著 (2004), 山田鋭夫訳『資本主義 vs 資本主義 —— 制度・変容・多様性』藤原書店, 2005 年.
———— (2010), 宇仁宏幸他訳『金融とグローバリゼーション』藤原書店, 2011 年.
丸川知雄 (2002),『シリーズ現代中国経済 3　労働市場の地殻変動』名古屋大学出版会.
丸川知雄監修, 海外投融資情報財団編著 (2002)『中国の産業力』蒼蒼社.
南亮進・牧野文夫・羅歓鎮 (2008),『中国の教育と経済発展』東洋経済新報社.
森久男編 (2006),『東アジア自動車産業のグローバル展開』愛知大学中部地方産業研究所.
矢口克也 (2010),「「持続可能な発展」理念の論点と持続可能性指標」,『国立国会図書館レファレンス』, pp. 3-27, 2010 年 4 月.
矢野経済研究所 (2004),『繊維産業における勝ち組の徹底研究』ヤノ・インテリジェンス.
山田鋭夫 (1999)「日本資本主義と企業主義的レギュラシオン」(山田鋭夫 / ロベール・ボワイエ編著 (1999)『戦後日本資本主義 —— 調整と危機の分析』藤原書店, 第 1 章)
———— (2001),『(増補新版) レギュラシオン・アプローチ —— 21 世紀の経済学』藤原書店.
———— (2005)「日本資本主義へのレギュラシオン・アプローチ」,『季刊経済理論』, Vol.

42, No. 2, pp. 17-27, 2005年7月.
――― (2007),「資本主義社会の収斂性と多様性 ―― 経済学はどう見てきたか ―― 」(前掲山田鋭夫・宇仁宏幸・鍋島直樹編著, 第1章).
山田鋭夫/ロベール・ボワイエ編著 (1999)『戦後日本資本主義 ―― 調整と危機の分析』藤原書店.
山田光男 (2007),『東アジア経済の連関構造の計量分析』勁草書房.
李春利 (1997),『現代中国の自動車産業』信山社.
林武郎著, 施昭雄・陳俊良訳 (2003),「台湾の産業空洞化問題を再検討」,『福岡大学研究部論集 A』3 (2), 2003年9月.
劉家敏 (2005),「中国都市部新築住宅市場 ―― 引き締め政策の効果とマイホーム需要の見通し」みずほリポート, 2005年8月.
劉文君 (2004),『中国の職業教育拡大政策 ―― 背景・実施過程・帰結』東信堂.
若森章孝 (2008),「フレキシキュリティ論争とデンマーク・モデル ―― フレキシキュリティ・アプローチとTLMアプローチ」『経済理論学会第56回大会報告集』, 2008年10月.
渡辺利夫 (1996),『開発経済学 経済学と現代アジア (第二版)』日本評論社.
――― (2010),『開発経済学入門 (第3版)』東洋経済新報社.

英語版

Amable, B. (2003), *The Diversity of Modern Capitalism*, Oxford, Oxford University Press (山田鋭夫ほか訳『5つの資本主義 ―― グローバリズム時代における社会経済システムの多様性』藤原書店, 2005年).

Auer, P. (2005), *Protected mobility for employment and decent work: Labor market security in a globalised world*, Employment Strategy Papers, ILO.

Auer, P. and S. Casez (eds.), (2003), *Employment stability in an age of flexibility: Evidence from industrialized countries*, ILO.

Baumol, W. J. (1967), Macroeconomics of Unbalanced Growth: The Anatomy of Urban Crisis, *The American Economic Review*, June 1967, Vol. 57, pp. 415-26.

Boyer, R. (1988), Formalizing Growth Regimes, in G. Dosi et al., *Technical Change and Economic Theory*, London, Pinter Publishers.

――― (1990), The Capital Labour Relations in OECD Countries, *CEPREMAP*, No. 9020.

――― (2005), The Institutional Complementarity Hypothesis: Coherence, Diversity and Evolution of Capitalisms (進化経済学会「制度とイノベーション」部会 (於京大会館) 報告資料, 2005年7月23日).

Chenery, H. B and T. Watanabe (1958), International Comparison of the Structure of Production, *Econometrica*, 26, pp. 487-521, October 1958.

Chow, Gregory C. (2002), *China's Economic Transformation*, Malden, Blackwell Publishing.

Dasgupta, P. (2001), *Human Well-Being and the Natural Environment*, Oxford, Oxford University Press (植田和弘監訳『サステイナビリティの経済学　人間の福祉と自然環境』岩波書店，2007 年).

Esping-Andersen, Gøsta (1990), *The Three worlds of Welfare Capitalism*, Cambridge, UK, Polity Press (岡沢憲芙・宮本太郎監訳『福祉資本主義の三つの世界 —— 比較福祉国家の理論と動態』ミネルヴァ書房，2001 年).

European Commission (2007), *Toward Common Principles of Flexicurity: More and Better Jobs through Flexibility and Security*, Brussels, 27 June, COM (2007) 359 Final.

Freeman. R. (1995), The Large Welfare State as a System, *American Economic Review* 85: pp. 16–21.

Hall, P and D. Soskice (eds.) (2001), *Varieties of Capitalism: The Institutional Foundations of Comparative Advantage*, Oxford, Oxford University Press (遠山弘徳ほか訳『資本主義の多様性 —— 比較優位の制度的基礎』ナカニシヤ出版，2007 年).

Herman. E. Daly, (1996), *Beyond Growth: The Economics of Sustainable Development*, Beacon Press, Boston (新田功・蔵元忍・大森正之訳『持続可能な発展の経済学』みすず書房，2005 年).

――― (2008), A Steady-state Economy, Sustainable Development Commission, UK, April 24, 2008.

Hirschman, A. O. (1958), *The Strategy of Economic Development*, New Haven: Yale University Press (小島清監修，麻田四郎訳『経済発展の戦略』巌松堂，1961 年).

Hanche, B. and A. M. Herrmann (2007), Wage Bargaining and Comparative Advantage in EMU, in Hanche. R, M. Rhodes and M. Thatcher (eds) (2007), *Beyond Varieties of Capitalism*, Oxford, Oxford University Press.

Hollingsworth, J. R. and R. Boyer (1997), Coordination of Economic Actors and Social Systems of Production, in J. R. Hollingsworth and R. Boyer (eds)., *Contemporary Capitalism: The Embeddedness of Institutions*, Cambridge, Cambridge University Press (「経済主体の調整メカニズムと社会的生産システムの重要性」，長尾伸一・長岡延孝編監訳『制度の政治経済学』木鐸社，2002 年).

Kaldor, N. (1966), *Causes of the Slow Rate of Economic Growth of the United Kingdom*, London, Cambridge University Press.

――― (1970), The case for regional policies, *Scottish Journal of Political Economy* 17, pp. 337–348.

Kojima, K. (1973), A Macroeconomics Approach to Foreign Direct Investment, *Hitotsubashi Journal of Economics*, 14, 1–21.

Lawrence, R. Z. (1996) *Single World, Divided Nations? International Trade and OECD Labor Markets*, Brookings Institution, Washington, D. C.

Lin, J. Yifu. andLi, Yongjun (2003), Export and Economic Growth in China: A Demand-Oriented Analysis, *China Economic Quarterly*, Vol. 2, No. 4, 2003.7.

MasterCard Worldwide Insights Report (2006) *China's Emerging Consumer Market: A Geographical*

Perspective, Second Quarter.
Madsen, P. K. (2006), How Can It Possibly Fly? The Paradox of a Dynamic Labour Market in a Scandinavian Welfare State, in John A. Campbell, John A. Hall and Ove K. Pedersen (eds.), *National Identity and the Varieties of Capitalism: The Danish Experience*, McGill-Queen's University Press, Montreal, pp. 321-355.
Myrdal, G. (1957), *Economic Theory and Under-developed Regions*, Gerald Duckworth（小原敬士ほか訳『経済理論と低開発地域』東洋経済新報社，1959 年）．
North, D. (1990) *Institutions, Institutional Change and Economic Performance*, New York, Cambridge University Press（竹下公視訳『制度・制度変化・経済成果』晃洋書房，1994 年）．
Pasinetti, L. L. (1973), The Notion of Vertical Integration in Economic Analysis, *Metoroeconomica*, Vol. 25, pp. 1-29.
Qian, Ying-yi (1995), Reforming Corporate Governance and Finance in China, in Masahiko Aoki and Hyung-ki Kim, eds., *Corporate Governance in Transition Economies: Insider Control and the Role of Bank*, The World Bank, 1995, pp. 215-252.
R. Hancke, M. Rhodes and M. Thatcher (eds.) (2007), *Beyond Varieties of Capitalism*, Oxford, Oxford University Press.
Sen, A. (2001), What is development about, in Meier, G. M. and J. E. Stiglitz (eds.), *Frontiers of Development Economics: The Future in Perspective*, Oxford, Oxford University Press.
Shin, Tae-young, Um, Mi-Jung, Ahn, Doo-Hyun, and Kim, Suk-Kwan (2003), *Effects of Foreign Direct Investment on Trade Balance and Activities of Manufacturing Industry*, Science and Tecnology Policy Institute, November 2003.
Tangian, A. (2008), Toward Consistent Principles of Flexicurity, *WSI- Discussion Paper Series*, No. 159, April 2008.
Uemura, H. (2000), Growth, Distribution, and Structural Change in the Post-war Japanese Economy, in Boyer, R. and Yamata, T. (eds.) (2000), *Japanese Capitalism in Crisis: A Regulationist Interpretation*, Routlege.
Uni, H. (2007), Export-biased Productivity Increase and Exchange Rate Regime in East Asia, *The Kyoto Economic Review*, Vol. 76, No. 1, pp. 117-138, 2007.6.
Vernon, R. (1966), International Investment and International Trade in the Product Cycle, *Quarterly Journal of Economics*, 80, 190-207.
――― (1979), The Product Life Cycle Hypothesis in a New International Environment, *Oxford Bulleting of Economics and Statistics*, 41, 255-267.
Wilthagan, T. (2008), Mapping Out Flexicurity Pathways in the European Union, *Social Science Research Network*, Working Paper Series, March 1, 2008.
Wilthagan, T. and R. Rogowski (2002), Legal Regulation of Transitional Labour Market, in Schmid, G. and B. Glazier (eds.), (2002), *The Dynamic of Full Employment: Social Integration though Transitional Labour Markets*, Edward Elgar, Cheltenham.
Wilthagan, T. and F. Tros (2004), The Concept of 'Flexicurity': a New Approach to Regulating

Employment and Labour Markets, *Transfer*, Vol. 10, No. 2, pp. 166–186.

中国語版

蔡昉，都陽，王美艶（2003），『労働力流動的政治経済学』上海人民出版社。
中国社会科学院工業経済研究所編（2003），『中国工業発展報告 2003』経済管理出版社。
———（2006），『中国工業発展報告 2006』経済管理出版社。
中国人民銀行研究局・日本国際協力機構著（2005），『中国中小企業金融制度報告』中信出版社。
鄧小平（1993），『鄧小平文選』第三巻，人民出版社。
郜風涛（2009），『中国経済転型期就業制度研究』人民出版社。
胡鞍鋼（1999），『中国発展前景』浙江人民出版社。
紀玉山（2010），「中国在国際碳博弈中的立場解析」『人的発展経済学第三届中日会議報告論文集』（京都大学），2010 年 12 月。
李其慶（2004），「法国調節学派評析」『経済社会体制比較』2004 年第 2 期。
李強（2005），「"丁字型"社会結構与"結構緊張"」『中国研究服務中心』（香港中文大学），(http://translate.itsc.cuhk.edu.hk: 8080/gb/www.usc.cuhk.edu.hk/wkgb.asp，2005 年 12 月 15 日参照）。
陸元・鄭新立・劉克崮編（2007），『我国外貿発展対国内外経済的影響与対策研究』中国財政経済出版社。
呂守軍（2009），「法国調節学派的制度理論」『上海交通大学学報（哲学社会科学版）』2009 17(6)。
銭穎一（2003），『現代経済学与中国経済改革』中国人民大学出版社。
呉敬璉（2003），「中国腐敗的治理」『戦略与管理』2003 年第 2 期。
許崇正（2010），『人的発展経済学概論』人民出版社。

韓国語版

Kim, Young-Jin (2008), *A study of the Managerial Performance and Developmental Strategies in Korean Enterprise of Automobile Parts: Based on the Determinants of Foreign Direct Investment*, Graduate School of Korea Maritime University, Thesis for Doctorate, Feb 2008.
KOTRA (2010), *The Map of Korean FDI by Industry*, Korea Trade-Investment Promotion Agency Report, No. 10–036, June 2010.
Kwon, Tae-Hyoun (2003), Analysis of Korean Industrial structure from I-O Table, *Quarterly Bulletin: National Account* (The Bank of Korea), No. 3, 2003.
Lee, Ji-Pyoung (2002), Hollowing out and Enterprise's Response, LG Economic Weekly, 762, 24–41.
Madsen, P. K. (2008), Danish Flexicurity Model: the New Model of Labour Market Reform?,

International Labor Brief, KLI, Vol. 6, No. 3, Match 2008.

安ヒョンホ・黄ソンオン・南ギゴン(2005),「製造業空洞化の論議と政策対案に関する評価」,韓国民主労総編『産業空洞化と雇用政策』(民主労総政策討論会資料),pp. 4-27, 2005年9月。

韓国国民経済諮問会議編(2007),『中国経済の浮上及び東北アジア分業構造の変化に伴うわが国の対応戦略』,2007年1月。

韓国民主労働組合総連盟(2005),『産業空洞化と雇用政策』,民主労総政策討論会資料集,2005年9月。

韓国保健社会研究院(2009),『社会統合のための雇用・教育政策の戦略と課題』,KIHSA協働報告書,2009-01-3。

金ソンヒ(2005),「繊維産業の海外移転と産業空洞化」,前掲民主労総編(2005),pp. 41-62。

金デファン(2009),『韓国労働市場のフレキシキュリティに向けた政策方案の研究』,韓国労働部研究報告書,2009年12月。

金ユウシン(2009),「非正規職の規模と実態:統計庁,'経済活動人口付加調査'(2009, 3)の結果」,韓国労働社会研究院『労働社会』,No. 144, 2009年6月。

労働市場先進化企画団(2004),『労働市場のフレキシキュリティの拡大方案』,KLRI政策資料,No. 2004-01。

梁ジュンホ(2010),『持続可能発展の概念と進歩改革陣営の課題』,(社)持続可能発展振興院,特別セミナー報告資料,2010年8月30日。

朴ソンジュン・辺ヤンギュウ・鄭ヒョンヨン(2008),『韓国労働市場のフレキシキュリティの現況および課題』,韓国経済研究院(KERI),2008年12月。

全ビョンユウ他(2009),『社会統合のための雇用・教育政策の戦略と課題』,韓国保健社会研究院報告書,No. 2009-01-3。

鄭ミョンギ(2005),「自動車部品産業の空洞化と対案」,前掲民主労総(2005),pp. 104-132。

鄭ウォンホ(2005),「ヨーロッパのフレキシキュリティ政策に関する基礎理解」,『社会経済評論』第24号,2005年。

鄭ヒジョン(2008),「デンマークとオランダのフレキシキュリティ比較」,『国際労働レビュー』第6巻第3号,pp. 23-36, 2008年3月。

301

索　引

[A-Z]

ASEAN　8, 30, 31, 53, 114, 121, 129, 131-135, 137, 172, 284
EU　2, 25, 219, 224, 225, 228
FDI　2, 31, 32, 34, 105, 139, 140-142, 144, 145, 148, 150, 153, 156-163
GDP　1, 9, 21, 25-27, 29-31, 34, 36, 39, 83, 85, 96, 111, 139, 142, 194, 225, 231, 250, 262
IFS　96
ILO　242
IMF　98, 139, 262
NIEs　25, 30, 33, 113, 134, 165, 166, 272, 284
OEM　28
OJT　76, 229
PLC　140, 162, 211, 212
SARS　11
WTO　14, 21, 23, 26, 37, 80, 155, 192, 198, 201, 203, 249, 262

[あ行]

アジア国際産業連関表　8, 14, 17, 31, 44, 112, 118, 123, 129, 141, 154, 163, 193, 200, 202, 204, 213
アジア通貨危機　31, 90, 108
アソシエーション　4
安全性　18, 144, 161, 217, 219-222, 225-231, 233, 235-245, 247, 249, 251, 258, 263-265
安定性　26, 68, 77, 80, 82, 88, 94, 107, 109, 157, 160-162, 217, 220, 240, 245, 249, 254

一般技能　61, 82
イノベーション　60, 62, 82, 270, 274, 278, 284
　ラディカル・——　60
　漸進的——　60
インセンティブ　34, 48, 60, 68, 78, 82
インフォーマルな労働市場　65
インフラ　21, 31, 34, 100, 106, 108, 217, 222, 257
インフレ　10, 71, 83, 85

[か行]

改革開放　6, 8, 23, 33, 65, 88, 105, 165, 169, 172, 248, 255-257, 279
海外依存度　115, 119, 201
外資　2, 7, 14, 30, 44, 53, 57, 74, 105, 113, 122, 140, 155, 165, 178, 192, 211, 232, 241, 248, 253, 272
　外資依存度　7
　外資系企業　2, 7, 9, 30, 44, 48, 57, 75, 81, 113, 166, 169, 178, 232-234, 241, 248, 253, 256
　外資提携　17, 155, 192-199, 201
　外資優遇策　30
開発経済論　12
外部不経済　5, 261
価格指数　88, 96, 97
価格調整　65, 99, 280
科学的発展観　261
加工貿易　25, 28, 30-34, 47, 52, 57, 70, 80, 111, 113-115, 120, 125, 128, 132, 136, 166, 233
過剰経済　26, 83, 88, 94, 99
可処分所得　9, 10, 92, 95, 255, 256

仮説的抽出法　123, 200
為替レート　2, 8, 25, 30, 35, 54, 96-99, 111, 180, 188, 249, 271, 274, 280, 282
カルドア　16, 90
川下産業　52, 111, 112, 122, 128, 131, 135, 138, 148, 150
川上産業　52, 111, 112, 128, 129, 134, 138, 148, 150
環境的持続可能性　15, 18, 261, 263-265
企業別労働組合　68, 76, 80, 229
規制　4, 44, 67, 70, 74, 81, 123, 132, 143, 178, 195, 203, 224, 260, 263, 267, 271, 274, 277, 279, 280
技能形成　13, 57, 68, 74, 76-79, 82, 143, 229, 238, 243, 252, 257
逆輸入　7, 114, 120, 134, 137, 140, 145, 150, 156, 157, 167, 170, 173, 178, 186, 192, 209, 212, 273
キャピタル・ゲイン　256
教育訓練制度　218, 230, 231, 244, 246
緊急輸入制限措置　180
金融制度　4, 5, 22, 26, 88, 94, 102, 106, 107, 275
グローバル化　166, 174, 176, 178, 180, 184, 185, 218, 262, 270
景気対策　3
経済格差　2, 249, 250, 253
経済調整　4, 5, 38, 277, 279, 282, 283
経済的持続可能性　15, 18, 261, 263, 265, 285
経路依存性　58, 64, 81, 161, 222, 225
計画経済　3, 5, 65, 95, 254, 267, 274, 276, 279
現代速度（韓国式進出方式）　207
戸籍制度　67, 70, 72, 257
構造改革　3, 157, 162, 188, 237, 244, 257
構造調整　25, 140, 143, 160, 233, 264
購買力平価説　96
国際リンケージ　17

国有
　国有株　3
　国有企業　3, 22, 30, 48-51, 64, 70, 78, 82, 88-90, 99, 100, 106-109, 232-234, 250, 253, 280-282
　国有商業銀行　4, 23
コーディネーション　60, 229　→調整
　企業単位の――　4, 278
　社会単位の――　4, 278
コーポレートガバナンス　31, 59, 60, 284
ゴールデントライアングル・モデル　222, 224, 230　→フレキシキュリティ
コミュニティ　4, 276
雇用　2, 12, 26, 29, 38, 53, 64, 83, 94, 100, 108, 140, 153, 166, 182, 193, 210, 226, 238, 258, 265, 284
　雇用可能性　144, 221, 240
　雇用制度　6, 12, 30, 64, 68-70, 74-79, 81, 88, 104, 106, 218, 231-234, 239, 244, 252
　雇用政策　157, 218, 229
　雇用調整　17, 102, 106-108, 140, 145, 157, 184
　雇用誘発係数　157
　終身雇用　64, 68, 69, 77, 78, 81, 104, 232-234, 239, 244
　正規雇用　65, 76, 85, 88, 107, 144, 160, 161, 182, 184, 189, 210, 217, 226, 229, 233-235, 241, 250, 254
　非正規雇用　65, 76, 107, 144, 160, 182, 184, 189, 217, 226, 229, 234, 250, 254

［さ行］

サブプライムローン　1, 283
サプライヤー　156
差別化定番　187-189
再就職　65-67, 72, 76, 144, 160, 221, 236-

238, 241-243, 253
再就職サービスセンター　65, 72, 237, 242, 253
三農問題　257, 265
産業構造　2, 8, 14, 25, 28, 35, 44, 74, 80, 109, 128, 140, 157, 188, 218, 227, 230, 244, 248, 260, 270
　労働集約型産業　2, 7, 12, 17, 28, 33, 78, 124, 128, 150, 165, 185, 273
　技術集約的　7, 28, 35, 37, 49, 53, 109, 128, 140, 147, 148, 151, 153, 158, 162, 253
　空洞化　2, 17, 26, 36, 131, 139-144, 147, 151, 154, 165-167, 170, 175, 178, 184, 186-188, 212, 230
産業内貿易　7, 208, 214
産業連関
　産業連関効果　8, 148, 157
　国際産業連関　8, 14, 17, 31, 44, 112, 123, 129, 135-137, 141, 148, 154, 163, 191, 193, 202, 213, 284
資本主義　4, 274, 277, 283
　——(の)可変性　11, 267, 283
　——(の)多様性　13, 18, 59-62, 268, 275
資本財　7, 16, 25, 28, 30, 31, 33, 52, 60, 87, 105, 109, 113, 253
持続可能な発展(可持続発展)　11, 15, 18, 38, 109, 140, 240, 247, 248, 258, 261-265, 283, 285
持続可能性　2, 15, 18, 36, 54, 218, 239, 247, 251, 261-265, 273, 285
失業保険　144, 161, 235, 237, 241-243, 245
失業率　72, 83, 84, 107, 222, 225, 228, 230
社会主義市場経済システム　3-6, 16, 21-23, 58, 77, 83, 111, 169, 231, 249, 268, 273, 279, 282, 284
社会主義新農村　9, 257
社会的持続可能性　15, 18, 261, 263-265, 285

社会保障システム　67, 221, 225, 227, 230, 236, 237, 239-241, 243, 245, 252, 264, 285
社会保障制度　5, 22, 67, 88, 107, 218, 221, 229, 231, 235, 236, 239, 243, 244, 246, 249, 254, 265, 276
需要レジーム　12, 16, 84, 90, 93, 96-101, 104, 107-109, 269, 270, 273　→レギュラシオン理論
ジニ係数　255
消費財　29, 60, 84, 87, 89, 92-94, 98-101, 128, 132, 134, 150, 274, 285
職工　73, 85, 233, 243
新古典派　23, 261, 280
新左派　3, 276
人材市場　65, 72
人民元　2, 35, 97, 272
スマイルカーブ　33
世界金融危機　1, 9, 10, 36, 217, 277, 281
世界銀行　52, 217, 262
制度　2, 10, 22, 37, 54, 57, 69, 85, 91, 101, 157, 170, 198, 218, 243, 269, 275, 280-284
　(制度の)階層性　13, 62, 267, 274-277, 284
　制度諸形態　12, 59, 61, 90, 225, 274
　制度的妥協　12
　制度的補完性　6, 13, 16, 57-64, 74, 77, 79, 81, 222, 267, 270, 275, 284
成長拠点　12, 14, 16, 23, 53, 111
成長体制　2, 7, 10, 15, 21, 28, 36, 44, 63, 76, 85, 90, 107, 113, 217, 232, 240, 246, 251, 263, 277, 283
　賃金主導型——　269
　投資主導型——　21, 248, 265
　内需主導型——　8, 10, 14, 18, 109, 217, 219, 243, 245, 247, 251, 255-258, 264, 283

304 索　引

　　金融主導型―― 275, 277
　　輸出主導型―― 1, 6, 15, 21, 33, 44, 57, 63, 70, 81, 109, 123, 136, 189, 217, 232, 243, 260, 263, 270, 283
生産性インデックス賃金　72, 79, 82, 264, 269
生産性レジーム　12, 16, 85, 90, 102-109, 269, 270, 273　→レギュラシオン理論
セーフガード　180
先富論　12, 16, 22
粗放型成長　251, 264

[た行]

多国籍企業　25, 49, 272
多様性　11, 13, 18, 59-62, 227, 228, 267, 269-271, 275, 277, 283
脱産業化　142-144
団体賃金交渉　74-76, 79, 82, 101, 240, 253
地域別労働組合　76
地球温暖化　259
蓄積体制　12, 267, 269, 271, 275
中央銀行　5, 35, 139
中間財　7, 16, 25, 30, 44, 53, 105, 109, 113, 118-125, 128, 132, 137, 145, 148, 166, 201, 273, 285
中国共産党　5, 9, 11, 22, 25, 58, 63, 80, 83, 238, 279
調整　1, 12, 25, 35, 54, 66, 70, 82, 99, 106, 140, 145, 157, 161, 184, 198, 220, 233, 251-254, 261, 263, 267, 269, 270, 274, 277, 279-284
　　調整メカニズム　1, 4, 6, 9, 70, 267
　　調整様式　5, 12, 61, 267, 269, 274, 277-279, 283
　　　国家的――　2-8, 10-12, 16, 35, 37, 70, 73, 90, 101, 109, 235, 238, 240, 251-254, 261, 263, 267, 270, 274, 277, 279, 281-284
　　　市場的（アングロサクソン型）――　4-6, 9, 65, 70, 73, 222, 234, 252, 261, 268, 274, 277, 279, 283
　　　制度的（大陸ヨーロッパ型）――　4, 70, 73-75, 82, 238, 240, 244, 251-254, 261, 264, 268, 274-277, 279, 281-284
調和の取れた社会（和諧社会）　11, 261, 265
賃金決定システム　82, 101, 253, 281
賃金指導ライン　74, 281
賃金制度　6, 12, 26, 57, 64, 69, 74-77, 79, 81, 101, 252, 255, 264
賃労働関係　6, 7, 13, 16, 54, 57, 61-64, 75, 79, 81, 252, 257, 264, 268, 275, 285
通貨バスケット制　34, 35
定常状態　15, 261
デイリー　15, 261
出稼ぎ労働者　33, 66, 70, 217, 232, 246, 249, 257
デフレータ　52
テーラー主義　72, 269
トヨティズム　271
トレードオフ　222
動学的収穫逓増効果　12
鄧小平　16, 22, 249, 272, 279

[な行]

南巡講話　22, 249, 272
二酸化炭素排出量　259, 260
二部門成長モデル　84, 85
ヌルクセ　23
年功序列　64, 77
農民工　66, 107, 242, 258
ノックダウン　155, 197, 207

索　引 | 305

[は行]

ハイテク産業　38, 39
波及効果　8, 14, 17, 34, 112, 124, 129, 131, 135-137, 141, 148, 192, 200-204, 213, 273, 276, 284
ハーシュマン　14, 22, 23
発展（成長）　1, 16, 33, 52, 83, 99, 128, 150, 186, 218, 230, 251, 268-270, 279, 282
　発展戦略　4, 11, 14, 16, 21-26, 34, 53, 79, 111, 122, 166, 192, 194, 199, 272, 279
　　均衡離脱的——　23
　　段階的——　12
　発展様式　283
バブル　3, 10, 167, 179, 180, 189, 282
ヒエラルキー　4, 7, 61-63, 143, 156, 267, 274, 280, 283
比較制度分析　13, 59, 63 →資本主義（の）多様性
比較優位構造　2, 51
非住宅投資財　29
非熟練労働　72
非流通株　4, 282
フォーディズム　62, 73, 224, 268-271, 273-275, 277
　アフター・フォーディズム　269, 273-275
不均整成長　12, 14, 23, 111
不織布　177
不足経済　26, 83, 88, 94, 99
福祉　15, 161, 224, 227-229, 237, 242, 254, 255, 262, 265, 285
物価上昇率　70, 73, 101, 253
フルセット型　122, 138, 172
フレキシキュリティ（柔軟安全性）　18, 144, 161, 218-222, 224-231, 233, 236, 239-243, 245, 258, 264, 283, 285

→安全性，安定性，柔軟性，ゴールデントライアングル・モデル，ポルダー・モデル
分業構造　7, 135, 260
法人株　3
ボーモル　84, 90
貿易赤字　2, 26, 36, 271
貿易特化指数　51, 52, 54
本土企業　7
ポルダー・モデル　222, 225, 230 →フレキシキュリティ

[ま行]

マークアップ率　92, 94, 99, 100
マクロ経済　2, 13, 22, 26-28, 30, 36, 38, 84, 87, 90, 94, 96, 222, 229, 238, 245, 250, 270
民営化　89, 99, 100
モータリゼーション　194

[や行]

輸出還付税　49
輸出財　29-31, 35, 96-99, 101, 271, 273
輸入浸透率　173, 180
輸入代替　23, 195, 201

[ら行]

累積的因果連関　16, 84, 85, 90, 91
連関効果　8, 14, 17, 53, 111-113, 123-126, 128-132, 134-137, 148-151, 154-157, 163, 173, 191-193, 199-206, 213, 284
　後方——　14, 17, 53, 111, 123-137, 148, 150, 154, 156, 173, 200-206, 213, 284
　前方——　14, 17, 112, 123-126, 128, 132, 134, 136, 148, 150, 154, 156,

193, 200, 202-206, 213, 284
レイオフ（下崗）　27, 65-67, 72, 76, 83, 107, 237, 238, 242, 250, 253, 256
レオンチェフ逆行列　29
レギュラシオン
　──様式　267, 274, 275, 277, 280
　──理論　3, 6, 11-13, 18, 59, 61-63, 267-270, 274, 275, 278, 283
　企業主義的──　271

レントシーキング　4, 276
労働組合　68, 70, 74-76, 79, 82, 101, 184, 229, 238, 240, 241, 271, 281
労働投入係数　29

[わ行]

ワーク・ライフバランス　220, 222, 230, 235, 237, 239

［著者紹介］
厳　成男（YAN Chengnan）
1997年，中国延辺大学経済学部卒業。
2009年，京都大学大学院経済学研究科博士課程修了，博士（経済学）。
京都大学大学院経済学研究科付属プロジェクトセンター研究員，京都大学大学院経済学研究科非常勤講師などを経て，現在，福島大学経済経営学類准教授。
主な著作に，"Analysis of the Linkage Effect in Chinese Export-Led Growth: According to the Subdivisions of Asian International Input-Output Tables" (Boyer, R., Uemura, H. and Isogai, A. (eds.), *Diversity and Transformations of Asian Capitalism*, 2011, Routledge)，「中国の影響で進む繊維産業の空洞化」『大阪社会労働運動史』第9巻（2009年），「中国自動車産業の発展と日韓自動車産業への連関効果」『経済論叢』第183巻第4号（2009年），など。

（プリミエ・コレクション　1）
中国の経済発展と制度変化　　　　　　　　　Ⓒ C. Yan 2011

2011年6月10日　初版第一刷発行

著　者　厳　　成　男
発行人　檜　山　爲次郎
発行所　**京都大学学術出版会**
京都市左京区吉田近衞町69番地
京都大学吉田南構内（〒606-8315）
電　話（075）761-6182
FAX（075）761-6190
URL　http://www.kyoto-up.or.jp
振　替　01000-8-64677

ISBN 978-4-87698-552-4
Printed in Japan

印刷・製本　㈱クイックス
定価はカバーに表示してあります

本書のコピー，スキャン，デジタル化等の無断複製は著作権法上での例外を除き禁じられています。本書を代行業者等の第三者に依頼してスキャンやデジタル化することは，たとえ個人や家庭内での利用でも著作権法違反です。